Lysa TerKeurst
Wenn du glücklich sein willst,
such nicht im Kühlschrank

Über die Autorin

Lysa TerKeurst ist eine in den USA weithin bekannte
Bestsellerautorin und Rednerin. Sie leitet die Organisation
„Proverbs 31 Ministries" und hat mittlerweile 15 Bücher
geschrieben. Eine halbe Million Frauen lesen ihre Online-
andachten. Sie lebt mit ihrem Mann und ihren fünf Kindern
im US-Bundesstaat North Carolina.

 Von ihr bislang auf Deutsch erschienen: *Nein ist manchmal
das bessere Ja, Alles wird gut* und *Achterbahn der Gefühle*.
www.LysaTerKeurst.com

Lysa TerKeurst

Wenn du
glücklich
sein willst,
such nicht im
Kühlschrank

Was du wirklich brauchst,
wenn die Seele Hunger hat

Aus dem Englischen von Eva-Maria Nietzke

GerthMedien

Dieses Buch ist Ihnen gewidmet.
Zwar kenne ich Ihren Namen nicht, aber Gott kennt ihn.
Ich glaube, dass *er* Sie dazu bewogen hat, dieses Buch in
die Hand zu nehmen, weil er weiß, dass Ihre Probleme
kein Fluch sind, sondern eine einzigartige Chance:
Genau an den Punkten, die Ihnen so viel Mühe machen,
möchte er Ihnen begegnen und die tiefste Sehnsucht
Ihres Herzens stillen.
Nur zu! Glauben Sie daran, dass diesmal wirklich etwas
Neues geschieht!

Inhalt

Einleitung

Zu meinem persönlichen „Ich will" finden

Ein typisches Buch über gesunden Lebensstil enthält normalerweise zahlreiche Informationen über Gemüse, Kalorien und Entschlackungskuren sowie eine Menge praktischer Tipps und Ratschläge.

Das Problem ist nur: Das alles (jedenfalls das meiste davon) weiß ich längst. Was mir fehlt, ist keine Anleitung, *wie* ich die Sache anpacken muss, sondern der *feste Wille*, mich zu ändern – in dem Bewusstsein, dass sich all die damit verbundenen Opfer wirklich lohnen werden.

Was mir fehlt, ist keine Anleitung, wie ich die Sache anpacken muss, sondern der feste Wille, mich zu ändern – in dem Bewusstsein, dass sich all die damit verbundenen Opfer wirklich lohnen werden.

Mehr als einmal habe ich im Supermarkt in der Buchabteilung gestanden und ein Buch zum Thema „Gesunde Ernährung" aus dem Regal gezogen. Als ich danach griff, steckte meine andere Hand in der Gesäßtasche meiner Jeans – einer Jeans, möchte ich hinzufügen, die ich mir ein paar Größen kleiner gewünscht hätte.

Ich blätterte also in einem Buch über gesunde Nahrungsmittel, während hinter mir ein Einkaufswagen stand, der bis obenhin mit Dingen gefüllt war, ohne die ich meinte nicht leben zu können. Es schien beinahe so, als würde sich dieser Einkaufswagen über mich lustig machen.

Ich war innerlich gespalten: Ein Teil von mir hasste die ungesunden Lebensmittel in diesem Wagen, doch ein anderer Teil – offenbar der ausschlaggebende – liebte dieses Essen. Also stellte ich das Buch wieder ins Regal zurück, schob meine Unterlippe vor und dachte: Ach, was soll's. Ich komme auch so ganz gut klar.

Vermutlich ist jetzt der richtige Zeitpunkt, um Ihnen gleich von vornherein ein paar Dinge anzuvertrauen:

1. Ich habe eine emotionale Allergie gegen typische Bücher über gesunde Ernährung.

2. Ich habe noch nie in meinem Leben echten Appetit auf Karotten verspürt.

3. Die Aussicht, auf meine beiden Lieblingssnacks – Käse-Cracker und Schokoladenkekse – verzichten zu müssen, versetzt mich keineswegs in Hochstimmung. Ich habe Gott sogar schon gefragt, ob er nicht dafür sorgen könnte, dass Käse-Cracker dieselbe chemische Zusammensetzung wie Karotten aufweisen. Schließlich hat beides fast dieselbe Farbe. Und ganz ehrlich: Wäre das so schwer für jemanden, der Wasser in Wein verwandelt hat?

4. Ich war mir nicht ganz sicher, ob ich überhaupt dazu befugt bin, dieses Buch zu schreiben. Eigentlich habe ich ja nur festgestellt, dass der Wunsch, irgendwann mein Traumgewicht zu

erreichen, mich auf die Dauer nicht genügend dazu motiviert, ein gesundes Leben zu führen. Und darum habe ich mich auf die Suche nach einem besseren Anreiz gemacht.

Sie sehen also, ich habe dieses Buch nicht geschrieben, weil ich Ihnen mit erhobenem Zeigefinger Ihre Lieblingssnacks verbieten möchte. Ebenso wenig habe ich eine Wunderdiät entdeckt, durch die Sie quasi über Nacht spindeldürr werden könnten. Ich bin wirklich keine Expertin in Bezug auf Abnehmen oder Ernährung.

Doch ich weiß aus eigener Erfahrung, was es heißt, sich jahrelang auf diesem Gebiet vergeblich abzumühen: Ich habe viel zu lange mit meinen Essgewohnheiten und meinem Gewicht gekämpft. Und mir ist bewusst, dass die meisten von uns Tag für Tag genau denselben ermüdenden Kampf ausfechten. Das bringt mich zu dem fünften Punkt, den Sie über mich wissen sollten:

5. Ich habe meine Reise zu einem gesünderen Lebensstil mit einem Gewicht von 76 Kilo begonnen.

Vielleicht erscheint Ihnen diese Zahl nicht so furchtbar hoch, doch für mich war sie ein Signal dafür, dass ich eine gefährliche Richtung eingeschlagen hatte. Wieder einmal. Nach der Geburt meines ersten Kindes hatte ich ungefähr 91 Kilo gewogen. Und nun war ich auf dem besten Weg, wieder dort zu landen, wo ich nie mehr hatte landen wollen!

Möglicherweise lag es daran, dass ich mich mit Riesenschritten meinem vierzigsten Geburtstag näherte oder von meiner Suche nach der ultimativen Wunderdiät völlig erschöpft war. Jedenfalls wurde mir klar, dass ich stetig weiter zunehmen würde, wenn nicht endlich etwas passierte.

Doch allein der Gedanke, mich in eine neue Diät zu stürzen, brachte mich zum Weinen. Und zum Essen. Und dann wieder zum Weinen. Es war ein vertrauter Ablauf, der sich ständig wiederholte – vielleicht wissen Sie, was ich meine.

Ganz gleich, ob 76 Kilo für Sie nun das Traumgewicht darstellen oder eher einen Albtraum verkörpern – die Zahl selbst spielt im Grunde nur eine untergeordnete Rolle. Bei mir ging es hauptsächlich darum, wie ich mich mental, geistlich und körperlich fühlte. Es war Zeit, mir selbst gegenüber ehrlich zu sein.

Ich glaube, dass wir alle irgendwann an den Punkt kommen, an dem wir schonungslos Bilanz ziehen müssen. Meistens geschieht das nicht im Gespräch mit Freunden oder Familienangehörigen, sondern mitten in der Nacht, wenn wir ganz allein sind und ins Grübeln geraten. In solchen Momenten hat es keinen Sinn mehr, sich etwas vorzumachen.

Ich wusste genau, dass es Dinge in meinem Leben gab, die ich ändern sollte, aber es war viel leichter, Ausflüchte zu machen, als mich ernsthaft mit diesen Problemen zu befassen. An Ausreden fehlte es mir nicht – vielleicht kennen Sie ja die eine oder andere?

Ich komme in jedem anderen Bereich gut klar.

Ich bringe doch schon so viele Opfer.

In dieser anstrengenden Lebensphase muss ich mich einfach ab und zu mit Leckereien trösten können; um mein Gewicht werde ich mich später kümmern.

Ich kann einfach nicht auf dieses oder jenes verzichten.

Die Bibel sagt nicht ausdrücklich, dass ich das nicht darf.

Es ist kein echtes Problem. Wenn ich wirklich wollte, könnte ich meine Gewohnheiten ändern. Ich will nur im Moment nicht. Nun, jeder hat Probleme und dies ist eben mein schwacher Punkt. Doch alle diese Argumente, mit denen ich mich selbst in Schutz nahm, halfen mir nicht weiter. Ich nehme an, Sie haben dieses Buch ausgesucht, weil sich in Ihrem Kopf ein ähnliches Programm abspielt.

Tag für Tag geht es so weiter, Woche für Woche, Jahr für Jahr. Wir könnten ein ganzes Leben damit zubringen, Ausflüchte zu machen, zu resignieren, uns schuldig zu fühlen, erneut gute Vorsätze zu fassen, sie wieder fallen zu lassen und schließlich frustriert festzustellen, dass die Dinge sich wohl nie ändern werden.

Aber ich möchte mein Leben nicht in diesem Teufelskreis zubringen, und ich nehme an, dass Sie das auch nicht wollen.

Deshalb warten Sie bitte noch einen Moment, bevor Sie dieses Buch zur Seite legen und sich den Snack gönnen, nach dem es Sie jetzt gerade so dringend verlangt. Sie haben die richtige Entscheidung getroffen, als Sie bis hierher gelesen haben, also bleiben Sie am Ball!

Ich bin davon überzeugt, dass Sie nach all den frustrierenden Diätprogrammen, mit denen Sie sich geplagt haben, tatsächlich zu Ihrem ganz persönlichen „Ich will" finden können. Es geht nämlich nicht nur darum, dass wir den festen Entschluss fassen, ungesunde Gewohnheiten abzulegen, sondern wir müssen eine viel größere und wichtigere Dimension erkennen: unsere *geistliche Unterernährung.*

Viele Frauen, die meinen, sie hätten ein paar Kilo zu viel auf den Hüften, würden sich nicht unbedingt als *geistliches* Schwer-

Es ist leichter, meine Gewohnheiten vor mir selber zu rechtfertigen, als sie zu ändern.

gewicht bezeichnen. Auf der Reise, die wir nun antreten, wollen wir herausfinden, inwieweit diese beiden Lebensbereiche miteinander zusammenhängen.

In der Bibel wird von einem jungen Mann berichtet, der zu Jesus kommt und behauptet, dass er alle Gesetze befolge, aber den Eindruck habe, dass ihm immer noch etwas fehle. „An all das habe ich mich gehalten. Was fehlt mir noch?', wollte der junge Mann wissen" (Matthäus 19,20).

Ich bezweifle, dass Mick Jagger sich von dieser Geschichte inspirieren ließ, doch die verzweifelte Frage des jungen Mannes erinnert mich an das berühmte Lied „I Can't Get No Satisfaction" (Ich kann keine Zufriedenheit finden).

Wir haben das Gefühl, alles sei hohl und oberflächlich, weil wir tief im Innersten einen großen Mangel empfinden. Wir wissen nicht, was wir noch brauchen, um wirklich ausgefüllt zu sein, darum sind wir ständig auf der Suche und werden doch dauernd enttäuscht.

Kann es sein, dass wir uns im Grunde fragen, wie wir *Gott* nahekommen können?

Jesus antwortet dem jungen Mann: „Wenn du vollkommen sein willst, dann geh, verkaufe alles, was du hast, und gib das Geld den Armen. Damit wirst du im Himmel einen Reichtum gewinnen, der niemals verloren geht. Und dann komm und folge mir nach!" (Matthäus 19,21).

Der junge Mann ist bestürzt, denn er ist sehr wohlhabend. Und sein Reichtum bedeutet ihm so viel, dass er nicht erkennt, wie unterernährt seine Seele ist. Er geht traurig fort, ohne die Aufforderung von Jesus zu befolgen. Diese Reaktion erinnert mich an manche Leute, die sich hartnäckig weigern, auf Schokoladen-

Donuts zum Frühstück zu verzichten, obwohl sie genau wissen, dass sie später davon Kopfschmerzen bekommen werden. Nicht, dass ich selber jemals so gehandelt hätte ...

Doch zurück zu unserer Geschichte: Wenn wir diesen Bibeltext hören oder lesen, kommen uns gewöhnlich einige Leute in den Sinn, die viel Geld besitzen, und wir denken: „Hoffentlich verstehen sie diese Botschaft und handeln entsprechend. Wie gut, dass ich selbst nicht reich bin. Wie gut, dass ich diese Geschichte nicht auf mich zu beziehen brauche. Wie gut, dass Jesus mich nicht auffordert, ein solches Opfer zu bringen."

Wirklich nicht?

Jesus wollte an diesem Punkt nicht etwa ein für alle Mal klarstellen, wie wohlhabende Menschen mit ihrem Reichtum verfahren sollten. Sondern er wendet sich an jeden Einzelnen von uns, der in irgendeinem Bereich seines Lebens im Überfluss schwelgt. Ich stelle mir vor, wie Jesus geradewegs in die Seele dieses jungen Mannes schaut und sagt: „Ich möchte, dass du diese eine Sache aufgibst, nach der du dich mehr sehnst als nach mir. Und dann komm und folge mir nach."

Dieser Gedanke ist ein wenig beunruhigend, nicht wahr?

Plötzlich blickt Jesus nämlich nicht den jungen Mann an, sondern mich. Er schaut in mein Innerstes – den Teil, den ich nicht schönfärben kann.

Jesus gibt sich nicht damit zufrieden, dass wir ihm mit halbem Herzen nachfolgen. An anderer Stelle hat er es so ausgedrückt: „Wer mein Jünger sein will, darf nicht mehr sich selbst in den Mittelpunkt stellen, sondern muss sein Kreuz auf sich nehmen und mir nachfolgen. Denn wer sich an sein Leben klammert, der wird es verlieren. Wer aber sein Leben für mich und für Gottes rettende Botschaft aufgibt, der wird es für immer gewinnen" (Markus 8,34-35).

Das bedeutet also, dass wir bereit sein müssen, Dinge loszulassen.

Um wahre Erfüllung zu finden, müssen wir unsere eigenen Wünsche zurückstellen.

Andere Dinge müssen in den Hintergrund treten, wenn wir Gott näherkommen wollen.

Und wenn wir zu einem gesunden Lebensstil finden wollen, müssen wir unser Innerstes (ganz neu) auf Gott ausrichten.

Gott hat uns so geschaffen, dass wir eine tiefe Sehnsucht verspüren, die nur von ihm allein gestillt werden kann. Solange wir versuchen, dieses Verlangen auf andere Weise zu befriedigen, werden wir immer wieder von Neuem enttäuscht werden. Deshalb müssen wir uns dazu entscheiden, unsere fehlgeleiteten Sehnsüchte auf den Einzigen hin auszurichten, der uns wirklich Erfüllung schenken kann.

Aus diesem Grund geht es bei einem gesunden Lebensstil nicht nur darum, unsere Ernährung umzustellen, damit sich unser Gesundheitszustand verbessert und wir an Gewicht verlieren. Sondern in erster Linie muss unsere Seele neu „geeicht" werden, sodass wir uns von ganzem Herzen ändern wollen – auf geistlicher, körperlicher und mentaler Ebene. In allen diesen drei Bereichen findet nämlich ein Kampf statt:

Geistlich. Ich musste Gott bitten, mir ein tiefes Verlangen nach einem gesunden Lebensstil zu schenken. Denn mir war bewusst, dass ein von Eitelkeit motiviertes „Ich will" keinen Wert haben würde. Oberflächliche Wünsche bringen nur oberflächliche

Bemühungen hervor. Ich brauchte ein geistliches Ziel, das ich mit Gottes Hilfe anstreben konnte.

Also betete ich – nein, ich schrie förmlich zu Gott. Und Schritt für Schritt gab er mir genau so viel Willenskraft, wie ich benötigte, um gute Entscheidungen zu treffen.

Irgendwann erkannte ich, dass es sich hier um ein Thema von großer geistlicher Bedeutung handelt: Denken wir nur an Eva und an eine der ersten Geschichten in der Bibel, bei der Essen eine Rolle spielt. Natürlich geht es in dem Bericht vom Sündenfall darum, dass Eva den Gedanken verlockend fand, so zu sein wie Gott und Gut und Böse voneinander unterscheiden zu können. Doch wir können nicht leugnen, dass die Schlange sie mithilfe eines Nahrungsmittels in Versuchung geführt hat.

Angesichts der Tatsache, dass der Niedergang der Menschheit ausgerechnet dadurch ausgelöst worden ist, dass Eva der Versuchung nachgegeben hat, etwas zu essen, das sie nicht hätte essen sollen, kann es Gott wohl kaum gleichgültig sein, welchen Kampf wir auf diesem Gebiet ausfechten.

Wir werden später noch auf dieses Thema zurückkommen, denn es gibt in dieser Geschichte noch viel mehr zu entdecken. Aber ich kann Ihnen jetzt schon versprechen, dass Sie sich wundern werden – ich selbst habe an diesem Punkt unglaublich viel gelernt, und ich hoffe, dass Sie eines Tages von sich dasselbe sagen können.

Körperlich. Manchmal ist es sehr heilsam, innerlich aufgewühlt zu werden. Aber da wir als Menschen aus Körper, Seele und Geist bestehen, muss auf eine geistliche Einsicht schließlich auch ein praktischer Schritt folgen.

Als ich mich auf meine persönliche Reise zu einem gesunden Lebensstil begeben habe, musste ich mir irgendwann eingestehen, dass es tatsächlich von Bedeutung ist, was ich esse. Mein Gewicht spiegelt meine täglichen Entscheidungen und meinen Gesundheitszustand wider.

Ich ging zu meinem Hausarzt, was ich Ihnen ebenfalls dringend empfehlen würde, ehe Sie Ihre Ernährung in irgendeiner Weise umstellen.

Bevor der Arzt mit seinen Untersuchungen begann, hoffte ich im Stillen, dass einer meiner Blutwerte geringfügig von der Norm abgewichen und somit für meine überflüssigen Pfunde verantwortlich war. Dann würde ich keine Diät machen, sondern mir nur ein entsprechendes Medikament verschreiben lassen müssen!

Aber diese Hoffnung löste sich sehr schnell in Luft auf: Abgesehen von einigen Ergebnissen, die darauf hinwiesen, dass ich mich nicht regelmäßig bewegte und zu viel ungesunde Nahrung zu mir nahm, war ich vollkommen gesund.

Hmm. Wieso haben eigentlich alle Ärzte immer denselben Spruch auf Lager? Offenbar denken sie, er sei ein Patentrezept für jedes gesundheitliche Problem: Sie fühlen sich erschöpft und antriebslos? Ernähren Sie sich gesünder und bewegen Sie sich regelmäßig! Sie sind schon einige Zeit deprimiert? Ernähren Sie sich gesünder und bewegen Sie sich regelmäßig. Ich wette, wenn ich das nächste Mal mit Halsschmerzen in die Praxis komme, wird mein Arzt genau dasselbe sagen!

Von den Tücken der Waage in der Arztpraxis ganz zu schweigen: Ich bin davon überzeugt, sie zeigt grundsätzlich ein höheres Gewicht an, nur damit mein Hausarzt recht behält: „Sehen Sie? Sie müssen sich gesünder ernähren und sich regelmäßig bewegen."

Aber der Arzt hatte natürlich recht: Meine überflüssigen Pfunde hingen mit meinen Ernährungsgewohnheiten zusammen. Daran führte kein Weg vorbei. Ich musste es einsehen und etwas unternehmen.

Mental. Ich musste mich dazu entschließen, dass ich nicht länger resignieren oder faule Kompromisse eingehen wollte. Wir müssen uns nicht mit weniger zufriedengeben, als Gott für uns vorgesehen hat. Denn wir sind dazu bestimmt, in jedem Bereich unseres Lebens die Erfüllung seiner Verheißungen zu erleben.

Tatsächlich bin ich zu Höherem berufen, als in dem Teufelskreis „Essen – Zunehmen – Frustration empfinden" stecken zu bleiben! Ich wurde dazu geschaffen, mich mit meinen Problemen auseinanderzusetzen und sie in der Kraft Gottes auf geistlicher, körperlicher und mentaler Ebene zu bewältigen.

Nun, ich hoffe, Sie bleiben dran und machen sich mit mir zusammen auf den Weg, um zu Ihrem ganz persönlichen „Ich will" zu finden. Ich kann Ihnen nicht versprechen, dass es leicht sein wird. Aber ich verspreche Ihnen, dass Sie auf dieser Reise eine unglaubliche Befreiung erleben werden.

Gerade heute habe ich eine Jeans angezogen, von der ich glaubte, ich würde nie wieder hineinpassen. Während ich äußerlich wahre Freudentänze aufführte, war ich innerlich weit davon entfernt, mir auf diesen Erfolg etwas einzubilden. Stattdessen staunte ich darüber, dass ich bestimmte Geschmackserlebnisse jemals für wichtiger gehalten hatte, als von Schuldgefühlen, Frustration und selbstzerstörerischem Verhalten befreit zu werden.

Damit Sie mich nicht falsch verstehen: Ich habe immer noch

keinen Appetit auf Karotten, und das wird sich vielleicht auch nie ändern. Aber ich habe zu meinem persönlichen „Ich will" gefunden. Ich habe begonnen, mich gesünder zu ernähren und mich mehr zu bewegen. Dadurch habe ich einige Kilo verloren und fühle mich großartig. Und ich bin sicher, dass ich Gott nähergekommen bin als je zuvor.

Meine tiefsten Sehnsüchte wurden gestillt – und das können Sie auch erleben!

Wo liegt das Problem?

Vor Kurzem hat ein Unternehmen, das Produkte zur Gewichtsreduzierung verkauft, eine witzige Werbekampagne gestartet. Vielleicht haben Sie einige dieser Werbespots gesehen: Ein kleines orangefarbenes Monster rennt hinter einer Frau her und versucht, sie mit Leckereien zu ködern, die offenbar nicht zu ihrem Ernährungsplan gehören. Diese Szenen spiegeln sehr gut wider, wie es sich anfühlt, den ganzen Tag lang von Hungergefühlen verfolgt zu werden.

Zwar bin ich selbst noch nie diesem kleinen Monster begegnet, aber ich habe seine Wirkung durchaus verspürt: Meine guten Vorsätze halten immer so lange, bis der Hunger wiederkommt. Und in solchen Momenten sind die ungesunden Lebensmittel stets so praktisch zur Hand. Sie sind attraktiv verpackt und versprechen die sofortige Erfüllung meiner Gelüste auf Salz und Zucker. Frisches Obst und Gemüse finde ich hingegen eher selten in einem Automaten, wenn mich der Heißhunger überfällt.

Also gebe ich auf und hole mir eine Tüte Chips oder einen

Schokoladenriegel, weil ich eben hungrig bin und weil es ja nur dieses eine Mal ist. Doch diese leeren Kalorien befriedigen meine Geschmacksnerven nur vorübergehend und werden mich wenig später zu weiteren ungesunden Entscheidungen bewegen. Denn wir hungern nach dem, was wir essen.

Und so setzt sich dieser Kreislauf Tag für Tag fort. Eine Hungerattacke folgt der anderen und wir werden immer wieder schwach. Das orangefarbene Monster erinnert uns ständig an all die köstlichen Dinge, die wir verpassen könnten, wenn wir uns ausschließlich vernünftig und gesund ernähren.

Zwar halte ich dieses kleine Monster für eine äußerst gelungene Illustration, doch meiner Ansicht nach bieten diese Werbespots trotzdem keine echte Hilfe für unser Problem. Die Strategie des Unternehmens zielt darauf ab, uns zu zeigen, welche Lebensmittel unseren Hunger nachhaltiger stillen, und uns dann dazu zu motivieren, diese Produkte zu kaufen. Aber kann man dadurch wirklich Hungerattacken überwinden?

> Wir hungern nach dem, was wir essen.

Für mich funktioniert das jedenfalls nicht. Die Lösung wird nie nur darin bestehen, in Bezug auf das, was ich esse, die richtige Wahl zu treffen, auch wenn das ganz sicher dazugehört.

Doch die Botschaft, ich müsse nur gesündere Lebensmittel essen, die den Hunger über längere Zeit im Zaum halten, geht am Kern des Problems vorbei. Ich kann nämlich nach einer Mahlzeit völlig satt sein und trotzdem ein unstillbares Verlangen nach Schokoladentorte zum Nachtisch haben. Einfach satt zu sein, ist nicht der Schlüssel zu einem gesünderen Lebensstil.

Wenn das Sattsein die Lösung wäre, müssten Magenverkleinerungen hundertprozentig erfolgreich sein. Diese Operationen werden ja durchgeführt, damit die betreffende Person weniger Nahrung zu sich nimmt, um sich satt zu fühlen. Doch Studien haben gezeigt, dass bei Patienten, die über einen Zeitraum von zehn Jahren weiterbegleitet wurden, die Misserfolgsquote für krankhaft fettleibige Patienten bei 20,4 Prozent und für die übrigen übergewichtigen Patienten bei 34,9 Prozent lag.[1] Selbst eine beträchtliche Anzahl von Patienten, deren Leben durch das Übergewicht bedroht ist, können ihre Begierden nicht immer im Zaum halten, obwohl sie ein Sättigungsgefühl haben.

Wo liegt also das Problem?

Ich bin davon überzeugt, dass Gott uns absichtlich so geschaffen hat, dass wir Hunger beziehungsweise eine tiefe Sehnsucht verspüren. Bevor Sie jetzt jedoch auf die Idee kommen, dies für einen grausamen Scherz zu halten, lassen Sie mich hinzufügen: Gott hat nie beabsichtigt, dass wir uns nach solchen Dingen wie Essen, Sex, Geld, Macht oder Anerkennung verzehren.

Denken wir doch einmal über die Bedeutung des Wortes „Sehnsucht" nach. Wie würden Sie es definieren? Man könnte es beispielsweise als „ein inniges Verlangen nach einer Person, einer Sache, einem Zustand oder einer Zeitspanne, die/den man liebt oder begehrt"[2], bezeichnen.

In der Bibel findet sich ebenfalls ein Ausdruck dieser Haltung: „Herr, du allmächtiger Gott, wie sehr liebe ich den Ort, wo du wohnst! Ich kann es kaum noch erwarten, ja, ich sehne mich danach, in die Vorhöfe deines Tempels zu kommen! Mit Leib und Seele juble ich dir zu, du lebendiger Gott!" (Psalm 84,2-3).

> Wir wurden tatsächlich dazu erschaffen, ein inniges Verlangen nach Gott zu spüren – und zwar ausschließlich nach ihm.

Ja, wir wurden tatsächlich dazu erschaffen, ein inniges Verlangen nach Gott zu spüren – und zwar ausschließlich nach ihm. Doch Satan, der Feind Gottes, setzt alles daran, unsere Sehnsüchte in eine andere Richtung zu lenken.

Dazu sagt die Bibel Folgendes: „Liebt nicht diese Welt und hängt euer Herz nicht an irgendetwas, das zu dieser Welt gehört. Denn wer die Welt liebt, kann nicht zugleich Gott, den Vater, lieben. Was gehört nun zum Wesen dieser Welt? Selbstsüchtige Wünsche, die Gier nach allem, was einem ins Auge fällt, das Prahlen mit Wohlstand und Macht. All dies kommt nicht von Gott, unserem Vater, sondern gehört zur Welt" (1. Johannes 2,15-16).

In diesem Text werden drei Strategien aufgezeigt, mit denen Satan versucht, uns von Gott abzulenken:

- Selbstsüchtige Wünsche
- Gier nach allem, was einem ins Auge fällt
- Prahlen mit Wohlstand und Macht

Einigen Bibelkommentaren zufolge sind unter „selbstsüchtigen Wünschen" beispielsweise übermäßiges Essen oder Sex außerhalb der Ehe zu verstehen. Mit anderen Worten: Wir versuchen, unsere körperlichen Bedürfnisse außerhalb des Willens Gottes zu befriedigen. Die „Gier nach allem, was einem ins Auge fällt", bedeutet, von materiellen Dingen gefesselt zu sein. Und das „Prahlen mit Wohlstand und Macht" beschreibt schließlich die Jagd eines Menschen nach allem, wovon er glaubt, dass es ihm Bedeutung verleiht.

- Selbstsüchtige Wünsche = der Versuch, körperliches Verlangen unabhängig von Gottes Willen zu befriedigen
- Gier nach allem, was einem ins Auge fällt = der Versuch, materielle Wünsche unabhängig von Gottes Willen zu erfüllen
- Prahlen mit Wohlstand und Macht = der Versuch, unser Bedürfnis nach Geltung und Anerkennung unabhängig von Gottes Willen zu erfüllen

Erinnern Sie sich an die Einleitung des Buches, wo es um Eva ging? Sie war von der Schlange dazu verführt worden, die verbotene Frucht zu essen. Als ich mich näher mit dieser Geschichte befasst habe, wurde mir bewusst, wie gezielt Satan vorgegangen ist. Er weiß genau, wo unsere Schwachpunkte sind. Und er weiß, welche Taktik er verfolgen muss, um uns von Gott wegzulocken: Er weckt in uns selbstsüchtige Wünsche, die Gier nach allem, was einem ins Auge fällt, und das Prahlen mit Wohlstand und Macht.

Bei Eva wandte Satan alle drei Methoden zugleich an:

Die Frau schaute den Baum an. Er sah schön aus (Gier nach allem, was einem ins Auge fällt)*! Es wäre bestimmt gut, von ihm zu essen, dachte sie. Seine Früchte wirkten verlockend* (selbstsüchtige Wünsche)*, und klug würde sie davon werden* (Prahlen mit Wohlstand und Macht)*! Sie pflückte eine Frucht und biss hinein. Dann reichte sie die Frucht ihrem Mann, der bei ihr stand, und auch er aß davon.* 1. Mose 3,6

Die Punkte, an denen Eva versucht wurde, waren genau die Dinge, vor denen wir im ersten Johannesbrief gewarnt werden.

Doch das ist noch nicht alles. Lesen wir doch einmal, wie Jesus selbst auf die Probe gestellt wurde:

Danach wurde Jesus vom Geist Gottes in die Wüste geführt, wo er den Versuchungen des Teufels ausgesetzt sein sollte. Nachdem er vierzig Tage und Nächte lang gefastet hatte, war er sehr hungrig.

Da trat der Versucher an ihn heran und sagte: „Wenn du Gottes Sohn bist, dann befiehl doch, dass diese Steine zu Brot werden!"

Aber Jesus wehrte ab: „Es steht in der Heiligen Schrift: Der Mensch lebt nicht allein von Brot, sondern von allem, was Gott ihm zusagt!"

Da nahm ihn der Teufel mit in die heilige Stadt Jerusalem und stellte ihn auf die höchste Stelle des Tempels. „Wenn du Gottes Sohn bist, dann spring hinunter", forderte er Jesus auf. „In der Schrift steht doch: Gott wird dir seine Engel schicken. Sie werden dich auf Händen tragen, sodass du dich nicht einmal an einem Stein stoßen wirst!"

Jesus entgegnete ihm: „In der Schrift steht aber auch: Du sollst den Herrn, deinen Gott, nicht herausfordern!"

Schließlich führte ihn der Teufel auf einen sehr hohen Berg und zeigte ihm alle Reiche der Welt mit ihrer ganzen Pracht. „Das alles gebe ich dir, wenn du vor mir niederfällst und mich anbetest", sagte er.

Aber Jesus wies ihn ab: „Weg mit dir, Satan, denn es heißt in der Schrift: Bete allein den Herrn, deinen Gott, an und diene nur ihm!"

Da ließ der Teufel von Jesus ab, und die Engel Gottes kamen und sorgten für ihn.

Matthäus 4,1-11

Auch hier finden wir das gleiche Schema:

- *Selbstsüchtige Wünsche:* Satan appellierte an den körperlichen Hunger von Jesus.
- *Gier nach allem, was einem ins Auge fällt:* Der Teufel versprach Jesus ganze Königreiche, wenn er sich vor dem Gott des Materialismus beugen würde.
- *Prahlen mit Wohlstand und Macht:* Jesus sollte seine Bedeutung beweisen, indem er Gott förmlich dazu zwang, ihn durch Engel zu bewahren.

Der entscheidende Unterschied zwischen Eva und Jesus ist allerdings, dass Eva sich an dem Objekt ihrer Begierde sättigte, während Jesus sich an Gottes Wahrheit sättigte und völlig von ihr durchdrungen war.

Ich war zwar nicht dabei, als Eva im Garten Eden vor dem bewussten Baum stand, doch aus der Schilderung in 1. Mose 3,6 lese ich heraus, dass sie ihre Augen keine Sekunde von ihm abwandte: „Die Frau schaute den Baum an. Er sah schön aus! Es wäre bestimmt gut, von ihm zu essen, dachte sie. Seine Früchte wirkten verlockend, und klug würde sie davon werden!"

Sie ging nicht fort und nahm sich keine Zeit, über ihre Entscheidung nachzudenken. Sie fragte weder ihren Mann noch Gott selbst um Rat. Anstatt sich darauf zu besinnen, was Gott angeordnet hatte, konzentrierte sie sich ausschließlich auf das Objekt ihrer Begierde.

Erinnern Sie sich noch, dass wir am Anfang dieses Kapitels festgestellt haben, dass wir nach dem hungern, was wir essen? Wenn ich mich eine Zeit lang vernünftig und gesund ernähre, scheint sich mein Geschmackssinn neu zu programmieren. Je mehr Gemüse und Obst ich esse, desto mehr Appetit habe ich auf Gemüse und Obst. Solange ich dagegen hauptsächlich von Brownies und Chips lebe, werde ich immer wieder einen Heißhunger auf derartige Genüsse verspüren.

Eva wollte genau das haben, worauf ihr Blick gerichtet war. Wir konsumieren die Dinge, mit denen wir uns gedanklich beschäftigen. Und wenn wir nicht aufpassen, können sie uns völlig in Beschlag nehmen.

Jesus gibt uns ein wunderbares Beispiel dafür, wie wir aus diesem Teufelskreis, in dem wir von unseren Sehnsüchten verzehrt werden, ausbrechen können. Sein Beispiel ist besonders beeindruckend, da Jesus – im Gegensatz zu Eva – unter extremem Mangel litt. Eva befand sich in einem paradiesischen Garten, der alles enthielt, was sie brauchte. Jesus dagegen hatte zu diesem Zeitpunkt bereits vierzig Tage in der Wüste gefastet. Ich kann mir keine schlimmere Mangelsituation vorstellen. Und doch blieb er stark und zeigte uns auf eindrückliche Weise, wie wir der Versuchung widerstehen können: Er zitierte Gottes Wort. Das können wir ebenfalls tun. Wenn wir Mangel empfinden, frustriert sind und am liebsten falsche Entscheidungen treffen würden, können wir uns darauf verlassen, dass Gottes Wort uns zu Hilfe kommt.

Die Wahrheit hat Macht. Je mehr wir von der Wahrheit erfüllt sind, desto kraftvoller können wir Versuchungen widerstehen. Zudem wird es uns dann immer leichter fallen, unsere Sehnsucht auf denjenigen zu richten, der von sich selbst sagt, dass er der Weg, die Wahrheit und das Leben ist (vgl. Johannes 14,6).

Ist es nun ein Fluch oder ein Segen, dass wir immer wieder merken, dass uns etwas fehlt? Die Antwort darauf ist offensichtlich davon abhängig, *wonach* wir uns verzehren. Und dies wiederum hängt davon ab, womit wir uns beschäftigen und was wir konsumieren.

Auf den folgenden Seiten werden wir herausfinden, wie wir Gottes Wahrheit so in uns aufnehmen können, dass sie uns eine tiefe Zufriedenheit schenkt. Unterdessen können Sie aber schon ausprobieren, ob es Ihnen hilft, wenn Sie sich bei der nächsten Hungerattacke auf einen Bibelvers besinnen und ihn laut aussprechen.

Einer der Verse, der mir persönlich am meisten geholfen hat, lautet: „Ihr lebt nach dem Grundsatz: ‚Alles ist erlaubt!‘ Ich antworte darauf: Aber nicht alles, was erlaubt ist, ist auch gut" (1. Korinther 10,23).

Diese Worte habe ich mir wieder und wieder vorgesagt, um mich daran zu erinnern, dass mir niemand verbieten kann, Brownies oder Chips zu essen, sie mir aber letztlich nicht guttun würden. Dieser Gedanke gab mir die Kraft, eine gute Entscheidung zu treffen, anstatt in Selbstmitleid zu schwelgen, weil ich das Gefühl hatte, mir würde etwas vorenthalten.

Im Anhang des Buches sind die Bibelzitate, mit denen wir uns auf dieser Reise beschäftigen, noch einmal extra aufgeführt. Sie könnten sich einzelne Verse aufschreiben, damit Sie sie zur Hand haben, wenn das orangefarbene Monster das nächste Mal einen Großangriff auf Sie startet!

Ich weiß, wie schwer das ist, liebe Leidensgenossin. Aber geben Sie nicht auf, denn Sie sind nicht machtlos! Dass die Wahrheit uns frei machen wird (vgl. Johannes 8,32), ist kein christliches

Klischee, sondern eine Tatsache, die viele Menschen bezeugen können. Und Gottes Wahrheit wird auch *Ihr* Leben verändern, wenn Sie sich darauf einlassen.

Konkret auf den Punkt gebracht

1. Hungerattacken werden in dem oben erwähnten Werbespot als kleines orangefarbenes Monster dargestellt, das uns überallhin verfolgt und uns dazu verführen will, etwas Ungesundes zu essen.

   - Können Sie sich mit dieser Illustration identifizieren? Welche Erfahrungen haben Sie bisher auf diesem Gebiet gemacht?
   - Wenn Sie Ihrer persönlichen Versuchung eine Gestalt geben müssten, welche Form würde sie annehmen? Würde sie dem orangefarbenen Monster gleichen oder ganz anders aussehen?
   - Wenn Sie sich mit diesem imaginären Hunger unterhalten könnten, was würde er Ihnen wohl sagen? Welche Fragen würden Sie ihm gern stellen? Wie könnte er antworten?

2. Wie reagieren Sie auf die Aussage, dass wir dazu erschaffen wurden, ein inniges Verlangen nach Gott zu spüren? Haben Sie schon einmal erlebt, dass eine tiefe Sehnsucht Ihr Leben in positiver Hinsicht verändert hat? Inwiefern unterschied sich diese Sehnsucht von dem Hungergefühl, das Sie zu ungesundem Essen verführt?

3. Wenn es stimmt, dass wir dazu erschaffen wurden, ein inniges Verlangen nach Gott zu spüren, könnte dies den Umgang mit unseren Bedürfnissen ändern. Glauben Sie, es könnte Ihnen guttun, auf Ihre Bedürfnisse einzugehen, anstatt sie zu unterdrücken? Warum oder warum nicht?

4. In der Bibel werden drei Strategien genannt, mit denen Satan versucht, uns von Gott wegzulocken: selbstsüchtige Wünsche, die Gier nach allem, was einem ins Auge fällt, und das Prahlen mit Wohlstand und Macht (1. Johannes 2,15-16). Rufen Sie sich doch einmal die letzten vierundzwanzig Stunden oder die letzten Tage in Erinnerung, und überlegen Sie, ob Sie an einigen dieser Punkte in Versuchung geraten sind:

- *Selbstsüchtige Wünsche:* der Versuch, körperliche Bedürfnisse unabhängig von Gottes Willen zu befriedigen. Inwieweit macht Ihnen das Verlangen nach Essen, Alkohol, Drogen oder Sex zu schaffen?
- *Gier nach allem, was einem ins Auge fällt:* der Versuch, materielle Wünsche unabhängig von Gottes Willen zu erfüllen. Wie sehr verzehren Sie sich nach materiellen Dingen wie Kleidung, Kosmetik, Handy oder Urlaub im Luxushotel?
- *Prahlen mit Wohlstand und Macht:* der Versuch, unser Bedürfnis nach Geltung und Anerkennung unabhängig von Gottes Willen zu erfüllen. Geraten Sie manchmal in Versuchung, Ihr eigenes Image aufzupolieren? Bemühen Sie sich, vor anderen gut dazustehen, indem Sie manche Dinge nur dann tun, wenn Sie dabei beobachtet werden?

An welchem dieser drei Punkte werden Sie am ehesten schwach? Was macht Ihnen dagegen weniger zu schaffen? Warum?

5. Jesus widerstand der Versuchung, indem er Verse aus der Heiligen Schrift zitierte. Haben Sie das auch schon einmal getan? Hat es gewirkt? Können Sie sich vorstellen, dass Gottes Wort Ihnen dabei hilft, bessere Entscheidungen in Bezug auf Ihre Ernährung zu treffen?

Wonach sehne ich mich

Ich rolle mich herum und schaue auf den Wecker: Es ist ein neuer Tag. Entgegen jeglicher Vernunft schlüpfe ich aus dem Bett und ziehe alles aus, was auch nur das kleinste Gewicht haben könnte, bevor ich auf die Waage zugehe. Vielleicht wird sie heute gnädig mit mir sein und einen Mantel des Schweigens über meine Probleme breiten. Oder vielleicht hat sich über Nacht der Fettanteil meines Körpers verringert und ich werde auf wundersame Weise weniger wiegen.

Aber nein, diese Hoffnung erweist sich als trügerisch. Ich streife auch noch mein Haargummi ab – es wiegt doch sicherlich auch ein paar Gramm – und steige erneut auf die Waage. Doch sie bleibt stur; mit ihrer Nachsicht ist es offenbar nicht weit her.

Ich nehme mir fest vor, mich zu bessern, während ich in die Küche gehe. Aber dort schmelzen meine guten Vorsätze so rasch dahin wie die Zuckerglasur auf den Zimtschnecken, die meine Tochter gerade aus dem Ofen geholt hat. Mmm. Wer hört schon auf die Stimme der Vernunft, wenn es so wunderbar duftet!

Zweieinhalb Zimtschnecken später beschließe ich, dass morgen ein viel besserer Tag ist, um mit einem neuen Ernährungsprogramm anzufangen. Da dies also mein letzter Tag ist, an dem ich essen darf, worauf ich Lust habe, sollte ich das ausnutzen. Noch eine Zimtschnecke, bitte.

Am nächsten Morgen rolle ich mich herum und schaue auf den Wecker. Entgegen jegliche Vernunft schlüpfe ich aus dem Bett und ziehe alles aus, was auch nur das kleinste Gewicht haben könnte, bevor ich auf die Waage zugehe. Vielleicht wird heute das Wunder geschehen, das ich so sehnlich erhoffe? Aber nein. Ich streife auch noch mein Haargummi ab, doch es nützt nichts.

Wieder nehme ich mir fest vor, gesünder zu leben, während ich mich in den neuen Tag stürze. Doch schon bald finde ich neue Entschuldigungen und Argumente dafür, weshalb es besser ist, dieses Vorhaben auf später zu verschieben.

So geht es weiter – Tag für Tag.

Und dieser schreckliche Kreislauf, in dem ich gefangen bin, setzt sich fort. Ich wage es nicht, mit irgendjemandem darüber zu reden. Wenn ich meinen Freundinnen von meinen Problemen erzähle, werden sie mir womöglich Vorwürfe machen, wenn ich das nächste Mal schwach werde und mir im Restaurant diese leckeren Käse-Nachos mit einer Extraportion Sour Cream bestelle …

Außerdem ist in meinem Bekanntenkreis ohnehin niemand der Ansicht, dass ich mich ändern müsste. Meine Freunde finden mich gut, so, wie ich bin.

Aber ich weiß genau, dass sich etwas ändern muss. Es geht gar nicht so sehr darum, was die Waage anzeigt oder welche Kleidergröße ich trage, sondern um den Kampf in meinem Herzen. Mein ganzes Leben dreht sich viel zu sehr ums Essen. Ich denke zu oft daran und räume ihm eine zu hohe Priorität ein. Und genau aus diesem Grund fordert Gott mich auf, diesen Bereich unter seine Kontrolle zu stellen. Mich ihm mit Haut und Haaren auszuliefern. Zu radikalen Veränderungen bereit zu sein, die für meine geistliche Gesundheit womöglich noch wichtiger sind als für mein körperliches Wohlbefinden.

An diesem Punkt musste ich mir selbst eine unangenehme Frage stellen:

Kann es sein, dass mir Essen wichtiger ist als Gott?

Bevor Sie nun die Stirn runzeln und dieses Buch zur Seite legen, lassen Sie mich bitte fortfahren! Diese Frage war für mich von entscheidender Bedeutung, denn ich musste begreifen, dass meine Motivation für Veränderung nicht darin bestehen konnte, mir eine kleinere Konfektionsgröße oder nette Komplimente von anderen zu wünschen. Sobald Zimtschnecken, Chips oder Brownies in Reichweite waren, verlor dieser Anreiz nämlich rasch seine Wirkung.

> Es geht gar nicht so sehr darum, was die Waage anzeigt oder welche Kleidergröße ich trage, sondern um den Kampf in meinem Herzen.

Es musste um mehr gehen als um mich selbst.

Ich musste mir ehrlich eingestehen: Ich sehnte mich mehr nach Essen als nach Gott und glaubte, dass es mir mehr Trost spendete, als er es tun würde. Essen war meine Freude und mein Trost, die Belohnung, die ich mir nach einem harten Tag gönnte, und der Ausgleich für Stress und Frustration.

Es war äußerst schmerzhaft, mir diese Tatsache einzugestehen, denn ich kam mir ziemlich dumm vor. Ich hatte den Eindruck, geistlich völlig versagt zu haben.

Als ich schließlich mit einigen Leuten darüber sprach, schienen mich die meisten zu verstehen. Doch dann sagte eine wohlmeinende Frau etwas, was andere in den darauffolgenden Monaten wiederholen sollten: „Du willst aus einer Diät eine geistliche Erfahrung machen? Glaubst du, Gott kümmert sich wirklich um unsere Ernährung?"

Ja, das glaube ich. Wenn ich mir die Bibelverse durchlese, die am Ende dieses Buches aufgelistet sind, bestärkt mich das in meiner Überzeugung, dass Gott diese Sache ernst nimmt. Ich glaube, dieses Thema ist es wert, dass wir uns ernsthaft damit auseinandersetzen und in der Bibel nachforschen, was Gott dazu zu sagen hat.

Gott wollte nie, dass wir uns nach etwas anderem mehr sehnen als nach ihm. Schon der kleinste Abstecher in sein Wort beweist das. Lesen Sie beispielsweise, was die Bibel über Gottes auserwähltes Volk, die Israeliten, sagt, als ihnen Essen wichtiger war als Gott: „Sie forderten Gott heraus und verlangten von ihm die Speise, auf die sie gerade Lust hatten" (Psalm 78,18).

Und was war die Folge? Diese Menschen durften nie das verheißene Land betreten. Stattdessen mussten sie vierzig Jahre lang in der Wüste umherwandern, und nur Josua und Kaleb (die als Einzige Gott den Vorrang eingeräumt hatten) durften sich in dem Land ansiedeln, in dem es Milch und Honig im Überfluss gab. Sonst niemand. Gott wartete, bis auch die letzte Person jener Generation gestorben war, bevor die nachfolgende Generation das Ziel erreichen durfte, nach dem sie sich von ganzem Herzen sehnten.

Ich weiß nicht, wie es Ihnen geht, aber ich persöhnlich möchte nicht in einer Wüste umherstreifen müssen, weil ich Gott mit meinen Begierden nach bestimmten Leckereien herausfordere. Das Leben im Überfluss, das Gott für mich bereithält, möchte ich keinesfalls verpassen.

Als ich diesen Kampf aufnahm, wusste ich, dass er hart werden würde – viel härter, als ich mir vorstellen konnte. Doch ich beschloss, mich von nun an auf Gott zu konzentrieren statt aufs Essen. Meine Strategie war folgende: Sobald ich Appetit auf etwas bekam, das nicht zu meinem Ernährungsplan gehörte, verstand ich dies als Aufforderung zum Gebet. Und da das oft passierte, betete ich oft.

Lassen Sie dies doch einen Moment auf sich wirken.

Ich nutzte meinen Hunger, um zu beten. Ich verwendete ihn dazu, die Mauern, die mich einengten, Stück für Stück abzureißen und an ihrer Stelle etwas Neues aufzubauen. Es war, als ob ich in einem Gefängnis steckte. Dieses Gebäude riss ich nun ab und pflasterte mit jenen Steinen eine Straße des Gebets, die mich zum Sieg führen würde.

Diese bildhafte Vorstellung half mir oft über meine Hungerattacken hinweg. Doch es gab auch Zeiten, in denen mir der Heißhunger auf ungesundes Essen buchstäblich die Tränen in die Augen trieb. Ganz ehrlich: Ich lag manchmal weinend am Boden meines Schlafzimmers und schrie verzweifelt zu Gott.

Wie der Psalmist rief ich in solchen Momenten: „Höre doch, Herr, was ich dir sagen will, verschließ deine Ohren nicht vor meinem Seufzen! Du bist mein König und mein Gott, zu dir schreie ich, dich flehe ich an! Herr, schon früh am Morgen hörst du mein Rufen. In aller Frühe bringe ich meine Bitten vor dich und warte sehnsüchtig auf deine Antwort" (Psalm 5,2-4).

Ich entschied mich, diesen Bibeltext ganz wörtlich zu nehmen und mich zu jeder Tageszeit an Gott zu wenden. Jede Heißhungerattacke wurde ein weiterer Stein, mit dem ich meine Gebetsstraße pflastern konnte:

„Herr, ich würde heute Morgen am liebsten Kekse essen. Stattdessen mache ich mir pochierte Eier. Ich bin dankbar für dieses Essen, aber ich muss zugeben, dass ich meine Lust auf etwas Süßes kaum bezähmen kann. Doch ich will nicht in Selbstmitleid schwelgen, sondern mich von Herzen über all das Gute freuen, das du mir gönnst!"

„Herr, jetzt ist es zehn Uhr und ich habe Hunger. Ich habe einen Riesenappetit auf diese leckeren Käse-Cracker, die dort im Schrank liegen. Aber statt die Hand nach ihnen auszustrecken, bete ich. Um ganz ehrlich zu sein: Ich will gar nicht beten, sondern ich will unbedingt diese Cracker essen. Doch ich werde mich mit einer Handvoll Mandeln begnügen und an meiner Gebetsstraße weiterbauen."

„Herr, es ist Zeit zum Mittagessen, und meine Kolleginnen sind auf dem Weg ins mexikanische Restaurant. Ich liebe mexikanisches Essen! Was würde ich jetzt darum geben, wenn ich eine Portion Pommes mit Avocado-Dip verputzen könnte! Dieser Vormittag war anstrengend, aber ich entscheide mich dazu, auf deine Hilfe zu hoffen, statt meinen Gelüsten nachzugeben. Herr, bitte schenk mir die innere Zufriedenheit, nach der ich mich so sehr sehne!"

Und so ging es den ganzen Tag über weiter. Ich brachte meine Anliegen vor Gott und wartete auf seine Hilfe.

Eines Morgens passierte es dann: Ich stand auf und fühlte mich zum ersten Mal seit Langem voller Energie. Wie gewohnt stieg ich auf die Waage – ohne Kleider und ohne Haargummi –, aber ich tat es nur ein Mal. Die Ziffern waren immer noch dieselben, doch mein Herz hatte sich geändert.

Das Hochgefühl, das ich an jenem Tag empfand, war viel köstlicher als alle Genüsse, auf die ich verzichtet hatte. Ich war so glücklich darüber, dass Gott meine Gebete erhört hatte!

Auch der folgende Tag bescherte mir einen neuen Triumph – und der dritte ebenfalls! Und was spricht eigentlich dagegen, dass man vier Tage hintereinander erfolgreich sein kann?

Natürlich ist so ein Sieg keine Garantie, dass es künftig keine Tränen mehr geben wird. Oder dass die Waage im Handumdrehen mein Traumgewicht anzeigt. Doch es war ein Anfang – ein wirklich guter Anfang.

Konkret auf den Punkt gebracht

1. Zu Beginn dieses Kapitels habe ich den Kreislauf beschrieben, in dem ich gefangen war: mein morgendliches Ritual mit der Waage, meine guten Vorsätze und das darauffolgende Scheitern. Gibt es in Ihrem Leben ebenfalls bestimmte Verhaltensmuster, aus denen Sie nicht ausbrechen können? Wie sehen diese aus?

2. Es gibt viele gute Gründe, warum wir unsere Ernährung umstellen sollten: um unsere Gesundheit zu verbessern, um wieder in die Lieblingsjeans zu passen, um für ein bestimmtes

Ereignis gut auszusehen. Was ist Ihre Motivation, gesünder zu leben? Ist dieser Anreiz groß genug, um Ihnen die Kraft zu geben, auf ungesundes Essen zu verzichten?

Was halten Sie von dieser Aussage: „Ich musste begreifen, dass meine Motivation für Veränderung nicht darin bestehen konnte, mir eine kleinere Konfektionsgröße oder nette Komplimente von anderen zu wünschen. Es musste um mehr gehen als um mich selbst"?

3. „Ich musste mir ehrlich eingestehen: Ich sehnte mich mehr nach Essen als nach Gott und glaubte, dass es mir mehr Trost spendete, als er es tun würde. Essen war meine Freude und mein Trost, die Belohnung, die ich mir nach einem harten Tag gönnte, und der Ausgleich für Stress und Frustration."
Denken Sie doch einmal über Ihr Essverhalten in den letzten Tagen oder Wochen nach. Sehen Sie sich die nachfolgende Liste an, und überlegen Sie, ob Sie in bestimmten Situationen hauptsächlich aus einem dieser Gründe etwas gegessen haben:

- zum Trost
- als Belohnung
- zur Stressbewältigung
- weil Sie traurig oder frustriert waren
- weil Sie glücklich waren

Hätten Sie diese Situationen auch anders bewältigen können, wenn Sie sich zu jenem Zeitpunkt innerlich auf Gott ausgerichtet hätten, anstatt zum Essen Zuflucht zu nehmen?

4. Was halten Sie von der Idee, eine Hungerattacke als Aufforderung zum Gebet zu verstehen? Hat Ihnen das Gebet schon einmal in Bezug auf Ihre Kämpfe rund ums Essen geholfen? Wenn ja, inwiefern?

5. In diesem Kapitel wurde der Kampf gegen Heißhungerattacken mit dem Abreißen eines Gefängnisses verglichen. Allerdings wurde dieses Gebäude nicht schlagartig mit einer Abrissbirne zerstört, sondern Stein um Stein abgetragen. So ein Prozess erfordert Zeit und Sorgfalt.

Wozu würden Sie eher neigen – zu einer schnellen, drastischen Methode oder zu einem längerfristigen Ansatz, der Geduld und Ausdauer erfordert? Welche Gedanken oder Gefühle kommen in Ihnen hoch, wenn Sie darüber nachdenken, Ihr eigenes Gefängnis Stück für Stück abzutragen?

Ein konkreter Plan

3.

Als ich letzten Frühling einmal auf einem anderen Weg als sonst nach Hause ging, sah ich in meiner Nachbarschaft einen Mann, der im Garten arbeitete. Ich sah ihn nur im Vorübergehen, doch dieser flüchtige Blick genügte, um in mir den Gedanken zu wecken: „Ich wünschte, ich hätte ebenfalls so einen schönen Garten!"

Jahrelang hatte ich die Blumen anderer Leute bewundert und mir insgeheim gewünscht, selbst eine solche Blütenpracht zu besitzen. Doch als ich nun sah, wie dieser Mann mit seinen Händen in der Erde grub, kam mir eine Erleuchtung: Er hatte einen schönen Garten, weil er Zeit und Energie darauf verwendete. Er hatte nicht nur gehofft oder sich gewünscht, dass eines Tages statt Unkraut lauter herrliche Blumen aus der Erde hervorsprießen würden.

Nein, er hatte dafür gearbeitet, und das nicht nur einmal, sondern vermutlich sehr oft. Er hatte gewissenhaft gesät, gepflanzt, gejätet und gegossen. All das hatte viel Mühe, Willenskraft und Schweiß erfordert. Und dann hatte er eine Zeit lang abwarten müssen, bis sich die Früchte seiner Arbeit zeigten.

Doch schließlich war die erste Blüte erschienen … und dann noch eine … und noch eine. Ich selbst hatte diese Blumen nur im Vorübergehen gesehen und mir gewünscht, ebenfalls so eine Pracht zu besitzen – ohne eine Ahnung zu haben, wie viel Arbeit dahintersteckte.

Ich wollte nur die Blumen, aber nicht die damit verbundene Arbeit.

Geht es uns nicht mit vielen Dingen im Leben so – wir wollen Ergebnisse, sind aber nicht bereit, die dazu erforderliche Mühe aufzuwenden?

Außer einem schönen Garten habe ich mir auch jahrelang einen schlankeren Körper gewünscht, ohne jedoch meine Essgewohnheiten zu ändern: Wenn es ums Essen ging, fand ich immer wieder Ausflüchte, um der nötigen Disziplin auszuweichen. Ich führte mein Alter, meinen Stoffwechsel und meine Veranlagung als Entschuldigung an und fand es höchst ungerecht, dass ausgerechnet ich mit so vielen Handicaps gestraft war.

Ich kann nicht wie ein sportlicher Teenager essen und mich dann über meine Extrapfunde beschweren.

Die Wahrheit ist allerdings: Ich kann nicht wie ein sportlicher Teenager essen und mich dann über meine Extrapfunde beschweren.

Oder über meine Konfektionsgröße oder meinen Bauch.

Oder darüber, dass meine Arme schwabbeln, wenn ich sie in die Luft strecke.

Ich kann ebenso wenig Blumen in meinen Garten hineinzaubern, wie ich das Fett auf meinen Hüften wegzaubern kann.

Das ist die knallharte Realität.

Also brauchte ich einen konkreten Plan.

Eine meiner Freundinnen ging seit einiger Zeit zu einer Ernährungsberaterin. Sie hatte sich einen individuellen Ernährungsplan aufstellen lassen, an den sie sich nun strikt hielt und durch den sie tatsächlich schon einige Kilo verloren hatte. Darüber war sie sehr glücklich. Als sie mir davon berichtete, schaute sie mich über den Tisch hinweg an und sagte: „Lysa, das musst du unbedingt auch ausprobieren. Du wirst sehen, es funktioniert!"

Ich war so verzweifelt und wollte ihr so gerne glauben, dass ich sofort einen Termin bei dieser Ernährungsberaterin vereinbarte.

Auf dem Weg zu meinem ersten Termin legte ich noch einen kleinen Zwischenstopp ein. Kurz darauf saß ich in meinem Wagen und kicherte vor mich hin: Ich hatte mir gerade noch einen letzten Genuss gegönnt, bevor ich meine Ernährung endgültig umstellen würde. Billige Fertigpizza hatte ich schon als Kind heiß geliebt, und ich konnte nicht leugnen, dass ich auch heute noch verrückt danach war.

Als ob diese Tatsache nicht schon Beweis genug dafür gewesen wäre, dass ich wirklich reif für die Sprechstunde der Ernährungsberaterin war, beseitigte ich durch mein nun folgendes Verhalten auch noch den letzten Zweifel: Ich leckte den Pappteller ab, auf dem soeben noch ein paar fettige Pizzastücke gelegen hatten. Ja, wirklich! Wenn ich diese Köstlichkeit zum letzten Mal genießen durfte, war ich nicht gewillt, auch nur einen einzigen Tropfen der leckeren Soße zu vergeuden. Keinen einzigen!

Danach betrachtete ich mich im Rückspiegel, um sicherzugehen, dass ich keine verräterischen Spuren am Kinn aufwies. Es würde schon peinlich genug sein, vor den Augen einer anderen Frau auf die Waage zu steigen. Ich wollte diese demütigende

Situation nicht noch dadurch verschlimmern, dass man mir buchstäblich ansah, was ich am liebsten aß – Billigpizza.

Entschlossen straffte ich die Schultern und stieg aus dem Wagen. Ich zog den Bauch ein, während ich mir im Stillen selbst bestätigte, dass ich das Richtige tat. Wenn nur die Stimme in meinem Innern nicht gewesen wäre, die hartnäckig nach mehr Pizza verlangte …

In der Praxis der Ernährungsberaterin teilte man mir mit, ich sei übergewichtig. Das war nichts Neues für mich. Ich hatte im vergangenen Jahr zwei Konfektionsgrößen zugelegt und selbst meine weitesten Hosen wurden mittlerweile ziemlich eng. Sogar mein Trick, mich nur mit einem Fuß auf die Waage im Badezimmer zu stellen – und kein Haargummi zu tragen –, konnte die Ziffern auf der Digitalanzeige nicht herunterschrauben.

Essen war für mich zur Droge geworden.

Es musste etwas geschehen.

Ich musste lernen, mich zu disziplinieren – das konnte niemand anders für mich tun. Ich musste lernen, auf die ungesunden Nahrungsmittel zu verzichten, die meinem Körper, meiner Seele und sogar meinem Geist schadeten. Denn Essen war für mich zur Droge geworden.

Nicht, dass ich in meinem christlichen Umfeld mit dieser Sucht irgendwie aufgefallen wäre: Auf fast allen kirchlichen Veranstaltungen gab es Essen in Hülle und Fülle, und niemand sah mich kritisch oder strafend an, wenn ich meine Lieblingsdroge konsumierte.

Schließlich kämpfte ich ja nicht mit einer Essstörung im engeren Sinne: Ich übergab mich nicht absichtlich nach dem Essen und stopfte mich niemals so voll, dass ich davon krank geworden wäre.

Ich aß lediglich zu viele ungesunde Sachen und fühlte mich meinen Hungerattacken hilflos ausgeliefert. Ich hatte ständig Hunger und war frustriert über meine stetige Gewichtszunahme, ohne dass ich die Kraft aufgebracht hätte, etwas daran zu ändern. Natürlich hatte ich auch schon manchmal abgenommen, aber das Ergebnis war nie von Dauer gewesen. Da ich meine Essgewohnheiten nicht langfristig änderte, nahm ich einige Zeit später immer wieder zu.

Ich brauchte das Essen zu sehr als Trostspender und sah keine Notwendigkeit für einen langfristigen Ernährungsplan, der mit großer Disziplin verbunden war. Ich wollte essen, worauf, wann und so viel ich Lust hatte. Es half nichts, dass ich zwischendurch etwas Sport trieb – mein Körper offenbarte schonungslos, welche Entscheidungen ich in letzter Zeit getroffen hatte.

Der Haken an dieser Sache ist ja, dass sich schlechte Entscheidungen stets rächen – wenn nicht auf den Hüften, dann in unserem Energiehaushalt oder in Bezug auf unser allgemeines Wohlbefinden.

An jenem Tag verließ ich die Praxis der Ernährungsberaterin mit einem konkreten Plan. Wir hatten vereinbart, dass ich einmal pro Woche zu ihr kommen würde, damit sie mein Gewicht kontrollieren und eventuelle Fragen beantworten konnte. Zum ersten Mal seit Langem spürte ich eine gewisse Zuversicht.

Ich hatte mich für eine relativ strenge Diät entschieden, weil ich tief in meinem Innern wusste, dass ich so etwas brauchte: Ich musste aus dem Teufelskreis der Heißhungerattacken ausbrechen. Ich musste meinen Körper so trainieren, dass er nicht mehr ständig nach Essen verlangte; ich musste meinen Blutzuckerspiegel unter Kontrolle bekommen.

In diesem Ernährungsplan, nach dem ich mich bis heute richte, werden Eiweiß und Kohlenhydrate miteinander kombiniert. Ich habe gelernt, zu welchen Zeiten ich die jeweiligen Lebensmittel essen darf und welche Portionen für mich angemessen sind. Manche Nahrungsmittel wie Brot, Kartoffeln, Reis, Mais oder Nudeln meide ich eher, doch ich verzichte nicht völlig auf Kohlenhydrate. Insgesamt esse ich aber hauptsächlich mageres Fleisch, Gemüse und Obst.

Bitte kommen Sie jetzt aber bloß nicht auf die Idee, meinen Ernährungsplan für ein Patentrezept zu halten. Das ist er nämlich nicht! Für Sie könnten ganz andere Richtlinien vorteilhaft sein, deshalb sollten Sie unbedingt selbst einen Arzt und/oder einen Ernährungsberater aufsuchen und sich entsprechend informieren.

In meinem Fall war dieser Plan jedoch genau der richtige und ich habe ihn wirklich schätzen gelernt. Allerdings ist das nicht über Nacht geschehen. Ich will Ihnen nicht verheimlichen, dass manche Tage äußerst hart gewesen sind.

Dieser Plan ist für mich nicht zuletzt deshalb realistisch, weil ich die darin aufgeführten Lebensmittel problemlos im nächsten Supermarkt kaufen und meiner Familie fast immer die gleichen Gerichte wie mir selbst vorsetzen kann. Die Übrigen bekommen dann einfach noch ein paar zusätzliche Kohlenhydrate.

Der Weg zu einem gesünderen Lebensstil erfordert einige Opfer, das lässt sich nicht leugnen. Doch anstatt darüber zu jammern, dass ich auf so vieles verzichten muss, habe ich mir angewöhnt, mich über die guten Entscheidungen zu freuen, die ich getroffen habe. Während wir uns allmählich gute Essgewohnheiten zu eigen machen, lernen wir manche Lektion – und zwar nicht nur in Bezug auf unseren Körper. Was wir auf geistlicher und mentaler Ebene dazulernen, ist mindestens genauso wichtig, denn nur eine neue Perspektive wird es uns ermöglichen, auf lange Sicht durchzuhalten. Auf diese Weise werden wir irgendwann blühen und gedeihen wie die Blumen im Garten meines Nachbarn.

Da wir gerade von Gärten sprechen – mir ist noch etwas an meinem Ernährungsplan aufgefallen: Im Grunde esse ich genau das Gleiche wie frei lebende Tiere: Fleisch und die Produkte der Natur. Der einzige Unterschied ist der, dass ich mein Essen koche und gewisse Tischmanieren an den Tag lege. Das ist doch ermutigend, finden Sie nicht auch? Immerhin ist mir bisher noch kein wildes Tier begegnet, das an Übergewicht leidet und über Cellulitis klagt …

Anstatt darüber zu jammern, dass ich auf so vieles verzichten muss, habe ich mir angewöhnt, mich über die guten Entscheidungen zu freuen, die ich getroffen habe.

Zuletzt möchte ich Ihnen noch etwas empfehlen: Gehen Sie in Gedanken doch einmal Ihre Freundinnen und Bekannten durch, und überlegen Sie, ob Sie sich mit einer von ihnen zusammentun könnten. Bitten Sie Gott, Ihnen jemanden zur Seite zu stellen, der Sie auf dieser Reise begleitet. Aus eigener Erfahrung kann ich bestätigen, wie ungeheuer hilfreich es ist, jemanden zu haben, der vor genau denselben Herausforderungen steht.

Einen Plan aufzustellen, ist der erste wichtige Schritt; der nächste besteht darin, sich mit ein oder zwei Leidensgenossinnen zusammenzutun.

Nur Mut – Sie werden es schaffen!

Aber rechnen Sie in nächster Zeit lieber nicht damit, frische Schnittblumen aus meinem Garten zu erhalten. Das wird wohl ein Wunschtraum bleiben.

Alles auf einmal geht schließlich nicht, oder?

Konkret auf den Punkt gebracht

1. Welche Gedanken, Bilder oder Gefühle ruft das Wort „Plan" in Ihnen hervor? Sind Sie jemand, der sich ohnehin für alles einen genauen Plan zurechtlegt, oder improvisieren Sie lieber?

2. Gibt es Bereiche in Ihrem Leben, in denen Sie einem bestimmten Plan folgen? Zum Beispiel in Bezug auf Ihre Finanzen, Ihre Urlaubsplanung, manche täglichen Pflichten, das Verfolgen beruflicher oder persönlicher Ziele (wie z. B. die Bibel in einem Jahr durchzulesen)? Funktioniert dieser Plan? Empfinden Sie ihn als Zwang oder als Hilfe? Ändern sich Ihre Gefühle, wenn es um einen Plan für Ihre Ernährung geht?

3. „Mein Körper offenbarte schonungslos, welche Entscheidungen ich in letzter Zeit getroffen hatte. Denn der Haken an dieser Sache ist ja, dass sich schlechte Entscheidungen stets rächen ..." Denken Sie, dass Sie verheimlichen können, was Sie essen? Inwieweit gibt Ihr Körper Ihre Geheimnisse preis?

4. Um den richtigen Ernährungsplan zu finden, der genau auf Sie abgestimmt ist, sollten Sie sich gründlich informieren und

Ihren Arzt und/oder einen Ernährungsberater zurate ziehen. Wie fühlen Sie sich bei dem Gedanken daran? Schreckt Sie dieser Aufwand von vornherein ab oder empfinden Sie dies als echte Chance?

5. Zuvor habe ich betont, dass mein eigener Ernährungsplan kein Patentrezept darstellt, weil jeder herausfinden muss, welche Richtlinien für ihn persönlich geeignet sind. Wie müsste ein Plan aussehen, der Ihnen auf lange Sicht realistisch erscheint? Bewerten Sie auf einer Skala von eins bis zehn, wie zuversichtlich Sie sind, einen Plan zu finden, mit dem Sie wirklich zurechtkommen.

Wozu hat man Freunde?

4.

Stop, in the name of love, before you break my heart! Think it over!" (Ich beschwöre dich im Namen der Liebe: Hör auf, bevor du mir das Herz brichst! Denk noch einmal gut darüber nach!)

Wer hätte gedacht, dass der Text dieses berühmten Liedes der *Supremes* auch noch für andere Situationen gelten könnte als für eine gefährdete Liebesbeziehung? In meiner Teenagerzeit lief dieser Song so oft bei unseren harmlosen kleinen Tanzfesten, dass ich ihn wohl nie vergessen werde. Doch dieser Ohrwurm enthält eine äußerst wichtige Aufforderung: „Denk noch einmal gut darüber nach!"

Wie viele schlechte Entscheidungen mit weitreichenden Konsequenzen hätten vermieden werden können, wenn die Betroffenen diesen Rat befolgt hätten!

Manchmal schaffen wir es aus eigenem Antrieb, innezuhalten und nachzudenken, bevor wir auf das schlüpfrige Gefälle fauler Kompromisse geraten. Doch meistens brauchen wir ein Geländer – eine Barriere, die uns daran hindert, einfach weiterzugehen.

Für mich bestand diese schützende Barriere in meinen Freundinnen, die mit mir zusammen unterwegs waren.

Marybeth war diejenige gewesen, die sich über den Tisch gebeugt und zu mir gesagt hatte: „Lysa, das musst du unbedingt auch ausprobieren. Du wirst sehen, es funktioniert!" Da sie schon vor mir mit der Ernährungsumstellung begonnen hatte, war sie für mich eine Quelle der Inspiration und Ermutigung. Ich klammerte mich jedes Mal an ihre Aussage, wenn ich wieder einen Durchhänger hatte.

In den ersten drei Wochen, in denen ich meinen neuen Ernährungsplan befolgte, kam ich ganz gut zurecht. Nach zehn Tagen verschwanden die Hungergefühle allmählich, und ich dachte schon, jetzt hätte ich es geschafft! Doch dann brach die vierte Woche an, und ich fühlte mich plötzlich wie eine Süchtige auf Entzug. Das ist kein Witz!

Mein ganzer Körper befand sich in Aufruhr: Einen Tag lang fühlte ich mich, als hätte ich eine Grippe erwischt, am nächsten Tag schien mich eine schlimme Allergie zu befallen und anschließend hatte ich eine Woche lang Magenprobleme. Man hätte meinen können, ich sei ernsthaft krank, wenn nicht vollkommen klar gewesen wäre, dass lediglich mein wütendes Ego nach „Zucker – und zwar sofort!" schrie.

Ich fühlte mich schrecklich. Ich konnte mich kaum bewegen und war so schlapp, dass ich mich mittags hinlegen musste. Wenn Sie mich kennen würden, wüssten Sie, dass das wirklich gar nicht zu mir passt! Ein Teil von mir hätte am liebsten das Handtuch geworfen, um im nächsten Supermarkt zum Keksregal zu hechten und jemanden zu bitten, mir, wenn möglich, eine Zucker-Infusion zu verabreichen.

Aus Verzweiflung ist man zu Dingen fähig, die man unter normalen Umständen niemals gutheißen würde. Wir sind zu ungeahnten Kompromissen bereit, wenn sich unsere Frustration in Beklemmung oder sogar Panik verwandelt.

Verzweiflung kann uns an einen Abgrund führen:

Jemand, der meint, er würde niemals stehlen, gerät in eine finanzielle Notlage und greift eines Tages plötzlich in die Registrierkasse am Arbeitsplatz.

Eine junge Frau, die sich fest vorgenommen hat, mit Sex bis zur Ehe zu warten, fühlt sich von ihrer „großen Liebe" unter Druck gesetzt und landet schließlich mit diesem Mann im Bett.

Jemand, der auf gesunde Ernährung achten will, stellt bestürzt fest, dass er seine gesunden Snacks zu Hause vergessen hat. Nun spürt er das überwältigende Verlangen, am nächsten Automaten haltzumachen und sich eine Chipstüte und einen Schokoriegel zu holen – natürlich nur dieses eine Mal.

Es gibt einen bekannten Bibelvers, der oft zitiert wird: „Denn der Teufel, euer Todfeind, läuft wie ein brüllender Löwe um euch herum. Er wartet nur darauf, dass er einen von euch verschlingen kann." Ich finde es interessant, dass folgende Empfehlung unmittelbar davor steht: „Ladet alle eure Sorgen bei Gott ab, denn er sorgt für euch. Seid besonnen und wachsam!" (1. Petrus 5,7-8).

Wenn wir uns dazu entschließen, einen gesünderen Lebensstil anzustreben, müssen wir manche Dinge aufgeben und unsere Gewohnheiten ändern. Das kann zu Angstgefühlen führen. Deshalb brauchen wir unbedingt gute Freunde, die uns daran erinnern, dass sich diese Opfer auf lange Sicht lohnen werden! Wir benötigen Verbündete, die uns in unserem Kampf unterstützen. Denn wer nicht „besonnen und wachsam" bleibt, ist eine leichte Beute für Satan, der µns von den neuen Maßstäben, die wir uns gesetzt haben, wegziehen will. Auf diese Weise nähern wir uns schneller dem Abgrund, als wir ahnen!

Suchen Sie sich deshalb eine Leidensgenossin, zu der Sie Vertrauen haben! Vereinbaren Sie mit ihr, dass Sie füreinander beten und sich gegenseitig warnen werden. Machen Sie einander liebevoll auf Ihre schwachen Punkte aufmerksam, damit Sie der Versuchung widerstehen können.

> Wir brauchen gute Freunde, die uns daran erinnern, dass sich diese Opfer auf lange Sicht lohnen werden!

In der Bibel finden wir ein abschreckendes Beispiel dafür, wie man durch Erschöpfung und Hunger zu einer falschen Entscheidung getrieben werden kann. Das Alte Testament berichtet voṇ den Zwillingsbrüdern Esau und Jakob. Esau, der Ältere, war ein tüchtiger Jäger, während der Jüngere, Jakob, eher ein häuslicher Typ war:

Eines Tages – Jakob hatte gerade ein Linsengericht gekocht – kam Esau erschöpft von der Jagd nach Hause. „Lass mich schnell etwas von der roten Mahlzeit da essen, ich bin ganz erschöpft!", rief er. Darum bekam er auch den Beinamen Edom („Roter").

„Nur wenn du mir dafür das Vorrecht überlässt, das dir als dem ältesten Sohn zusteht!", forderte Jakob.

„Was nützt mir mein Vorrecht als ältester Sohn, wenn ich am Verhungern bin!", rief Esau.

Jakob ließ nicht locker. „Schwöre erst!", sagte er.

Esau schwor es ihm und verkaufte damit sein Recht, den größten
Teil des Erbes zu bekommen, an seinen jüngeren Bruder.
Jakob gab ihm das Brot und die Linsensuppe.
Esau schlang es hinunter, trank noch etwas und ging wieder weg.
So gleichgültig war ihm sein Erstgeburtsrecht.
1. Mose 25,29-34

Was mich an dieser Geschichte besonders beeindruckt, ist, wie viel Esau für einige kurze Augenblicke körperlicher Befriedigung aufgab: Er opferte das, was ihm langfristig Vorteile verschafft hätte, für etwas, was sich nur vorübergehend gut anfühlte. In einem Moment der Verzweiflung gab er das auf, was ihn als Person auszeichnete.

Hätte ein echter Freund dieses Gespräch mit Jakob mit angehört, dann hätte er sicherlich versucht, Esau zur Vernunft zu bringen.

Glücklicherweise hatte ich in Marybeth eine solche Freundin! Sie war die Stimme der Vernunft und der Ermutigung – das Geländer, das mich davor schützte, in den Abgrund zu stürzen. Sie versicherte mir stets, dass ich es schaffen würde, wenn ich wieder einmal dicke Tränen weinte (ja, ich habe wirklich geweint, das können Sie mir glauben!). Ich wurde manchmal beinahe verrückt, so sehr vermisste ich das gute Gefühl, das mir zuckerhaltige oder salzige Snacks verschafften.

Nach den Telefongesprächen mit Marybeth lag ich oft auf meinem Badezimmerboden und flehte Gott um Hilfe an. Ich fühlte mich miserabel. Doch der Gedanke daran, dass Marybeth mich später fragen würde, ob ich durchgehalten hatte, spornte mich an, trotz allem dranzubleiben. Wenn sie es schaffte, ihren

Heißhungerattacken zu widerstehen, würde mir das auch gelingen!

Am Morgen nach meinem allerschlimmsten Tag waren alle Krankheitssymptome verschwunden und ich fühlte mich plötzlich großartig. Ich war körperlich fit, ich hatte meine Gefühle unter Kontrolle und mein Energielevel befand sich auf seinem bisherigen Höchststand.

Es war genauso, wie Marybeth es mir vorausgesagt hatte. Einfach unglaublich! Nach all diesen anstrengenden Wochen hatte ich nun endlich den Durchbruch erlebt und konnte plötzlich greifbare Ergebnisse sehen. Es fühlte sich so gut an, sich morgens nicht mehr vor dem Anziehen zu fürchten. Es war toll, Kleider anzuziehen, die mir wieder gut passten. Zu jenem Zeitpunkt waren es zwar immer noch „große Größen", aber sie waren bequem, und ich fühlte mich wohl darin, und das allein bedeutete schon einen großen Erfolg.

Auch eine weitere Freundin, Holly, war für mich in diesem Prozess sehr wichtig. Sie hatte gleichzeitig mit mir begonnen, sich nach einem individuell ausgearbeiteten Ernährungsplan zu richten. Da wir beide wussten, dass dieser Weg nicht leicht sein würde, beschlossen wir, füreinander zu beten und uns gegenseitig auf dem Laufenden zu halten. Wir vertrauten einander täglich an, was und wie viel wir an diesem Tag gegessen hatten. Wir verrieten einander unser aktuelles Gewicht, redeten über die Versuchungen, mit denen wir kämpften, und ließen uns gegenseitig an unseren Erfolgen teilhaben.

Das Wissen, dass Holly sozusagen Rechenschaft von mir fordern würde, bewahrte mich vor manchem Fehler. Ich konnte den Gedanken nicht ertragen, ihr sagen zu müssen, dass ich es vermasselt hatte, darum gab ich mir größte Mühe, standhaft zu bleiben. Unser gemeinsames Motto lautete: „Was nicht auf unserem Plan steht, kommt auch nicht in unseren Mund."

Verlieren Sie jedoch nicht den Mut, falls Sie bisher noch keine Freundin gefunden haben, die bereit ist, diesen Weg mit Ihnen zusammen zu gehen. Sie können Gott um eine Partnerin bitten, die Sie im Gebet unterstützt. Seien Sie dieser Person gegenüber aufrichtig, was ihre Kämpfe angeht, und bitten Sie sie, inständig für Sie und mit Ihnen zu beten.

Ganz ehrlich, ich hätte wirklich nie gedacht, dass ich es einmal schaffen würde, auf manche „Grundnahrungsmittel", die in meiner bisherigen Ernährung eine so große Rolle gespielt hatten, zu verzichten. Doch als ich mir Marybeth zum Vorbild nahm und dann auch noch Holly an meiner Seite hatte, schien in meinem Kopf ein Signal zu ertönen, das mich – „im Namen der Liebe" – zum Innehalten und Nachdenken brachte.

Sie können sich kaum vorstellen, wie unglaublich gut es tut, eine Leidensgenossin an seiner Seite und/oder eine zuverlässige Gebetspartnerin zu haben. Versäumen Sie es auf keinen Fall, sich diese wichtige Unterstützung zu sichern!

Und falls Sie niemanden in Ihrer Umgebung finden, der Ihnen auf diesem Weg schon einen Schritt voraus ist, kann ich gerne diese Rolle übernehmen: Sooft Sie dieses Buch aufschlagen, werde ich Ihnen versichern: Die Opfer, die Sie bringen, werden sich lohnen! Sie werden es schaffen, sich an den Ernährungsplan, der genau auf Sie zugeschnitten ist, zu halten!

Wenn Sie in Versuchung geraten, denken Sie daran, „im Namen der Liebe" innezuhalten. Nehmen Sie sich genug Zeit zum Überlegen, bevor Sie handeln – aus Liebe zu Ihren Freunden, die hinter Ihnen stehen, und auch aus Liebe zu Ihrem Herrn, dem es nicht gleichgültig ist, wie Sie mit Ihrem Körper umgehen.

Kurzes, aber intensives Nachdenken und das Wissen, dass ich meinen Freundinnen jeden Fehltritt gestehen müsste, haben mir geholfen, zahllosen Schüsseln voller Chips oder Schokoladenkeksen den Rücken zu kehren. Der flüchtige Genuss, den mir ein leckerer Snack verschafft hätte, war die darauffolgende Peinlichkeit nicht wert.

Sollte ich tatsächlich zu meinen Freundinnen gehen und ihnen erklären, dass ich versagt hatte? Dass ich mich nicht an meine selbst auferlegte Verpflichtung gehalten hatte? Dass ich absichtlich einen Schritt zurück gemacht und dadurch meine bisherigen Erfolge gefährdet hatte?

Nein, das wäre ein unverhältnismäßig hoher Preis für einen Schokoladenkeks gewesen.

Es lässt sich nicht leugnen, dass es durchaus seine Vorteile hat, wenn man sich einer gewissen Kontrolle unterwirft!

Hätte ich diesen Satz vor einigen Jahren gelesen, dann hätte ich bestimmt die Augen verdreht und gesagt: „Du meine Güte! Wenn es ums Essen geht, bin ich niemandem zur Rechenschaft verpflichtet." Dabei finden wir es in anderen Lebensbereichen oft ganz in Ordnung, wenn wir förmlich zu etwas gezwungen werden. Überlegen Sie sich doch einmal Folgendes:

- Wenn Sie beim Autofahren schon von Weitem eine Radarfalle sehen, halten Sie sich dann eher an die Geschwindigkeitsbegrenzung?
- Wenn Sie morgens als Erstes einen Termin bei Ihrem Chef haben, gehen Sie dann etwas früher zur Arbeit als sonst?

- Wenn Sie wissen, dass man beim nächsten Hauskreis-Treffen einen Beitrag von Ihnen erwartet, beschäftigen Sie sich dann vorher mit dem anstehenden Thema?
- Wenn Sie Freunde zum Abendessen eingeladen haben, räumen Sie dann vorher Ihre Wohnung auf?
- Geben Sie weniger Geld aus, wenn auf Ihrem Konto Ebbe herrscht?

Wenn Sie auf mindestens drei dieser fünf Fragen mit Ja geantwortet haben, sind Sie jemand, dem eine gewisse Kontrolle manchmal guttut. In den meisten oben genannten Fällen reagieren wir wie beschrieben – wenn nicht im Namen der Liebe, dann doch zumindest, um uns eine gewisse Peinlichkeit zu ersparen ...

Wie sieht es nun aus – sind Sie bereit? Nehmen Sie sich Zeit, um den Ernährungsplan, der genau für Sie passt, zu entdecken. Sprechen Sie mit ein paar Freundinnen, um herauszufinden, wer Sie bei diesem Abenteuer begleiten möchte. Und dann brechen Sie auf und machen Sie sich auf den Weg zu einem gesünderen Lebensstil!

Konkret auf den Punkt gebracht

1. Wenn eine Ihrer Freundinnen sich gesund ernährt und dadurch abnimmt, fühlen Sie sich durch dieses Beispiel ermutigt und inspiriert, oder werden Sie dadurch eher entmutigt und neidisch? Sprechen Sie mit Ihrer Freundin über Ihre Gefühle?

2. Vervollständigen Sie denjenigen der folgenden Sätze, der auf Sie zutrifft:

„Ich möchte keine meiner Freundinnen bitten, mich auf dem Weg zu einem gesünderen Lebensstil zu begleiten, weil _____ _____."

„Ich möchte gerne jemanden bitten, mich auf dem Weg zu einem gesünderen Lebensstil zu begleiten, weil _____ _____."

3. Was halten Sie von der Aussage, dass uns eine gewisse Kontrolle manchmal guttut? Würde es Ihnen sehr schwerfallen, vor einer anderen Person Rechenschaft über Ihr Essverhalten abzulegen? Welche Punkte wären Ihnen dabei am unangenehmsten?

4. Können Sie sich vorstellen, dass es Ihnen tatsächlich helfen würde, wenn jemand eine gewisse Kontrolle über Sie ausübt? Würde Ihnen dies vielleicht das Gefühl geben, dass Sie in Ihren Kämpfen nicht alleine dastehen? Wie müsste eine Person sein, der Sie sich anvertrauen würden? Was erhoffen sie sich von ihr? Was dürfte diese Person auf keinen Fall tun? Wie könnten Sie nach einiger Zeit feststellen, ob Ihnen diese Beziehung tatsächlich weiterhilft?

Zu Höherem
bestimmt

Wenn man beginnt, sich an einen neuen Ernährungsplan zu halten, fühlt sich das ein bisschen an wie Flitterwochen: Wir sind begeistert von dieser neuen Lebensphase und lassen uns von nichts und niemandem von unseren guten Vorsätzen abbringen.

Doch dann werden wir zu einer Party eingeladen. Unsere Bekannten meinen: „Ach komm schon, einmal ist keinmal. Heute ist schließlich ein besonderer Tag!"

Und der Käsekuchen sieht einfach zu lecker aus. Die Nachos mit Salsa-Soße sind geradezu unwiderstehlich. Man könnte doch wirklich mal eine Ausnahme machen, oder nicht? Und sich dann ab morgen wieder an den Plan halten. Oder ab dem Wochenende. Oder ab nächsten Monat.

Die Versuchung ist groß, sich einzureden, dass man es nicht immer so genau nehmen muss. Es spielt doch keine Rolle, wenn man *ein Mal* schwach wird, oder?

Doch, es spielt eine Rolle, und zwar nicht nur, weil uns solche

Entscheidungen in körperlicher und mentaler Hinsicht weit zurückwerfen. Wenn wir immer wieder scheitern, liegt es nämlich hauptsächlich daran, dass wir uns einer grundlegenden geistlichen Wahrheit nicht bewusst sind. Sie lautet:

Wir sind zu Höherem bestimmt.

Ja, Sie haben richtig gelesen: Wir sind zu Höherem bestimmt. Deshalb ist es unter unserer Würde, dass wir uns von Hunger, Appetit oder Gelüsten beherrschen lassen. Manchmal müssen wir uns darauf besinnen, dass Gott uns dazu ausersehen hat, auf ganzer Linie zu siegen.

Als ich im vierten Jahr an der Highschool war, wurde ich zu einer College-Party eingeladen. Eine Freundin von mir hatte im Jahr zuvor ihren Abschluss gemacht, und ich fühlte mich unendlich geehrt, von ihr zur Party ihrer Studentenverbindung eingeladen zu werden.

> Manchmal müssen wir uns darauf besinnen, dass Gott uns dazu ausersehen hat, auf ganzer Linie zu siegen.

Ich war sooo aufgeregt, als ich mich mit meinen coolen pinkfarbenen Schuhen auf den Weg zu dieser Party machte! Meine Freundin und ich warfen uns verstohlene Blicke zu und kicherten über die Aufmerksamkeit, die uns zwei gut aussehende College-Studenten entgegenbrachten. Gegen Ende der Party forderten die beiden uns auf, noch mit zu ihnen nach Hause zu kommen.

Einerseits war ich geschmeichelt und wollte unbedingt mitgehen, aber andererseits hatte ich Bedenken. Die Übrigen machten jedoch schon Pläne, und bevor ich mich versah, saß ich mit ihnen im Auto, und wir brausten davon.

Damals war ich noch kein Christ. Nicht einmal ansatzweise.

Ich hatte noch nie Gottes Stimme vernommen, doch in dieser Situation hörte ich ihn ganz deutlich zu mir reden:

„Das sieht dir nicht ähnlich, Lysa. Du bist zu Höherem bestimmt!"

Diese Wahrheit hatte Gott tief in mein Innerstes gepflanzt, als er mich geschaffen hatte. Und nun trat sie genau in dem Moment zutage, in dem ich sie am dringendsten benötigte.

Ich schaffte es tatsächlich in jener Nacht, eine Ausrede vorzubringen, sodass der Wagen halten musste. Dann stieg ich aus und marschierte allein zu meinem eigenen Wagen zurück. Unterwegs machte ich mir heftige Vorwürfe, weil ich mich wie eine unreife Schülerin benommen hatte, die mit der Realität der Erwachsenen noch nicht zurechtkam. Im Rückblick sehe ich das natürlich ganz anders und gratuliere dem schüchternen Mädchen von damals zu ihrer guten Entscheidung!

Es gab noch weitere Situationen in meiner Jugend, in denen ich die oben erwähnte Wahrheit laut und klar vernommen habe, doch leider habe ich viel zu selten auf sie gehört. Darum waren dies die dunkelsten Jahre meines Lebens.

Wir sind zu Höherem bestimmt. Unser Leben soll Gott ehren und ihm Freude machen.

An diese Wahrheit habe ich mich in den ersten Wochen meiner Ernährungsumstellung, als ich von zahllosen Heißhungerattacken geplagt wurde, immer wieder geklammert. Ich habe mir in Gedanken immer wieder vorgesagt: „Du bist zu Höherem bestimmt, Lysa! Lass dich nicht unterkriegen!"

Natürlich kann man nun einwenden, dass die Frage, ob man einen Schokoladenkeks isst oder nicht, weitaus weniger wichtig ist als die Entscheidung, wann man zum ersten Mal Sex hat.

Das mag stimmen, doch es handelt sich beide Male um eine Versuchung, bei der eine fehlgeleitete Sehnsucht eine Rolle spielt. Deshalb sind diese beiden Situationen gar nicht so unterschiedlich, wie sie vielleicht auf den ersten Blick erscheinen.

Jedes Mal, wenn ich mir ins Gedächtnis rufe, dass ich zu Höherem bestimmt bin, fühle ich mich herausgefordert und gestärkt. Ich bin begeistert, dass Gott mir so viel zutraut!

Unser täglicher Kampf besteht darin, die Ausflüchte und Entschuldigungen, zu denen wir immer wieder Zuflucht nehmen, durch Gottes Wahrheit zu ersetzen. Wir müssen unsere Gedanken „umprogrammieren", statt immer wieder nach demselben Muster zu handeln.

Die Erkenntnis, dass Gott uns dazu ausersehen hat, auf ganzer Linie zu siegen, kann uns erstaunliche Kraft verleihen.

Und ist es nicht genau das, was wir auf unserem Weg zu einem gesünderen Lebensstil am dringendsten brauchen? Wir brauchen eine Kraft, die mehr bewirken kann als unsere halbherzigen Bemühungen und unsere zaghaften Versuche. Eine Kraft, die größer ist als unser Appetit, unsere Hormone und diese ungeheure, überwältigende Lust auf Schokolade.

Lesen wir doch einmal, was der Apostel Paulus über diese erstaunliche Kraft schreibt, die für uns Christen verfügbar ist:

Ihn, den Gott unseres Herrn Jesus Christus, den Vater, dem alle Herrlichkeit gehört, bitte ich darum, euch durch seinen Geist Weisheit und Einblick zu geben, sodass ihr ihn und seinen Plan immer besser erkennt.

Er öffne euch die Augen, damit ihr seht, wozu ihr berufen seid, worauf ihr hoffen könnt und welches unvorstellbar reiche Erbe auf

alle wartet, die zu Gott gehören. Ihr sollt erfahren, mit welcher
unermesslich großen Kraft Gott in uns, den Glaubenden, wirkt.

Epheser 1,17-19

Mir ist bewusst, dass dieser Text kein Zauberspruch ist, den man angesichts einer verlockenden Schokoladentorte nur rasch aufsagen muss, um sofort imstande zu sein, darauf zu verzichten. Doch wenn wir diese Worte auf uns wirken lassen, ihren Reichtum erfassen und sie in unserem Leben anwenden, werden wir verblüfft sein über die Kraft, die wir erhalten. Mit einigen Stellen aus diesem Text wollen wir uns näher beschäftigen:

Dranbleiben
„Ihn … bitte ich"

Wir müssen Gott bitten, uns auf dieser Reise zu begleiten, und das sollte keine einmalige Übung sein. Dem Kontext dieses Abschnittes kann man entnehmen, dass Paulus nicht nur einmal um Weisheit bittet, sondern immer wieder. Diesem Beispiel sollten wir folgen: Wir sollten Gott inständig um Weisheit und die nötige Kraft bitten, unsere Essgewohnheiten zu ändern.

Wie wäre es, wenn wir es uns zur Gewohnheit machten, gleich morgens nach dem Aufwachen folgendes Gebet zu sprechen: „Herr, ich danke dir dafür, dass du mich zu Höherem bestimmt hast als dazu, von meinem Hunger beherrscht zu werden. Ich lebe nicht, um zu essen, sondern ich esse, um zu leben. Deshalb bitte ich dich, dass du mir heute genug Weisheit schenkst, dass ich die richtigen Entscheidungen treffe, und die nötige Kraft, damit ich mich von Dingen abwenden kann, die nicht gut für mich sind."

Unsere wahre Identität entdecken

„(Der) Vater, dem alle Herrlichkeit gehört"

Der Ausdruck „Vater, dem alle Herrlichkeit gehört" gibt über unsere Beziehung zu Gott Aufschluss und beantwortet die Frage: *„Warum* sind wir zu Höherem bestimmt?"

Wir sind zu Höherem bestimmt, weil Gott uns zu seinen Kindern gemacht hat. Jahrelang habe ich mich nicht über meine Beziehung zu Gott, sondern über meine Lebensumstände definiert. Ich sah mich als:

Lysa, das Mädchen aus einer zerrütteten Familie.

Lysa, das Mädchen, das von ihrem Vater abgelehnt wurde.

Lysa, das Mädchen, das von einer Großvaterfigur sexuell missbraucht wurde.

Lysa, das Mädchen, das nach dem Tod ihrer Schwester vor Gott davonlief.

Lysa, das Mädchen, das nach einer Reihe ungesunder Beziehungen eine Abtreibung vornehmen ließ.

Dann stieß ich eines Tages auf eine Liste von Bibelzitaten, in denen aufgeführt war, was *Gott* über mich sagt. Ich las begierig in der Bibel und begann, meine Identität neu zu definieren. Was für ein Kontrast zu meiner vorherigen Perspektive! Ich begriff, dass all das, was mein himmlischer Vater über mich sagt, tatsächlich wahr ist und dass ich in dieser herrlichen Realität leben darf. Gott sieht mich als:

Lysa, das geliebte Kind Gottes (Epheser 1,4-5).

Lysa, das angenommene Kind Gottes (1. Korinther 1,2).

Lysa, das mit Vergebung beschenkte Kind Gottes (Römer 3,24).

Lysa, das erlöste Kind Gottes (Römer 8,1-2).

Lysa, das geheiligte Kind Gottes (1. Korinther 1,30).

Lysa, das Kind Gottes, das zu einem völlig neuen Menschen gemacht wurde (2. Korinther 5,17).

Lysa, das Kind Gottes, das seinem himmlischen Vater nahe ist (Epheser 2,13).

Lysa, das Kind Gottes, das zu jeder Zeit furchtlos und voller Zuversicht zu ihm kommen darf (Epheser 3,12).

Lysa, das Kind Gottes, das auf ganzer Linie siegen wird (Römer 8,37).

Ich wurde dazu geschaffen, in einer engen, vertrauensvollen Beziehung mit Gott zu leben. Und genau aus diesem Grund darf ich mich in nichts verstricken, was meine wahre Identität untergraben würde. Ganz gleich, ob es sich um eine Beziehung handelt, in der mir jemand einreden will, ich sei nicht so viel wert, oder um den Teufelskreis einer Sucht: Ich muss mir immer wieder ins Gedächtnis rufen, dass ich zu Höherem bestimmt bin. Wer sich selbst als geliebtes Kind Gottes betrachtet, wagt zu glauben, dass der ihm zugedachte Sieg köstlicher schmecken wird als jeder ungesunde Leckerbissen.

> Wer sich selbst als geliebtes Kind Gottes betrachtet, wagt zu glauben, dass der ihm zugedachte Sieg köstlicher schmecken wird als jeder ungesunde Leckerbissen.

Den tieferen Sinn begreifen

„... dass ihr ihn und seinen Plan immer besser erkennt"

Ist Ihnen aufgefallen, weshalb wir um Weisheit und Einblick bitten und unsere wahre Identität entdecken sollen? Es geht nicht nur darum, dass wir uns besser fühlen oder gute Entscheidungen treffen können. Auch nicht in erster Linie darum, dass wir über unsere Schwächen triumphieren. Natürlich dürfen wir uns freuen, wenn wir ein bisschen Bauchspeck verlieren und wieder in eine kleinere Jeans schlüpfen können, aber das ist nicht die Hauptsache.

Laut dem Apostel Paulus ist es am wichtigsten, „dass ihr ihn und seinen Plan immer besser erkennt". Je mehr wir Gottes Wort auf uns wirken lassen und es in unserem Leben anwenden, desto tiefer und inniger wird unsere Beziehung zu Gott werden.

Ich weiß nicht, wie es Ihnen geht, doch ich finde, dass sich im Hinblick auf dieses Ziel sämtliche Mühen, Kämpfe und Opfer lohnen. Obwohl ich schon oft geklagt habe, es sei unfair, dass ich rund ums Essen so viele Probleme habe – insbesondere, wenn ich mit Frauen zusammen bin, die essen können, was sie wollen, ohne auch nur ein Gramm zuzunehmen –, betrachte ich meine persönliche Situation inzwischen fast schon als Privileg.

Ich weiß, das hört sich etwas merkwürdig an, und ich werde später noch einmal auf diese Sichtweise eingehen. Aber ich kann Ihnen jetzt schon verraten, dass die Disziplin, der wir uns auf dem Weg zu einem gesünderen Lebensstil unterwerfen, enorme Vorzüge hat. Wir sind gezwungen, uns auf Gott zu konzentrieren, um unsere fehlgeleiteten Sehnsüchte auf ihn auszurichten.

Und wenn wir begreifen, dass wir zu Höherem bestimmt sind – dass unser eigentliches Ziel darin besteht, Gott immer besser kennenzulernen –, verlieren das Kalorienzählen und der Sport etwas von ihrem Schrecken. Es ist befreiend, sich klarzumachen, dass wir Gottes geliebte Kinder sein dürfen und dass diese Bestimmung alles übertrifft, was wir uns je wünschen könnten.

Beispiellose Hoffnung und Kraft entdecken
„Er öffne euch die Augen"

„Er öffne euch die Augen, damit ihr seht, wozu ihr berufen seid, worauf ihr hoffen könnt und welches unvorstellbar reiche Erbe auf alle wartet, die zu Gott gehören", betet Paulus. In einer anderen Übersetzung heißt es: „Er erleuchte die Augen eures Herzens" (Elberfelder).

Wir sollten ebenfalls dafür beten, dass Gott die Augen unseres Herzens erleuchtet, damit wir erkennen, welche göttliche Kraft uns zur Verfügung steht. Viel zu oft versuchen wir nämlich, aus eigener Kraft Veränderungen herbeizuführen. Und dann dauert es nicht lange, bis unser Herz vom Schatten der Entmutigung, der Enttäuschung und der Niederlage verdunkelt wird.

Es ist von entscheidender Bedeutung, dass wir unsere Hoffnung und Kraft nicht in uns selbst suchen. Das war dem Apostel Paulus auch bewusst, wie wir an der Fortsetzung des oben zitierten Textes sehen können:

„Ihr sollt erfahren, mit welcher unermesslich großen Kraft Gott in uns, den Glaubenden, wirkt. Ist es doch dieselbe gewaltige Kraft, mit der er am Werk war, als er Christus von den Toten auferweckte und ihm in der himmlischen Welt den Ehrenplatz an seiner rechten Seite gab!" (Epheser 1,20).

Ist es nicht unfassbar, dass dieselbe Kraft, mit der Gott Jesus Christus von den Toten auferweckt hat, in unserem Alltag sichtbar werden soll?

Wir haben im Moment vielleicht den Eindruck, es sei weit und breit nichts davon zu sehen, aber dadurch sollten wir uns nicht beirren lassen. Denn für Gott ist nichts unmöglich (vgl. Lukas 1,37)! Denken Sie daran: Sie brauchen keine Sklavin Ihrer Hungerattacken zu bleiben; sie brauchen nicht immer wieder verzweifelt nach neuen Ausflüchten zu suchen. Sondern Sie können am eigenen Leib erfahren, dass Gott Sie zu Höherem bestimmt hat. Er möchte, dass Sie einen Sieg nach dem anderen erringen und ihn auf dieser Reise immer besser kennenlernen.

Konkret auf den Punkt gebracht

1. Was für Gefühle und Gedanken ruft die Aussage „Ich bin zu Höherem bestimmt" in Ihnen hervor? Sehen Sie darin einen Schlüssel, der Ihnen helfen könnte, Vergangenes in einem anderen Licht zu sehen und Ihre momentanen Herausforderungen besser zu bewältigen?

2. Was sagen Sie über sich selbst, wenn Sie sich jemandem vorstellen? Nennen Sie als Erstes Ihren Beruf oder die Rolle, die Sie innerhalb Ihrer Familie einnehmen (Ehefrau, Mutter, Tochter, Tante etc.)? Berichten Sie von Ihrem ehrenamtlichen Engagement in der Gemeinde oder von dem schönen Haus, in dem Sie wohnen? Welche Rückschlüsse erlaubt Ihr Verhalten darauf, worin Sie Ihre eigentliche Identität sehen?

3. Ich habe weiter oben erzählt, dass ich mich früher über meine Lebensumstände definiert habe. Können Sie das nachvollziehen? Was würde in Ihrem Fall auf der Liste stehen, die Ihre Identität definiert?

4. Nehmen Sie sich einen Moment Zeit, um Ihren Namen vor jeden Punkt der folgenden Aufzählung zu schreiben. Wenn Sie anschließend über diese Aussagen nachdenken, inwiefern verändert sich dadurch die Art und Weise, wie Sie sich selber sehen?

_____, das geliebte Kind Gottes (Epheser 1,4-5).

_____, das angenommene Kind Gottes (1. Korinther 1,2).

_____, das mit Vergebung beschenkte Kind Gottes (Römer 3,24).

_____, das erlöste Kind Gottes (Römer 8,1-2).

_____, das geheiligte Kind Gottes (1. Korinther 1,30).

_____, das Kind Gottes, das zu einem völlig neuen Menschen gemacht wurde (2. Korinther 5,17).

_____, das Kind Gottes, das seinem himmlischen Vater nahe ist (Epheser 2,13).

_____, das Kind Gottes, das „zu jeder Zeit furchtlos und voller Zuversicht" zu ihm kommen darf (Epheser 3,12).

_____, das Kind Gottes, das auf ganzer Linie siegen wird (Römer 8,37).

5. Lesen Sie noch einmal Epheser 1,17-20. Denken Sie mithilfe folgender Fragen über die bereits erwähnten Punkte nach:

Dranbleiben: „Ihn … bitte ich"

Haben Sie irgendwelche Vorbehalte dagegen, Gott täglich um Weisheit und Kraft für die anstehenden Herausforderungen zu bitten? Oder rechnen Sie fest damit, dass Gott Ihre Gebete erhören wird, und bestürmen ihn deshalb voller Zuversicht?

Unsere wahre Identität entdecken: „(Der) Vater, dem alle Herrlichkeit gehört"

Mit welchen Lügen bezüglich Ihrer Identität haben Sie bisher gekämpft? Wie könnte es sich in Ihrem Leben auswirken, wenn Sie von ganzem Herzen glauben würden, dass Sie ein geliebtes, erlöstes Kind Gottes sind?

Den tieferen Sinn begreifen: „… dass ihr ihn und seinen Plan immer besser erkennt"

Hätten Sie eine Idee, wie Gott Ihre Kämpfe rund ums Essen dazu gebrauchen könnte, dass Sie ihn besser kennenlernen?

Beispiellose Hoffnung und Kraft entdecken: „Er öffne euch die Augen"

Haben Sie den Eindruck, dass alles von Ihnen abhängt – von Ihrer eigenen Willenskraft und Entschlossenheit? Bringt Sie das unter Druck? Wagen Sie zu glauben, dass dieselbe Kraft, mit der Gott Jesus Christus von den Toten auferweckt hat, auch in Ihrem Leben sichtbar werden kann? Möchten Sie Gott heute ganz konkret um dieses Wunder bitten? Woran lässt sich erkennen, ob Sie aus eigener oder durch Gottes Kraft gehandelt haben?

Gott näherkommen

6.

Ist es Ihnen schon einmal passiert, dass man Sie missverstanden und Ihnen das Gefühl vermittelt hat, Sie seien eine Idiotin, nachdem Sie sich anderen Menschen geöffnet haben? Mir ist es bei einer Konferenz so ergangen, bei der ich an einer Podiumsdiskussion teilgenommen habe. Jemand fragte: „Wie kann man Gott näherkommen?"

Das ist natürlich eine wichtige Frage und mir schwirrten sofort einige mögliche Antworten im Kopf herum. Doch ich wollte meine Gesprächspartner nicht mit der üblichen Checkliste abspeisen: zum Gottesdienst gehen, nicht fluchen, in der Bibel lesen, beten, Bedürftige unterstützen.

All das ist wichtig, und ich bin sicher, dass Gott sich freut, wenn wir so handeln. Aber ich glaube nicht, dass wir einen Punkt nach dem anderen auf dieser Liste abhaken und uns dann zurücklehnen und darauf warten können, dass wir uns Gott näher fühlen. Der allmächtige Gott lässt sich nicht auf eine Checkliste reduzieren.

Ich bin davon überzeugt, dass es weniger darum geht, was wir *tun*, sondern vielmehr darum, dass wir unser Herz auf Gott ausrichten. Wir sollten eine Haltung einnehmen, bei der wir ganz bewusst damit rechnen, dass wir Gottes Nähe erleben werden. Dabei spielt unsere äußere Haltung – ob wir nun mit ausgestreckten Armen oder geneigtem Kopf dastehen – keine so große Rolle. Sondern wir sollten mit allem, was uns ausmacht, vor Gott zum Ausdruck bringen, dass *er* uns wichtig ist.

Kommen wir zurück zu der Frage „Wie kann man Gott näherkommen?".

Ich habe darauf geantwortet: „Indem man sich dafür entscheidet, auf Dinge zu verzichten, die zwar erlaubt, aber nicht gut für einen sind. Diese Opfer sollte man in erster Linie deshalb bringen, weil man seine Beziehung zu Gott vertiefen möchte. Schließlich hat Jesus selbst gesagt: ‚Wer mein Jünger sein will, darf nicht mehr sich selbst in den Mittelpunkt stellen, sondern muss sein Kreuz täglich auf sich nehmen und mir nachfolgen' (Lukas 9,23)."

Ich bin davon überzeugt, dass es weniger darum geht, was wir tun, sondern vielmehr darum, dass wir unser Herz auf Gott ausrichten.

Um zu veranschaulichen, was ich meinte, berichtete ich, dass ich gerade dabei sei, auf Zucker und manche andere kohlenhydrathaltige Lebensmittel zu verzichten. Natürlich tue ich das auch, um gesünder zu leben. Doch der eigentliche Grund für diese Entschlackungskur ist, dass ich mir eine engere Beziehung zu Gott wünschte.

Mit dieser Antwort verriet ich ziemlich viel über mich selbst. Vielleicht ein bisschen zu viel.

Die Frauen in der Runde rangen nämlich nach Luft, als sie hörten, dass ich im Moment keinen Zucker aß. Zwei Sekunden später griff eine Frau nach dem Mikrofon und stieß hervor: „Also, Jesus hat sich selbst als das Brot des Lebens bezeichnet, und ich sehe nicht ein, warum Zucker und andere Kohlenhydrate schlecht sein sollten!"

Schallendes Gelächter erklang.

Ich zwang mich zu lächeln, doch ich fühlte mich kleiner als eine Fliege. Nein, noch kleiner: höchstens so groß wie eine Warze auf der Nase einer Fliege.

Offenbar hatten die Zuhörer überhaupt nicht begriffen, was ich meinte.

Oder lag ich womöglich völlig daneben? War ich zu naiv, wenn ich glaubte, mein Bestreben, Gott durch die Änderung meiner Essgewohnheiten eine Freude zu machen, würde meine Beziehung zu ihm vertiefen?

Ja, ich möchte abnehmen. Aber das ist nur eine Seite der Medaille. Die andere – viel wichtigere – Seite ist, dass ich Nein sagen lernen und bessere Entscheidungen treffen möchte. Ich glaube nämlich, dass ich Gott ehren kann, indem ich Selbstdisziplin entwickle.

Die Bibel nennt einige positive Eigenschaften, die auch als „Früchte des Geistes" bezeichnet werden – sie zeugen also davon, dass Gottes Geist in uns wohnt: „Liebe, Freude und Frieden; Geduld, Freundlichkeit und Güte; Treue, Nachsicht und Selbstbeherrschung" (Galater 5,22).

Ich glaube, dass ich Gott ehren kann, indem ich Selbstdisziplin entwickle.

Wenn ich mich um Selbstdisziplin bemühe, fühle ich mich Jesus näher und viel eher imstande, das zu empfangen, was er täglich für mich bereithält – anstatt von Schuldgefühlen geplagt zu werden, weil ich schlechte Entscheidungen getroffen habe.

Doch dieser Weg ist hart. Wir mögen es nicht, uns selber etwas vorzuenthalten. Darum glauben wir, es sei auch nicht nötig. Wir finden Ausflüchte und erklären beispielsweise: „Für dich mag das ja in Ordnung sein, aber ich könnte niemals auf dieses oder jenes verzichten."

Solange wir uns auf uns selbst verlassen, stimmt das vermutlich. Doch es gibt einen Level der Selbstbeherrschung, den nur wenige entdecken.

Bevor Paulus in seinem Brief an die Christen in Galatien diese göttlichen Charakterzüge auflistet, spricht er von der Kraft, die uns zur Verfügung steht und die weit über menschliche Selbstdisziplin hinausgeht: „Darum sage ich euch: Lasst euer Leben von Gottes Geist bestimmen. Wenn er euch führt, werdet ihr allen selbstsüchtigen Wünschen widerstehen können" (Galater 5,16).

Ganz praktisch heißt das: Wir sollen bereit sein, dem Heiligen Geist zu gehorchen, wenn er uns anstupst und sagt: „Diese Nahrung ist an sich nicht schlecht, aber sie würde dir jetzt nicht guttun, darum verzichte darauf."

Es geht nicht darum, dass es *Sünde* wäre, bestimmte Dinge zu essen – das erläutert der Apostel Paulus an anderer Stelle ausführlich.

Aber unser Essverhalten kann ein Punkt sein, an dem Satan uns ständig lahmlegt. Er flüstert uns zu: „Du wirst diesen Kampf nie gewinnen. Du schaffst es nicht, beim Essen Selbstbeherrschung aufzubringen. Darum wirst du für immer in diesem Teufelskreis von Schuldgefühlen und Hungerattacken gefangen sein."

Ganz gleich, ob es sich um zwanghaftes Essen, außerehelichen Sex, übermäßigen Alkoholgenuss oder den Konsum von illegalen

Drogen handelt, wir dürfen dem Teufel nicht erlauben, unsere Anfälligkeit auf diesem Gebiet für seine Zwecke zu benutzen.

Aber wie sollen wir das tun? Wie können wir unser Leben von Gottes Geist bestimmen lassen?

Zunächst müssen wir wissen, wo der Heilige Geist zu finden ist und was er tut.

Wenn wir Jesus Christus als unseren persönlichen Retter kennen, dann wissen wir, dass der Heilige Geist in uns lebt: „Ist der Geist Gottes in euch, so wird Gott, der Jesus Christus von den Toten auferweckt hat, auch euren vergänglichen Körper lebendig machen; sein Geist wohnt ja in euch" (Römer 8,11).

Gottes Geist ist jedoch kein passiver Untermieter, sondern er möchte uns zu Dingen befähigen, die weit über das hinausgehen, was wir selbst je erreichen könnten.

Der Apostel Paulus fordert uns auf: „Durch Gottes Geist haben wir neues Leben, darum wollen wir uns jetzt ganz von ihm bestimmen lassen!" (Galater 5,25).

Eine Möglichkeit, wie wir uns von Gottes Geist bestimmen lassen können, besteht darin, in der Bibel zu lesen – in der Bereitschaft, diesen Text in unserem Leben ganz praktisch umzusetzen. Wir bitten Gott, dass er uns sein Wort erschließt und uns zeigt, was wir tun sollen.

Ich spreche oft folgendes Gebet: „Herr, ich brauche Weisheit, um gute Entscheidungen zu treffen. Bitte erinnere mich genau im richtigen Moment an das, was ich in der Bibel gelesen habe, und gib mir die Kraft des Heiligen Geistes, die meine eigenen Möglichkeiten übersteigt."

Dieses Gebet ist kein Zauberspruch und nimmt mir nicht etwa die Entscheidungen ab, die ich täglich treffen muss. Ich muss mich immer noch selbst von dem abwenden, was mich in Versuchung führt. Und das ist manchmal wirklich hart, das kann ich nicht leugnen.

Zum Beispiel, wenn ich bei Starbucks an der Theke stehe. Die Bedienung nimmt meine Kaffeebestellung auf und deutet anschließend auf all die Köstlichkeiten in der Vitrine, bei deren Anblick mir schon das Wasser im Mund zusammenläuft. Meine Geschmacksnerven führen sich auf wie ein kleines Kind, das im Supermarkt unbedingt ein paar Bonbons haben will.

„Möchten Sie noch eine Kleinigkeit zu essen zu Ihrem Kaffee?", erkundigt sich die freundliche Dame.

Natürlich möchte ich – und zwar nicht nur eine, sondern gleich zwei oder drei von diesen Kleinigkeiten! In solchen Momenten frage ich mich, ob bei der Übersetzung des Alten Testamentes womöglich ein winziger Fehler passiert ist. Kann es nicht sein, dass an jenem Baum im Garten Eden keine Frucht hing, sondern so etwas Ähnliches wie die Leckereien in dieser Vitrine? In diesem Fall wäre Evas Fehltritt noch viel eher nachzuvollziehen … Ich meine ja nur.

Wie ich schon sagte: Es ist nicht leicht, sich der Führung des Heiligen Geistes zu unterstellen. Es ist nicht leicht, Gottes Wort in die Tat umzusetzen. Insbesondere, wenn es um das Thema Selbstbeherrschung geht. Es ist nicht leicht, aber es ist möglich.

Glücklicherweise haben wir einen barmherzigen Gott. Einen Gott, der weiß, dass unsere Essgewohnheiten zu einem Stolperstein auf dem Weg zu ihm werden können. Ja, unsere Entscheidungen rund ums Essen können uns tatsächlich in unserer Berufung und in unserer Hingabe an Gott blockieren. Damit dies nicht geschieht, möchte Gott uns durch den Heiligen Geist, Jesus selbst und sein Wort helfen.

Unsere Berufung

Wenn wir auf irgendeinem Gebiet dauernd scheitern, fühlen wir uns irgendwann unfähig, Jesus wirklich nachzufolgen. Jedenfalls ist es mir so ergangen – mein Versagen hat mich so verunsichert, dass ich in meinem Dienst für Gott völlig gehemmt war. Haben Sie in Ihren Kämpfen rund ums Essen vielleicht schon Ähnliches erlebt? Ich wette, Sie hätten sich nie träumen lassen, dass die Geschichte von der Frau am Jakobsbrunnen eine große Ermutigung für Sie bereithält.

Falls Sie schon öfter auf christlichen Frauenkonferenzen gewesen sind, haben Sie vermutlich schon viel über diese biblische Geschichte gehört. Sie lässt sich aus verschiedenen Blickwinkeln betrachten und man kann sehr viel daraus lernen. Doch ich muss zugeben, dass ich, sobald jemand dieses Thema erneut anschneidet, am liebsten innerlich abschalten und vom nächsten Urlaub träumen möchte.

Nicht, dass ich diese Geschichte nicht mögen würde – ganz im Gegenteil. Ich habe sie einfach schon so oft gehört und gelesen, dass ich dachte, man könne unmöglich noch irgendeinen neuen Aspekt daran entdecken. Doch obwohl ich fest davon überzeugt war, diese Geschichte in- und auswendig zu kennen, habe ich erst vor Kurzem gemerkt, dass mir bisher tatsächlich etwas ganz Wesentliches entgangen ist.

Stellen Sie sich vor, gleich im Anschluss an sein längstes Gespräch mit einer Frau, das uns in der Bibel überliefert ist, beginnt Jesus, über Essen zu reden! Ausgerechnet über Essen! Mir war das noch nie zuvor aufgefallen. Jesus sagt: „Meine Speise ist, dass ich den Willen dessen tue, der mich gesandt hat, und sein Werk vollbringe" (Johannes 4,34; Elberfelder). Und wenig später fährt er fort: „Hebt eure Augen auf und schaut die Felder an! Denn sie sind schon weiß zur Ernte" (Vers 35).

Die Nahrung für den Geist ist also wichtiger als die Nahrung für den Körper. Deshalb sollten wir nicht darin aufgehen, uns um die Befriedigung unserer körperlichen Bedürfnisse zu kümmern, sondern eine viel größere Dimension im Blick haben.

Essen kann die Sehnsucht unserer Seele nicht stillen. Nur Jesus kann das. Unsere Seele wurde dazu geschaffen, sich nach ihm zu sehnen, ihre tiefste Erfüllung in ihm zu finden und dann auch andere auf ihn aufmerksam zu machen. Es gibt so viele Menschen, die darauf warten, diese Botschaft zu hören! Darum sollten wir uns nicht von Niederlagen lähmen lassen, sondern mutig die Initiative ergreifen.

Man könnte fast meinen, dass Jesus nach diesem wichtigen Gespräch mit der Frau am Jakobsbrunnen vom Thema abschweift. Doch so ist es nicht – seine Worte sind wie ein Puzzleteil, das genau ins große Bild passt. Erinnern Sie sich an die „geistliche Unterernährung", von der ich in der Einleitung geredet habe?

Gott weiß, dass wir oft versuchen, durch Essen nicht nur unseren körperlichen Hunger zu stillen, sondern auch die Leere in unserer Seele zu füllen. Aber das funktioniert nicht, denn:

Essen kann unseren Magen füllen, aber nicht unsere Seele.

Besitztümer können unser Haus füllen, aber nicht unser Herz.

Sex kann unsere Nächte füllen, aber nicht unser Liebesdefizit.

Kinder können unsere Tage füllen, aber nicht unsere Identität.

Nur Jesus allein kann uns innerlich ausfüllen und uns echte Zufriedenheit schenken. Er möchte, dass wir das wissen. Der Hunger unserer Seele wird nur dadurch gestillt, dass wir Jesus von ganzem Herzen nachfolgen und anderen Menschen von ihm erzählen. Das ist unsere Berufung.

Und diese Berufung werden wir klarer sehen und besser umsetzen können, wenn wir nicht dauernd von unseren Kämpfen rund ums Essen abgelenkt werden.

Unsere Hingabe

Ich liebe Gott, und zwar schon lange. Doch es hat eine Weile gedauert, bis ich ihm erlaubt habe, meine Aufmerksamkeit auf die Probleme zu lenken, die ich in Bezug auf meine Ernährung habe. Er tat das, indem er mir Dinge in der Bibel zeigte, die mir zuvor noch nie aufgefallen waren. Die erste Entdeckung machte ich im Brief an die Philipper.

Dieses Schreiben des Apostels Paulus wird oft als das Buch der Freude bezeichnet. Es enthält jedoch einige Aussagen, bei denen wohl die wenigsten von uns sofort in lauten Jubel ausbrechen würden. Der Abschnitt, den ich meine, beginnt relativ harmlos:

Wie gesagt, meine lieben Brüder und Schwestern, ich weiß genau: Noch bin ich nicht am Ziel angekommen. Aber eins steht fest: Ich will vergessen, was hinter mir liegt, und schaue nur noch auf das Ziel vor mir. Mit aller Kraft laufe ich darauf zu, um den Siegespreis zu gewinnen, das Leben in Gottes Herrlichkeit. Denn dazu hat uns Gott durch Jesus Christus berufen.

Wir alle, die wir auf dem Weg zum Ziel sind, wollen uns so verhalten. Wenn ihr in dem einen oder anderen Punkt nicht meiner Meinung seid, wird Gott euch noch Klarheit und Einsicht schenken.

Doch an dem, was ihr schon erreicht habt, wollen wir auf jeden Fall festhalten. Bleibt nicht auf halbem Wege stehen!
Philipper 3,13-16

Diese Verse sprechen mir aus dem Herzen! Ich möchte ebenfalls das Ziel erreichen, den Preis gewinnen und mich als mündige, reife Christin erweisen. Also stehe ich auf und klatsche Beifall, während ich mir vornehme, mich künftig noch mehr anzustrengen.

Doch Halt – bevor Sie nun glauben, damit hätte sich die Sache erledigt, sollten Sie mir noch einen Moment Ihre Aufmerksamkeit schenken. Gleich im übernächsten Vers findet sich nämlich eine Aussage zum Thema Essen:

Denn viele wandeln, von denen ich euch oft gesagt habe, nun aber auch mit Weinen sage, dass sie die Feinde des Kreuzes Christi sind; deren Ende Verderben, deren Gott der Bauch und deren Ehre in ihrer Schande ist, die auf das Irdische sinnen.
Philipper 3,18-19 (Elberfelder)

Ach du meine Güte. Das ist starker Tobak! Solche Worte lassen uns nicht gerade vor Begeisterung aufspringen und Beifall klatschen. Doch sie stehen dort und wir müssen uns mit ihnen auseinandersetzen.

Wenn Paulus von Leuten redet, „deren Gott der Bauch ... ist", dann meint er damit, dass Essen einem so wichtig werden kann, dass man völlig davon beherrscht wird. In unserer heutigen Zeit bedeutet das: Wenn wir feststellen, dass wir auf bestimmte Lebensmittel absolut nicht verzichten können – dass wir nicht bereit oder in der Lage sind, uns ungesunde Dinge zu versagen, um gesünder zu leben –, dann ist das ein Zeichen dafür, dass wir in gewissem Maße vom Essen beherrscht werden. Und wenn wir unser Denken und Handeln von etwas anderem bestimmen lassen als von Gott, haben wir uns ihm nicht völlig unterstellt.

In Gottes Augen ist das kein Kavaliersdelikt, deshalb sollten wir ebenfalls nicht leichtfertig darüber hinweggehen.

Was mich betrifft, so will ich kein Feind des Kreuzes Christi sein. Ich möchte der Kraft Gottes, die sich im Tod und der Auferstehung von Jesus gezeigt hat, nicht im Wege stehen, indem ich meinen selbstsüchtigen Wünschen nachgebe.

Wie gut, dass Paulus' Worte an die Philipper nicht mit Vers 19 enden! Sondern er fährt folgendermaßen fort:

Wir dagegen haben unsere Heimat im Himmel. Von dort erwarten wir auch Jesus Christus, unseren Herrn und Retter. Dann wird er unseren hinfälligen, sterblichen Leib verwandeln und ihn dem herrlichen, unvergänglichen Leib gleich werden lassen, den er selbst nach seiner Auferstehung empfangen hat. Denn Christus hat die Macht, alles seiner Herrschaft zu unterwerfen.

Philipper 3,20-21

Wenn wir unser Denken und Handeln von etwas anderem bestimmen lassen als von Gott, haben wir uns ihm nicht völlig unterstellt.

Jetzt kann ich wieder applaudieren! Ich wünsche mir, dass seine Kraft alles – ja, wirklich *alles* – unter seine Kontrolle bringt. Ich möchte, dass mein „hinfälliger Leib" umgestaltet wird und dass ich Jesus immer ähnlicher werde.

Diese Worte rufen mir erneut ins Bewusstsein, dass der allmächtige Gott über mich regiert, und nicht die Dinge, die ich esse. Ihm möchte ich mich von ganzem Herzen hingeben.

Wie ist es nun: Können gesündere Essgewohnheiten wirklich dazu beitragen, unsere Beziehung zu Gott zu vertiefen? Ja, davon bin ich überzeugt. Ich stehe zu der Antwort, die ich auf jener Konferenz gegeben habe. Mag sein, dass der bewusste Verzicht auf ungesunde Lebensmittel nicht gerade der populärste Weg ist, aber er führt dennoch zu diesem großen Ziel. Um ihn zu gehen, brauchen wir Mut und Durchhaltevermögen, doch wir tun damit gleichzeitig auch unserem Körper etwas Gutes.

Konkret auf den Punkt gebracht

1. Was halten Sie von der Idee, dass wir unsere Beziehung zu Gott vertiefen können, indem wir auf Dinge verzichten, die zwar erlaubt, aber nicht gut für uns sind? Haben Sie je eine Erfahrung gemacht, die dies demonstriert hat? Inwiefern könnte sich diese Erkenntnis auf Ihre Essgewohnheiten auswirken?

2. Selbstbeherrschung gehört laut Galater 5,23 zu den Eigenschaften, die der Geist Gottes in unserem Leben hervorbringt. Gibt es Bereiche in Ihrem Leben, in denen Sie sich sehr diszipliniert verhalten? Glauben Sie, dass Sie dadurch Gott ehren? Wie steht es zum Beispiel mit Ihren Finanzen und Ihrem Zeitmanagement? Lassen sich gute Erfahrungen, die Sie auf anderen Gebieten gemacht haben, auf Ihre Essgewohnheiten über-

tragen, damit Sie auch in diesem Bereich Disziplin beweisen können?

3. Haben Sie je erlebt, dass der Heilige Geist Ihnen in Bezug auf Ihre Ernährung Impulse gegeben hat? Wenn ja, wie würden Sie diese Erfahrung beschreiben? Wenn nicht, wie könnte dies geschehen?

4. Als Christen sind wir dazu berufen, Gottes Willen zu tun und sein Werk zu vollenden. Jesus sagt, dass darin unsere geistliche Nahrung besteht (vgl. Johannes 4,34). Inwiefern werden Sie durch Ihre Essgewohnheiten daran gehindert, Ihrer Berufung zu folgen und auf geistlicher Ebene neue Kraft zu gewinnen?

5. Würden Sie sich als „geistliches Schwergewicht", als geistlich unterernährt oder als „genau richtig" bezeichnen? Haben Sie je versucht, ein geistliches Defizit durch Essen auszugleichen? Hat es funktioniert?

6. Wenn wir auf bestimmte Lebensmittel absolut nicht verzichten können, weist das darauf hin, dass wir in einem gewissen Maße vom Essen beherrscht werden. Gibt es bestimmte Nahrungsmittel, die Sie keinesfalls durch gesündere ersetzen wollen? Warum sind diese Dinge so wichtig für Sie? Welche Gedanken und Gefühle kommen in Ihnen hoch, wenn Sie erwägen, darauf zu verzichten?

Ich definiere mich nicht über Zahlen

Vor einigen Jahren nahm ich an einem Gymnastikkurs teil. An einem der Kursabende beugte sich die Frau neben mir zu mir herüber und erzählte, sie habe das Wochenende bei ihrer Schwester verbracht. Es sei ganz nett gewesen, doch sie würde sich nun Sorgen um ihre Schwester machen. Offenbar hatte diese etwas zugenommen.

Ich hörte nur mit einem Ohr zu, während ich mich angestrengt bemühte, meine schmerzende Bauchmuskulatur zu trainieren. Erst bei ihrer nächsten Bemerkung horchte ich plötzlich auf: „Es ist kaum zu fassen, aber ich glaube, meine Schwester wiegt jetzt mindestens 68 Kilo!"

Ich wusste nicht, ob ich laut lachen oder mein kleines Geheimnis für mich behalten sollte: Diese irrsinnig hohe Zahl, über die meine Fitness-Kollegin derart verstört war, hatte nämlich genau an diesem Morgen auf meiner eigenen Waage aufgeleuchtet. Und das, obwohl ich mich nur mit einem Fuß daraufgestellt hatte, um mein Gewicht wenigstens ein bisschen zu reduzieren.

Da uns in diesem Moment unser Fitness-Trainer aufforderte, die Springseile zu holen, wurde das Gespräch über die „übergewichtige" Schwester abrupt beendet. Doch ich konnte nicht verhindern, dass ich während des restlichen Kursabends vergnügt in mich hineingrinste. Ich hätte am liebsten laut gerufen: „Ich bin frei!", weil mir bewusst wurde, dass ich nach so langer Zeit nun endlich einen wichtigen Sieg errungen hatte.

Wie viele andere Frauen hatte ich mich jahrelang über die falschen Dinge definiert. Mein Selbstwertgefühl hing davon ab, was andere Leute über mich dachten, was meine Waage anzeigte und ob ich heute meine Kinder angeschrien hatte. Sobald ich das Gefühl hatte, meinen eigenen Erwartungen nicht gerecht zu werden, zog ich mich entweder innerlich zurück oder versuchte, das Problem zu beheben.

Manchmal zog ich mich aus Beziehungen zurück, weil ich das Urteil der anderen fürchtete. Ich baute Schutzwälle um mein Herz herum auf, um andere Leute auf Distanz zu halten.

Andererseits neigte ich aber auch dazu, jedes Wort auf die Goldwaage zu legen. Ich versuchte, die Meinung anderer genau zu analysieren, um eine Möglichkeit zu finden, sie für mich einzunehmen. Ein Beispiel dafür ist die verrückte Frage, die ich meinem Mann jedes Mal stellte, wenn ich mich morgens beim Anziehen unsicher fühlte: „Sehe ich in diesem Outfit dick aus?"

> Wie viele andere Frauen hatte ich mich jahrelang über die falschen Dinge definiert.

Diese Frage hatte nichts mit meiner Kleidung zu tun, sondern war ein Versuch, ihn zum Reden zu bringen. Ich wollte, dass er etwas sagte, das mein Selbstwertgefühl heben würde. Oft schaffte ich es sogar, ihm ein Kompliment zu entlocken, aber ich fühlte mich trotzdem innerlich leer.

Beide Methoden bringen uns im Grunde nicht weiter. Darum war ich so glücklich, als mir bewusst wurde, dass mich die Bemerkung meiner Fitness-Kollegin in keiner Weise getroffen hatte. Zwar hatte ich mein Idealgewicht längst noch nicht erreicht, aber ich hatte begonnen, in meine Gesundheit und in mein geistliches Wachstum zu investieren. Dass ich mich schon eine ganze Weile intensiv mit Gottes Wort beschäftigte, kam mir nun zugute.

In jenem Moment spürte ich nämlich, wie der Heilige Geist mich mit einer tiefen Sicherheit erfüllte. Und es fühlte sich großartig an, mir selbst sagen zu können: „Ich bin zwar noch nicht am Ziel angekommen, aber ich befinde mich auf dem besten Weg dorthin. Die 68 Kilo beweisen immerhin, dass ich schon einige Hürden genommen habe!"

Ich musste an einige Verse aus dem Buch Jesaja denken, die ich kurz zuvor in meiner Bibel markiert hatte. Später schlug ich meine Bibel noch einmal auf und las diesen Text erneut. Obwohl Gott dort zu einem Herrscher spricht, der wahrscheinlich ganz andere Kämpfe auszufechten hatte als ich, empfand ich diese Worte als erstaunlich wohltuend:

„Ich gehe vor dir her … Ich, der allmächtige Gott, wusste schon im Voraus, dass du heute im Gymnastikkurs diesen Kommentar hören würdest.

… und räume dir alle Hindernisse aus dem Weg. Aus diesem Grund habe ich dich durch den Heiligen Geist an diese Verse erinnert. Sie sollten dich davor bewahren, in deinem Selbstwertgefühl verletzt zu werden.

Ich zertrümmere die bronzenen Stadttore und zerbreche ihre eisernen Riegel … Ich werde die Lügen zertrümmern, die dich gefangen hielten und dich an deinem wahren Wert zweifeln ließen.

Die verborgenen Schätze und die versteckten Reichtümer gebe ich dir … Ich werde deine Anstrengungen immer wieder auf unerwartete Weise belohnen und dir zeigen, wie weit du bereits gekommen bist.

Daran sollst du erkennen, dass ich der Herr bin, der Gott Israels, der dich, Kyrus, in seinen Dienst ruft … Ich liebe dich, Lysa. Ich habe dich geliebt, als du fast 91 Kilo gewogen hast, und ich liebe dich auch mit 76 oder 68 Kilo. An der Tatsache, dass ich dich liebe, kann keine Zahl auf deiner Waage etwas ändern. Mir ist gar nicht so wichtig, wie viel du abnimmst, sondern ich wünsche mir vor allem, dass du in jeder Hinsicht gesund wirst. Ich kenne dich ganz genau, Lysa. Darum sollst du deine Identität in mir finden und dich bei mir ausruhen" (Jesaja 45,2-3).

Verstehen Sie nun, warum es so wichtig ist, unsere Gedanken mit Gottes Wort zu füllen? Warum seine Wahrheit unbedingt die Basis für unsere Identität und unser Essverhalten sein sollte?

Der Heilige Geist benutzt die Worte der Bibel, die wir in unserem Gedächtnis gespeichert haben, um uns zu beschützen, zu leiten, zu stärken und zum Sieg zu führen.

Manchmal hätten wir zwar lieber ein Patentrezept – eine konkrete Anleitung, der man nur Punkt für Punkt folgen muss, damit sich das gewünschte Ergebnis wie von selbst einstellt.

Doch ich kann Ihnen versichern: Gott möchte mit uns kommunizieren. Er möchte uns auf jedem Schritt unserer Reise begleiten und uns eine Kraft schenken, die unsere eigenen Möglichkeiten bei Weitem übersteigt.

Es war eine wunderbare Erfahrung, dass mich die Bemerkung jener Fitness-Kollegin nicht aus der Ruhe gebracht hat. Ich war weder in Tränen aufgelöst noch machte ich mir im Stillen heftige Vorwürfe, weil ich immer noch keinen Appetit auf Karotten und Sellerie hatte. Ich begann nicht etwa, fieberhaft über eine neue Diät nachzudenken, die ein wenig schneller funktionieren würde als mein langfristiger Ernährungsplan.

Nein, dieser Kommentar über die scheinbar übergewichtige Schwester berührte mich nicht im Geringsten. Stattdessen summte ich vergnügt vor mich hin, während ich weiterhin Gymnastik machte. Es war wirklich ein erhebender Moment für mich.

Wann genau ich die Unsicherheiten überwunden hatte, die mich jahrelang gequält hatten, konnte ich nicht sagen. Doch diese Situation war der eindeutige Beweis dafür, dass ich mich auf dem Weg der Besserung befand.

Im vorigen Kapitel haben wir darüber nachgedacht, wie wir Gott näherkommen können, indem wir ganz bewusst auf manches verzichten, das uns von unserer Berufung ablenken könnte. Es gibt jedoch noch einen weiteren Aspekt:

Wir müssen lernen, die Dinge mehr und mehr aus Gottes Sicht zu sehen und mehr und mehr wie er zu handeln. Die Bibel nennt das „an seiner göttlichen Natur teilhaben". Unser Verhalten sollte die Selbstbeherrschung widerspiegeln, die der Geist Gottes in uns hervorruft. Und Gottes Gegenwart in unserem Leben sollte sich an der Art und Weise zeigen, wie wir uns selber wahrnehmen. Der Apostel Petrus drückt es so aus:

Jesus Christus hat uns in seiner göttlichen Macht alles geschenkt, was wir brauchen, um so zu leben, wie es ihm gefällt. Denn wir haben ihn kennengelernt; er hat uns durch seine Kraft und Herrlichkeit zu einem neuen Leben berufen.

Durch sie hat er uns das Größte und Wertvollste überhaupt geschenkt: Er hat euch zugesagt, dass ihr an seinem ewigen Wesen und Leben Anteil habt. Denn ihr seid dem Verderben entronnen, das durch die menschlichen Leidenschaften und Begierden in die Welt gekommen ist.

Deshalb setzt alles daran, dass euer Glaube sich in einem vorbildlichen Leben auswirkt. Ein solches Leben wird dazu führen, dass ihr Gott immer besser kennenlernt. Daraus entsteht immer größere Selbstbeherrschung, die zu wachsender Ausdauer führt, und aus der wiederum erwächst wahre Liebe zu Gott.

Wer Gott liebt, wird auch seine Brüder und Schwestern lieben, und schließlich werden alle Menschen diese Liebe zu spüren bekommen.

Wenn all das euer Leben zunehmend bestimmt, wird euer Glaube nicht leer und wirkungslos bleiben, sondern ihr werdet unseren Herrn Jesus Christus immer besser kennenlernen. Wer aber sein Leben nicht davon prägen lässt, der tappt wie ein Blinder im Dunkeln, denn er hat vergessen, dass er von seiner Schuld befreit wurde.

Deshalb, meine lieben Brüder und Schwestern, sollt ihr euch mit aller Kraft in dem bewähren, wozu Gott euch berufen und auserwählt hat. Dann werdet ihr nicht vom richtigen Weg abkommen, und die Tür zum ewigen Reich unseres Herrn und Retters Jesus Christus wird euch weit offen stehen.

2. Petrus 1,3-11

Das ist ein sehr langer Text, deshalb will ich einige Punkte auflisten, die uns im Kampf mit unserem Selbstwertgefühl und unseren Essgewohnheiten helfen können:

- In seiner göttlichen Macht hat Jesus Christus uns alles geschenkt, was wir brauchen, um über unsere Schwächen zu triumphieren.
- Wir sollen sein göttliches Wesen widerspiegeln – unsere wahre Identität in Christus. Auf diese Weise können wir menschliche Leidenschaften und Begierden überwinden.
- Die Verheißungen der Bibel schenken uns die Kraft, auf Dinge zu verzichten, die nicht gut für uns wären.
- Es reicht nicht, nur über eine Sache Bescheid zu wissen oder irgendetwas zu glauben. Sondern wir müssen uns auch dazu entschließen, Selbstbeherrschung zu üben und durchzuhalten, wenn es schwierig wird.
- Selbstbeherrschung und Ausdauer werden verhindern, dass unsere Bemühungen im Sande verlaufen – nicht nur in Bezug auf unsere Essgewohnheiten, sondern vor allem auch im Hinblick auf unsere Beziehung zu Gott.
- Wenn wir bereit sind, so zu handeln, befinden wir uns auf dem besten Wege zu einem gesünderen Lebensstil. Mit Gottes Hilfe können wir auf die Waage steigen und die angezeigte Zahl als das akzeptieren, was sie tatsächlich verkörpert: unser momentanes Gewicht, aber keinen Hinweis auf unseren Wert als Person.

Können wir bei diesem letzten Satz noch einen Moment stehen bleiben? Dieser Punkt ist so wichtig, dass ich mich selbst nicht oft genug daran erinnern kann: Die Zahl, die auf meiner Waage angezeigt wird, sagt lediglich etwas über mein momentanes Körpergewicht aus, aber absolut nichts über meinen Wert als Person. Lassen Sie diese Wahrheit ganz tief in Ihr Herz eindringen, liebe Leserin! Vielleicht sind Sie ja genau wie ich in der Vergangenheit von anderen Menschen verletzt worden. Und manche Bemerkungen – ob sie nun gedankenlos ausgesprochen wurden oder tatsächlich verletzend gemeint waren – treffen einen tief und können noch Jahre später an unserem Selbstwertgefühl nagen.

An jenem Tag im Gymnastikkurs hätten mich die Worte „Es ist kaum zu fassen, aber ich glaube, meine Schwester wiegt jetzt mindestens 68 Kilo!" mit voller Wucht treffen und in meiner Seele großen Schaden anrichten können. Stattdessen hörte ich auf das, was der Heilige Geist mir zuflüsterte.

Die Zahl, die auf meiner Waage angezeigt wird, sagt lediglich etwas über mein momentanes Körpergewicht aus, aber absolut nichts über meinen Wert als Person.

Wie der Apostel Petrus schreibt, hat Gott uns alles geschenkt, was wir brauchen, um so zu leben, wie es ihm gefällt. Eine andere Übersetzung spricht von „Gottseligkeit" (Elberfelder). Die gedankenlose Bemerkung meiner Fitness-Kollegin hatte mit Seligsein in Gott nichts zu tun, also brauchte ich auch nicht darauf zu achten.

Ich musste eine Entscheidung treffen: Entweder beschäftigte ich mich mit dieser Aussage und nahm sie so wichtig, dass sie an meinem Selbstbild kratzte. Oder ich betrachtete sie einfach als das, was sie war: eine gedankenlose Bemerkung, die mich überhaupt nicht betraf. In diesem Fall konnte ich sie genauso ignorieren wie die Kekse und Chips im Supermarkt und einfach weitergehen.

Paulus beschreibt diese Schlacht, die in unseren Gedanken stattfindet, mit folgenden Worten: „Ich setze nicht die Waffen dieser Welt ein, sondern die Waffen Gottes. Sie sind mächtig genug, jede Festung zu zerstören, jedes menschliche Gedankengebäude niederzureißen, einfach alles zu vernichten, was sich stolz gegen Gott und seine Wahrheit erhebt. Alles menschliche Denken nehmen wir gefangen und unterstellen es Christus, dem es gehorchen muss" (2. Korinther 10,4-5).

Wenn wir mit manchen Aussagen konfrontiert werden, sollten wir uns fragen: „Ist es wahr? Ist es nützlich? Ist es notwendig?" Und wenn die Antwort auf diese Fragen Nein lautet, sollten wir nicht zulassen, dass diese Gedanken in uns Wurzeln schlagen. Wir sollten uns bewusst von ihnen abwenden.

Ich bin sehr froh darüber, dass Gott die Lügen in meinem Leben entlarven und mich von vielen Zwängen befreien möchte. Welch ein Glück, dass ich mich nicht über Zahlen zu definieren brauche!

Konkret auf den Punkt gebracht

1. Sobald ich meinen eigenen Erwartungen nicht gerecht wurde, habe ich mich innerlich zurückgezogen oder aber versucht, andere Leute für mich einzunehmen. Zu welcher dieser beiden Strategien würden Sie eher neigen?

2. Ich habe berichtet, wie Gott einen Text aus dem Buch Jesaja benutzt hat, um mich zu ermutigen und mir zu zeigen, dass er täglich mit mir reden möchte. Wenn Sie Gottes Stimme im Laufe eines Tages immer wieder deutlich vernehmen könnten, was würden Sie dann gern von ihm hören? Was würden Sie ihn gern sagen hören, sobald es Ihnen schwerfällt, die richtigen Entscheidungen in Bezug auf Ihre Ernährung zu treffen?

3. Der Apostel Petrus schreibt: „Jesus Christus hat uns in seiner göttlichen Macht alles geschenkt, was wir brauchen, um so zu leben, wie es ihm gefällt" (2. Petrus 1,3). Das bedeutet, dass wir mit allem Notwendigen ausgestattet sind, um über unsere Schwächen zu triumphieren.

   Haben Sie den Eindruck, dass das stimmt? Oder empfinden Sie das eher als eine schöne Theorie, die mit Ihrem Alltag nichts zu tun hat? Wären Sie bereit, Gott beim Wort zu nehmen und ihn zu bitten, diese Wahrheit in Ihrem Leben Realität werden zu lassen?

4. „Die Zahl, die auf meiner Waage angezeigt wird, sagt lediglich etwas über mein momentanes Körpergewicht aus, aber absolut nichts über meinen Wert als Person."

   Können Sie dieser Aussage von Herzen zustimmen oder sind Sie innerlich noch nicht so weit? Wie stark beeinflusst Ihr momentanes Gewicht Ihr Selbstwertgefühl?

5. Welche Gedanken oder Erinnerungen schießen Ihnen durch den Kopf, sobald es um Essen oder Ihr Gewicht geht? Überprüfen Sie doch einmal anhand der folgenden drei Kriterien, ob Sie diese Urteile tatsächlich akzeptieren sollten:

   - Ist es wahr?
   - Ist es nützlich?
   - Ist es notwendig?

Mit meinem Körper Frieden schließen

In meiner Highschoolzeit habe ich etwas erlebt, das mich jahrelang nicht losgelassen hat. Es gab da einen Jungen, in den ich völlig verschossen war. Das Problem war nur, dass er sich anscheinend gar nicht für mich interessierte.

Schließlich kam der Moment, an den ich mich noch über zwanzig Jahre später so genau erinnern kann, als sei es gestern gewesen: Bei einer Tanzveranstaltung der Schule setzte sich mein Schwarm neben mich. Ich gab mich ganz cool und tat so, als würde ich ihn erst jetzt bemerken. Dabei hatte ich ihn selbstverständlich schon den ganzen Abend über keine Sekunde aus den Augen gelassen.

Wir wechselten ein paar belanglose Worte, während mein Herz vor Freude höherschlug. Im Stillen malte ich mir bereits unsere gemeinsame Zukunft in allen Farben aus – unseren ersten Tanz, unsere romantische Verlobung und unsere märchenhafte Hochzeit. Ich war gerade dabei, die Namen unserer ersten drei Kinder auszusuchen, als er die Bombe platzen ließ.

Ja, genau wie in dem Lied „You Dropped A Bomb On Me, Baby". Er meinte, ich sei echt süß. Es sei nur schade, dass ich solche Elefantenfüße hätte, denn sonst könnten wir vielleicht einmal etwas miteinander unternehmen.

„Wie bitte? Hast du gerade gesagt, dass ich schöne große Augen habe? Ich weiß, dass ‚Augen‘ und ‚Füße‘ nicht sehr ähnlich klingen, aber du hast doch sicherlich nicht über meine Füße abgelästert, oder?"

„Doch", erwiderte er. „Ich finde, deine Knöchel sind so dick wie die eines Elefanten."

Ach so. Besten Dank. Hätte er diese Meinung nicht für sich behalten können? Wenn er über meine Frisur, meine Pickel oder meine Zahnspange gespottet hätte, wäre ich zwar ebenfalls verletzt gewesen, aber diese Dinge würden sich irgendwann ändern. Doch meine Füße würden mich mein Leben lang begleiten.

Es hat Jahre gedauert, aber irgendwann war ich schließlich so weit, dass ich mich nicht mehr rund um die Uhr, sondern nur noch etwa einmal pro Woche über meine dicken Füße ärgerte. Da beschloss ich, es sei an der Zeit, einmal mit Gott über dieses Thema zu sprechen. Ich räumte ein, dass es vielleicht albern sei, ihn mit solchen Dingen zu belästigen. Aber ich hätte seine Hilfe dringend nötig, um eine neue Perspektive zu finden.

Ich glaube, Gott hatte schon darauf gewartet, dass ich mit diesem Problem zu ihm kam, denn er stellte mir sofort eine Frage:

Gott: Lysa, kann es sein, dass du ein bisschen tollpatschig bist?
Lysa: Ja, Herr, das kann schon sein.
Gott: Hast du dir je deinen Knöchel verstaucht?
Lysa: Nein, noch nie.

Gott: Würde es dich nicht stören, dir ständig den Fuß zu verstauchen und nicht mehr richtig laufen zu können?

Lysa: Ja, allerdings.

Gott: Dann freu dich doch darüber, dass ich dir so kräftige Fußknöchel geschenkt habe. Dein Körper ist perfekt, so wie er ist!

Natürlich ist dieses Gespräch nicht Wort für Wort so verlaufen und ich habe Gottes Stimme auch nicht mit meinem physischen Gehör vernommen. Es war eher eine innere Überzeugung, die in mir wuchs, während ich über diese Sache betete.

Wäre es vielleicht eine gute Idee, wenn Sie Gott ebenfalls auf Ihre persönliche „Problemzone" ansprechen würden, um zu erfahren, was er dazu meint? Mir ist nämlich noch keine Frau begegnet, die mit Ihrem Körper rundum zufrieden gewesen wäre. Wahrscheinlich gibt es auf der ganzen Welt keine einzige Frau, die eines Morgens aufwacht und sagt: „Ich habe mich gesund ernährt, ich habe Sport getrieben und jetzt bin ich vollkommen begeistert von meinem Aussehen."

Auf mich trifft das jedenfalls nicht zu. Und auch nicht auf meine Freundin Karen, die immerhin schon über 45 Kilo abgenommen hat.

Meine Freundin Karen Ehman ist eine meiner liebsten Gesprächspartnerinnen, wenn es ums Thema Abnehmen geht. Sie wuchs bei einer alleinerziehenden Mutter auf, die ihre Tochter wirklich liebte, sich aber nicht so gut um sie kümmern konnte, wie sie es sich wünschte. Häufig versuchte sie, Karen für ihre

Abwesenheit zu entschädigen, indem sie eine Schachtel mit Süßigkeiten auf den Küchentisch stellte, bevor sie zur Arbeit hastete.

So kam es, dass Karen sich angewöhnte, sich mit Süßigkeiten zu trösten, sobald sie einsam, traurig oder gestresst war. Dieses Muster prägte sich im Lauf der Jahre immer stärker aus und schließlich war sie extrem übergewichtig. Nach einer Reihe medizinischer Untersuchungen mit erschreckenden Ergebnissen schloss Karen sich einer Weight-Watchers-Gruppe an und nahm 45 Kilo ab. Drei Jahre lang konnte sie ihr Gewicht halten.

Dann verlor ihr Mann seinen Job und sie mussten ihr Haus verkaufen. Weitere Stressfaktoren kamen hinzu, bis nahezu alles aus dem Ruder lief. Plötzlich wirkte das alte Verhaltensmuster wieder sehr verlockend. Zumal Karen immer noch auf ihre Ernährung achten musste, um ihr momentanes Gewicht zu halten. Aber ohne die Kilos weiter purzeln zu sehen, war dies nicht besonders motivierend.

Auf den ersten Schokoriegel, der selbstverständlich nur eine Ausnahme war, folgten viele weitere, bis Karen komplett in ihre alte Gewohnheit zurückfiel. Sie nahm 14 Kilo zu und spürte, dass diese Niederlage ihren ganzen bisherigen Erfolg zunichtezumachen drohte.

Es war Zeit, etwas zu unternehmen, obwohl ihr dieser zweite Anlauf unglaublich schwerfiel. Karen war bewusst, dass sich etwas ändern musste: Dieses Mal durfte ihre Motivation nicht in erster Linie darin bestehen, sich darauf zu freuen, dass ihre Waage eine niedrigere Zahl anzeigen würde. Sondern sie musste sich darauf konzentrieren, Gott zu gehorchen.

Einen Beitrag, den sie in ihrem Blog veröffentlicht hat, fand ich sehr tiefsinnig und aufschlussreich:

Als ich heute Morgen auf die Waage hüpfte, war ich äußerst zuversichtlich. Denn ich hatte diese Woche sorgfältig auf meine Ernährung geachtet und an fünf Tagen 30 bis 45 Minuten lang Sport getrieben. Der Reißverschluss meiner Jeans ließ sich viel leichter schließen als zuvor. Deshalb summte ich vergnügt vor mich hin, als ich die Waage aus ihrem Versteck holte (es tut mir nicht gut, mich öfter als einmal pro Woche zu wiegen). Kurz darauf traute ich jedoch kaum meinen Augen: Ich hatte lediglich 0,8 Kilo abgenommen!

Nur schlappe 0,8 Kilo? Wie bitte??? Ich war mir so sicher, dass es mindestens 1,5 oder sogar 2 Kilo sein müssten.

Ich fühlte mich betrogen und war so frustriert, dass ich am liebsten in die Küche gerannt wäre, um eine dieser leckeren Waffeln aufzubacken. Ich würde sie dick mit Schokoladensoße und Ahornsirup beträufeln, bevor ich sie genüsslich verspeiste ...

Doch dann hielt ich inne und erinnerte mich daran, was Gott diese Woche zu mir gesagt hatte:

Beurteile die Woche, die hinter dir liegt, nicht nach der Zahl auf deiner Waage, sondern danach, inwieweit du mir gehorcht hast.

Die Waage hilft uns, unseren Fortschritt zu messen, aber sie kann uns nicht alles verraten. Sie verrät uns beispielsweise nicht, ob unser Salzkonsum zu hoch war, sodass unser Körper mehr Wasser eingelagert hat. Sie verrät uns auch nicht, ob wir ein halbes Kilo Fett verbrannt, aber dafür ein halbes Kilo Muskelmasse aufgebaut haben. Und sie verrät uns ebenso wenig, an welcher Stelle unseres Zyklus wir uns gerade befinden – ob wir womöglich, was in diesem Fall auf mich zutraf, einfach während unserer Periode ein halbes oder ganzes Kilo zusätzlich auf die Waage bringen.

Deshalb musste ich mir folgende Fragen stellen:

- *Habe ich an einem Tag dieser Woche zu viel gegessen? Nein.*
- *Habe ich regelmäßig trainiert? Ja.*
- *Fühle ich mich leichter als letzten Mittwoch? Ja.*
- *Habe ich heimlich aus Wut oder Frust gegessen? Nein.*
- *Habe ich irgendwann mein Glück im Essen statt bei Gott gesucht? Nein.*
- *Bin ich vor dem Wiegen mit dieser Woche zufrieden gewesen und habe das Gefühl gehabt, Gott gehe es genauso? Ja.*

Wieso lasse ich mich also von so einer dummen Zahl verrückt machen? Wieso hat sie mich beinahe dazu gebracht, in die Küche zu rennen und eine 750-Kalorien-Leckerei zu verschlingen? (Keine Sorge. Ich habe stattdessen einen Joghurt gegessen und Tee getrunken.)

Liebe Leidensgenossinnen, wir müssen uns über unseren Gehorsam definieren, nicht über die Zahl auf unserer Waage.

Einverstanden?

Ganz großes Ehrenwort?

Prima.

Ich denke, wir sitzen alle im selben Boot.

Und wir werden abnehmen, auch wenn es nur in 0,8-Kilo-Schritten vorwärtsgeht![3]

Es spricht mir aus dem Herzen, dass wir uns über unseren Gehorsam und nicht über die Zahl auf unserer Waage definieren sollten – oder, in meinem Fall, über meine Konfektionsgröße oder darüber, wie ich mich fühle, wenn ich im Fernsehen eine Werbung für Damenunterwäsche sehe. Ich könnte gesund essen und bis zum Abwinken Gymnastik machen und werde trotzdem nie so aussehen wie die Models in dieser Werbung.

Natürlich bekommen wir durch gesunde Ernährung und Sport eine bessere Figur, doch die Sehnsucht unserer Seele wird nicht durch unser Äußeres gestillt. Schönheit vergeht, darum werden wir unweigerlich enttäuscht werden, wenn wir uns darauf fixieren. Echte Zufriedenheit können wir nur finden, wenn wir bereit sind, Gott zu gehorchen.

Die Fragen, die Karen sich selbst gestellt hat, finde ich sehr hilfreich. Hoffentlich fallen sie mir wieder ein, wenn ich das nächste Mal einen Badeanzug anprobiere und über manche Unvollkommenheiten meines Körpers erschrecke. Oder wenn ich merke, dass ich trotz meines akzeptablen Gewichts mit einer figurformenden Miederhose gut beraten bin. Oder wenn mich meine „Elefantenfüße" daran erinnern, dass ein Rock nicht gerade das günstigste Kleidungsstück für mich ist.

> Der Körper, den Gott mir geschenkt hat, ist gut. Er ist nicht perfekt und wird es auch nie sein. Aber er ist ein Geschenk, für das ich dankbar bin.

Der Körper, den Gott mir geschenkt hat, ist gut. Er ist nicht perfekt und wird es auch nie sein. Ich habe nun mal Cellulitis und dicke Füße. Und obwohl ich mich gesund ernähre, kann mir niemand garantieren, dass ich nicht an Krebs oder etwas anderem erkranken werde.

Aber mein Körper ist ein Geschenk – ein gutes Geschenk, für das ich dankbar bin. Auf ihn achtzugeben und mich an Gottes Maßstäbe zu halten, verhilft mir zu einer gesunden Einstellung zu meinem Körper. Deshalb kann ich wie der Psalmist sagen:

Ich will den Herrn loben von ganzem Herzen, alles in mir soll sei-
nen heiligen Namen preisen! Ich will den Herrn loben und nie ver-
gessen, wie viel Gutes er mir getan hat. Ja, er vergibt mir meine
ganze Schuld und heilt mich von allen Krankheiten! Er bewahrt
mich vor dem sicheren Tod und beschenkt mich mit seiner Liebe
und Barmherzigkeit. Mein Leben lang gibt er mir Gutes im Über-
fluss, er macht mich wieder jung und stark wie ein Adler.

Psalm 103,1-5

Es ist so leicht, sich auf das zu konzentrieren, was uns an unserem
Körper nicht gefällt. Bei mir war es so mit meinen Füßen: Ich
wusste, dass ich mich für den Rest meines Lebens gesund ernähren und Sport treiben konnte und dennoch kräftige Fußknöchel
behalten würde.

Natürlich ist mir klar, dass es weitaus schlimmere Probleme
gibt. In meinem Fall war es jedoch entscheidend, dass ich nicht
zuließ, dass meine Gedanken weiter um diesen Punkt kreisten,
mit dem ich unzufrieden war. Sonst hätte ich nämlich dem Teufel
die Möglichkeit gegeben, mir zuzuflüstern: „Dein Körper wird
ohnehin nie so aussehen, wie du es dir wünschst. Warum solltest
du also dauernd solche Opfer bringen? Deine ganze Disziplin ist
vergeblich!"

Statt diese Lüge zu glauben, sollte ich mich selbst aus Gottes
Perspektive betrachten und, wie es in Psalm 103 heißt, „nie vergessen, wie viel Gutes er mir getan hat".

Gott hat unseren Körper nicht mit bestimmten Makeln ausgestattet, um uns zu strafen. Als ich es endlich gewagt habe,
mit Gott über meine kräftigen Fußknöchel zu reden, habe ich
eine unglaubliche Befreiung erlebt. Ich brauche mich nicht

länger wegen dieses Punktes meiner Anatomie zu genieren, sondern empfinde eine tiefe innere Zufriedenheit. Was für ein Geschenk!

Ja, ich stimme dem Psalmist zu, wenn er sagt: „Mein Leben lang gibt er mir Gutes im Überfluss, er macht mich wieder jung und stark wie ein Adler."

Als ich über diesen Vers nachdachte und beschloss, Gottes Sichtweise zu akzeptieren, konnte ich ihm zum ersten Mal in meinem Leben dafür danken, dass er mich so geschaffen hat, wie ich bin. Inzwischen kann ich hübsche Frauen mit schlanken Fesseln betrachten und mich für sie freuen, ohne mich über meinen eigenen Körperbau zu ärgern.

Ich habe meine persönliche Schönheit gefunden. Und sie gefällt mir. Ich brauche mich nicht länger ängstlich mit anderen zu vergleichen. Ralph Waldo Emerson sagte: „Auf der Suche nach Schönheit können wir die ganze Welt bereisen – solange wir sie nicht in uns tragen, werden wir sie niemals finden."[4]

Und nun, wie der berühmte Radiomoderator Paul Harvey zu sagen pflegte: „Here's the rest of the story" – hier kommt die Pointe: Wenn meinem damaligen Schwarm meine Füße gefallen hätten, dann hätten wir vermutlich miteinander getanzt. Vielleicht hätte er sich in mich verliebt und wir wären ein Paar geworden. Und in diesem Fall wäre ich womöglich nie bei dem besten Mann der Welt gelandet, der mich liebt, wie ich bin – mitsamt meinen Füßen!

Konkret auf den Punkt gebracht

1. Jeder würde gerne ein oder mehrere Dinge an seinem Körper ändern. Bei manchen betrifft das eher das Gesicht – vielleicht die Form der Nase –, bei anderen die Figur. Können Sie sich mit der Geschichte von den „Elefantenfüßen" in irgendeiner Weise identifizieren? Wissen Sie noch, wann Sie zum ersten Mal wegen eines bestimmten Aspekts Ihres Körpers peinlich berührt oder beschämt waren? Haben Sie das inzwischen überwunden oder bereitet Ihnen dieser Punkt immer noch Schwierigkeiten?

2. Karen Ehman beschreibt, wie sie gelernt hat, sich nicht in erster Linie über die purzelnden Kilos, sondern darüber zu freuen, dass sie Gott gehorcht hatte. Wenn Sie über frühere Versuche nachdenken, Ihre Essgewohnheiten zu ändern, welche Erfahrungen oder Ergebnisse waren für Sie besonders motivierend, um weiterzumachen? Hat dieser Anreiz auch langfristig gewirkt?

3. Um ihren Fortschritt neu zu definieren, hat sich Karen einige konkrete Fragen gestellt. Wenn Sie Ihr Essverhalten anhand dieser Fragen beurteilen, wie bewerten Sie dann Ihren eigenen Fortschritt? Gibt es weitere Fragen, die Sie gerne zu dieser Liste hinzufügen würden?

- Habe ich an irgendeinem Tag der vergangenen Woche zu viel gegessen?
- Habe ich regelmäßig trainiert?

- Fühle ich mich leichter als vor einer Woche?
- Habe ich heimlich aus Wut oder Frust gegessen?
- Habe ich irgendwann mein Glück im Essen statt bei Gott gesucht?
- Bin ich *vor* dem Wiegen mit der vergangenen Woche zufrieden gewesen und habe das Gefühl gehabt, Gott gehe es genauso?

4. Wir haben festgestellt, dass wir uns entweder auf das konzentrieren können, was uns an unserem Körper nicht gefällt, oder aber wir nehmen uns selbst an und danken Gott dafür, dass er uns so geschaffen hat, wie wir sind. Kreuzen Sie auf der unten stehenden Linie an, wie Sie sich zurzeit in Bezug auf Ihren Körper fühlen:

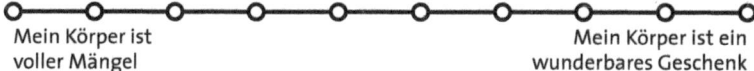

Mein Körper ist   Mein Körper ist ein
voller Mängel   wunderbares Geschenk

Stellen Sie sich nun vor, nicht Sie selbst, sondern eine Person, die Sie lieben, hätte das oben stehende Kreuz gemacht. Was würden Sie von dieser Selbsteinschätzung halten? Würden Sie zu dieser Person gerne etwas sagen? Würden Sie für sie beten? Könnten Sie sich selbst vielleicht genau dasselbe sagen und für sich selbst beten?

5. Ich habe beschrieben, was für eine Befreiung es war, als ich zum ersten Mal begriff, dass kräftige Fußknöchel auch ihr Gutes haben. Ist es Ihnen in Bezug auf Ihre persönliche „Problemzone" schon einmal ähnlich ergangen? Welchen Vorteil

könnte der Punkt Ihrer Anatomie, über den Sie sich ärgern, mit sich bringen?

6. Falls Sie sich für eine der beiden unten stehenden Möglichkeiten entscheiden könnten, welche würden Sie dann wählen? Inwiefern würde sich dadurch Ihr Leben verändern?

- Sie könnten durch eine sofortige, schmerzfreie kosmetische Operation denjenigen Punkt an Ihrem Äußern verändern lassen, der Ihnen nicht gefällt.

- Ihre Einstellung zu Ihrem Körper würde sich so grundlegend und nachhaltig ändern, dass Sie von ganzem Herzen sagen könnten: „Ich habe meine persönliche Schönheit gefunden. Und sie gefällt mir."

Sport zu treiben fällt mir so schwer!

9.

Als ich Art, meinen heutigen Mann, kennenlernte, hasste ich es, joggen zu gehen. Art war jedoch ein begeisterter Sportler, und ich begriff ziemlich schnell, wie ich möglichst viel Zeit mit diesem wunderbaren Mann, der sofort mein Herz erobert hatte, verbringen konnte: Ich erklärte mich bereit, mit ihm zusammen zu joggen.

Es ist erstaunlich, wozu Liebe einen motivieren kann. Wir legten gemeinsam unzählige Kilometer zurück, und obwohl ich unglaublich gerne mit Art zusammen war, konnte ich dieser Sportart an sich überhaupt nichts abgewinnen.

Am ersten Morgen unserer Flitterwochen forderte Art mich gut gelaunt auf, mit ihm joggen zu gehen.

„Warum sollte ich das tun? Ich laufe nicht gern. Und jetzt, da wir verheiratet sind, sehe ich auch keine Notwendigkeit mehr dazu. Ich finde, man sollte nur schwitzen, wenn man am Pool liegt. Lass uns doch so etwas machen!"

Art schaute mich völlig verblüfft an.

Das Verrückte an der Sache ist, dass ich Gott – bevor ich Art begegnet war – ausdrücklich um einen Ehemann gebeten hatte, der mich dazu ermutigen würde, Sport zu treiben. Nun, dieses Gebet hat Gott zweifellos erhört! Sogar so gründlich, dass Art und ich dadurch oft Gelegenheit bekommen haben, an unserem Charakter zu arbeiten!

Es war ein echter Kampf für mich. Ich trieb zwar ein paarmal pro Woche Sport, aber ich tat es zähneknirschend. Und das Schlimme daran war, dass ich mit meinen halbherzigen Bemühungen keine beeindruckenden Ergebnisse erzielte.

Mit halbherzigen Bemühungen erzielt man keine beeindruckenden Ergebnisse.

Im Lauf der Jahre veränderte sich meine Figur, und irgendwann stand ich vor dem Spiegel und überlegte, ob ich mich mit diesem Status quo abfinden musste.

Hatte ich ein Alter oder eine Lebensphase erreicht, in der es unmöglich geworden war, abzunehmen und fit zu sein?

Natürlich ließen sich die vielen überflüssigen Pfunde, die sich bei mir angesammelt hatten, ohne Weiteres rechtfertigen:

Immerhin hatte ich drei Kinder zur Welt gebracht.

Unsere beiden Adoptivkinder hatten mich ebenfalls Nerven gekostet.

Fünf Kinder großzuziehen, war eine Menge Arbeit.

Wer ständig seine Kinder chauffieren muss, hat keine Zeit, ins Fitnessstudio zu rennen.

So einleuchtend das alles auch klang – tief in meinem Innern war ich nicht zufrieden. Ich fühlte mich weder körperlich noch seelisch wirklich wohl. Es war mir unangenehm, mich vor meinem Mann auszuziehen. Nicht etwa, weil er mich verurteilt hätte, sondern weil ich es selbst tat.

Nichts kann eine romantische Stimmung effizienter töten als die negativen Gedanken einer Frau über sich selbst. Wie oft stand ich morgens vor dem Badezimmerspiegel und fragte mich mit Tränen in den Augen, welche Hose meinen Bauch wohl am besten kaschieren würde!

Gleichzeitig machte ich mir Vorwürfe, weil ich so eitel war, dass ich wegen so einer banalen Sache in Tränen ausbrach. Als reife Christin musste ich doch über solchen Dingen stehen! Sofort kamen mir weitere Argumente in den Sinn, diesmal mit einer geistlichen Komponente:

Die Medien wollen uns Frauen weismachen, dass wir unbedingt schlank sein müssen.

Mir ist mein geistliches Wachstum zu wichtig, als dass ich mich von so nebensächlichen Dingen wie Abnehmen oder Sport ablenken lassen will.

Gott liebt mich so, wie ich bin.

Das alles hörte sich ebenfalls ganz plausibel an, doch ich fand trotzdem keinen inneren Frieden. Es spielte keine Rolle, ob ich mein Gewichtsproblem von einer „geistlichen" oder einer „weltlichen" Warte aus betrachtete: Wenn ich hundertprozentig ehrlich war, musste ich zugeben, dass sich dahinter schlicht und einfach mangelnde Selbstbeherrschung verbarg.

Alles Beschönigen und Rechtfertigen nützte nichts, denn in Wahrheit hatte ich kein Gewichtsproblem, sondern ein geistliches Problem: Ich sehnte mich mehr nach Essen als nach Gott und glaubte, dass es mir mehr Trost spendete, als er es tun würde. Und ich war schlichtweg zu faul, um mich regelmäßig zu bewegen.

Aua. Diese Erkenntnis tat weh.

Also raffte ich mich vor einigen Jahren frühmorgens auf und ging joggen. Wenn man es genau nimmt, betrieb ich nicht wirklich Jogging, sondern bewegte mich lediglich ein kleines bisschen schneller fort als sonst. Und wissen Sie was? Ich fand es so schrecklich, dass ich am liebsten laut geheult hätte.

Ich war völlig verschwitzt und verklebt. Meine Beine schmerzten und meine Lungen brannten. Nichts daran machte Spaß, doch das Verblüffende war: Hinterher war ich so stolz auf diese Leistung, dass ich mich einfach fantastisch fühlte! Und so begann ich, Tag für Tag gegen meine Ausflüchte anzukämpfen und mich zu bewegen.

Am Anfang schaffte ich es nur, von einem Gartentor zum nächsten zu joggen – in einer Gegend, in der die Häuser sehr nah beieinanderstehen! Doch ganz allmählich machte ich Fortschritte. Dabei liegt die Betonung auf dem Wort „allmählich". Jeden Tag bat ich Gott um Kraft, damit ich diesmal durchhalten würde. Ich hatte mir nämlich schon so oft vorgenommen, regelmäßig Sport zu treiben, und diesen Vorsatz dann immer nach einigen Wochen wieder aufgegeben. Je mehr ich das Laufen jedoch als eine geistliche Herausforderung betrachtete, bei der ich Disziplin lernen sollte, desto weniger konzentrierte ich mich auf mein momentanes Gewicht. Es ging nicht darum, wie viel Kilo ich abnahm, sondern darum, ob ich Gott gehorsam war.

Eines Tages ging ich nach draußen, um wie immer auf meine

Art zu joggen, als Gott ganz deutlich zu meinem Herzen sprach. Ich redete häufig mit ihm, während ich lief, doch an jenem Tag schien er nachdrücklich zu mir zu sagen: „Lauf so lange, bis du völlig erschöpft bist. Tu es nicht in deiner, sondern in meiner Kraft. Bete jedes Mal, wenn du am liebsten stehen bleiben möchtest, für deine Bekannte, die du erst neulich ermutigt hast, nicht aufzugeben. Und dann befolge deinen eigenen Rat. Bleib erst stehen, wenn ich es dir sage!"

Zwar hatte ich schon einige Male klare Anweisungen von Gott erhalten, aber es hatte sich dabei noch nie um eine Sache gehandelt, die mich körperlich derartig herausgefordert hätte. Bis zu jenem Morgen stellten fünf Kilometer meinen persönlichen Rekord dar, was ich für wirklich bemerkenswert hielt. Ich fand, diese Strecke war fast schon ein Marathon!

So nahm ich an, Gott wolle lediglich, dass ich meinen Rekord noch ein wenig überbot. Doch als ich so weit gekommen war, flüsterte mir diese innere Stimme zu: „Lauf weiter!"

Ich musste Gott buchstäblich Schritt für Schritt um Kraft bitten, damit ich im Vertrauen auf ihn einen Fuß vor den anderen setzen konnte. Je mehr ich mich auf ihn konzentrierte, desto weniger dachte ich an meinen Wunsch, stehen zu bleiben. Ein Zitat aus den Psalmen, das mir durch den Kopf schoss, gewann plötzlich eine ganz neue Bedeutung: „Selbst wenn meine Kräfte schwinden und ich umkomme, so bist du, Gott, doch allezeit meine Stärke – ja, du bist alles, was ich brauche!" (Psalm 73,26).

Als ich an jenem Tag lief, war ich auf einer ganz neuen Ebene mit Gott verbunden. Ich machte die Erfahrung, was es heißt, sich in völligem Vertrauen Gott hinzugeben, um etwas durchzuziehen. Obwohl ich mich für eine reife Christin hielt, war ich bisher nur selten in eine Lage geraten, die echten Glauben erforderte. Doch an jenem Morgen lief ich mit Gottes Hilfe vierzehn Kilometer.

Verstehen Sie mich bitte nicht falsch: Es waren *meine* Beine, die jeden einzelnen Schritt zurücklegten, und es war *meine* Energie, die verbraucht wurde. *Ich* musste mich höchstpersönlich anstrengen, doch es war *Gottes Kraft*, die mich Schritt um Schritt daran hinderte, zu früh aufzugeben.

Für jemanden, der gegen körperliche Anstrengung geradezu allergisch war und beim Gedanken an Sport am liebsten geweint hätte, war dies ein echtes Wunder. Ich durchbrach die „Ich kann nicht"-Barriere und erweiterte den Horizont meiner Wirklichkeit.

Ob es schwer war, möchten Sie wissen? Natürlich. Ob ich in Versuchung geriet, vorher aufzugeben? Selbstverständlich. Ob ich es auch aus eigener Kraft hätte schaffen können? Niemals. Gottes Kraft hatte sich in meiner Schwachheit gezeigt.

Ich sollte vielleicht noch hinzufügen, dass ich danach wieder zu meiner 5-Kilometer-Strecke zurückgekehrt bin. Mit der Zeit habe ich sie bis auf 6,5 Kilometer ausgedehnt und bin mit dieser Leistung völlig zufrieden. Täglich vierzehn Kilometer zu laufen, ist für mich nicht realistisch. Doch an jenem besonderen Tag war es einfach herrlich. Insbesondere, weil mir zu Hause etwas Wichtiges bewusst wurde, als ich meine Bibel aufschlug:

Herr, zeige mir deinen Weg, ich will dir treu sein und tun, was du sagst. Gib mir nur dies eine Verlangen: dir mit Ehrfurcht zu begegnen! Von ganzem Herzen will ich dir danken, Herr, mein Gott; für alle Zeiten will ich deinen Namen preisen.
Psalm 86,11-12

Auf dem Weg zu einem gesünderen Lebensstil geht es doch genau darum: Gott möchte uns an den Punkt bringen, an dem ihm unser Herz uneingeschränkt gehört. Wir können nicht gleichzeitig zwei Herren dienen: Entweder wollen wir Gott ehren, oder wir folgen unseren eigenen Wünschen – ob diese sich nun in Gelüsten auf Schokolade äußern oder in irgendwelchen Ausflüchten, weshalb wir keinen Sport treiben können.

Der Apostel Paulus hat diesen Grundsatz schon vor zweitausend Jahren betont: „Oder habt ihr etwa vergessen, dass euer Körper ein Tempel des Heiligen Geistes ist, der in euch wohnt und den euch Gott gegeben hat? Ihr gehört also nicht mehr euch selbst. Gott hat euch freigekauft, damit ihr ihm gehört; lebt deshalb so, dass ihr mit eurem Körper Gott Ehre bereitet" (1. Korinther 6,19-20).

Im Alten Testament finden wir eine sehr interessante Geschichte darüber, wie ernst es Gott damit war, dass die Menschen sich um den Tempel kümmerten, den er ihnen anvertraut hatte. Bevor Gott jedem Nachfolger von Jesus seinen Heiligen Geist ins Herz gab, war das Gebetshaus seines Volkes der Ort, an dem Gottes Gegenwart spürbar werden sollte.

Im Buch Haggai wird beschrieben, wie das Volk Gottes nach der Rückkehr aus dem babylonischen Exil als Erstes anfing, den zerstörten Tempel wiederaufzubauen. Die Israeliten waren hochmotiviert und begannen voller Eifer, glitten jedoch allmählich in eine gewisse Bequemlichkeit hinein und schließlich wurden die Arbeiten am Tempel komplett eingestellt. Andere Dinge schienen wichtiger und dringender zu sein, was Gott zu folgender Ermahnung bewog:

So spricht der Herr, der allmächtige Gott: Dieses Volk behauptet, die Zeit sei noch nicht gekommen, den Tempel des Herrn wieder aufzubauen. Aber warum ist es für euch selbst an der Zeit, in Häusern mit getäfelten Wänden zu wohnen, während mein Haus noch in Trümmern liegt?

Ich, der Herr, der allmächtige Gott, fordere euch auf: Denkt doch einmal darüber nach, wie es euch geht! Ihr habt viel Saat ausgesät, aber wenig geerntet. Ihr esst und werdet nicht satt, ihr trinkt und bleibt durstig. Was ihr anzieht, wärmt euch nicht, und das sauer verdiente Geld rinnt euch nur so durch die Finger.

Darum sage ich, der Herr, der allmächtige Gott: Begreift doch endlich, warum es euch so ergeht! Steigt hinauf ins Gebirge, schafft Holz herbei und baut den Tempel wieder auf! Daran habe ich Freude, so ehrt ihr mich, den Herrn.

Haggai 1,2-8

Ich muss zugeben, dass ich ebenso wie die Israeliten damals dazu neige, meinen Körper, den Tempel Gottes, zu vernachlässigen. Wie schnell bringe ich Ausflüchte vor wie: „In dieser Lebensphase habe ich einfach keine Zeit für so was. Schließlich muss ich mich um meine Kinder, meinen Dienst für Gott, meinen Haushalt und noch so viele andere Dinge kümmern. Es ist völlig unrealistisch zu glauben, ich könne nebenher auch noch Sport treiben."

Doch Gott fordert uns eindringlich auf, darüber nachzudenken, wie es uns geht, und *ihm* eine höhere Priorität einzuräumen. Die Israeliten ließen sich offenbar zehn Jahre lang davon abhalten, am Tempel weiterzubauen. Jedes Jahr schien etwas anderes wichtiger zu sein. Bei mir selbst war es in Bezug auf regelmäßige Bewegung genauso: Irgendetwas anderes hatte immer Vorrang und mein Terminkalender platzte ja ohnehin schon aus allen Nähten.

Wenn ich ganz ehrlich bin, so muss ich allerdings zugeben, dass ich trotzdem irgendwie Zeit für die Dinge fand, die ich unbedingt tun wollte. Zwar gelang es mir nicht, mir täglich eine gewisse Zeit für Sport zu reservieren. Aber ich schaffte es oft genug, eine alberne Fernsehsendung anzusehen oder eine halbe Stunde mit einer Freundin zu telefonieren.

Es ging mir wie den Israeliten, die aus Babylon zurückgekehrt waren: Sie fanden die Zeit und Energie, um ihre eigenen Häuser zu täfeln, während die Arbeit am Haus Gottes brachlag.

Diese Vernachlässigung des Tempels blieb jedoch nicht ohne Folgen: „Darum bleibt der Himmel verschlossen, kein Tau fällt mehr auf eure Äcker, und die Erde bringt nichts hervor" (Haggai 1,10). Ich will hier nicht behaupten, dass Gott uns mit Problemen strafen wird, wenn wir keinen Sport treiben. Aber wir wissen selbst ganz genau, dass es gewisse Konsequenzen hat, wenn wir uns nicht regelmäßig bewegen.

Irgendwann zeigt es sich, ob wir genügend auf unseren Körper achtgegeben haben – an unserem Gewicht, unserem Energielevel oder womöglich sogar an einer Herz-Kreislauf-Erkrankung. In jedem Fall ist unser Umgang mit unserem Körper sowohl auf physischer als auch auf geistlicher Ebene von Bedeutung.

In geistlicher Hinsicht hat die Vernachlässigung meines Körpers zur Folge, dass ich mich vom Stress und von Problemen leichter herunterziehen lasse. Ich habe weniger Energie, um Gott zu dienen, und muss öfter gegen negative Emotionen ankämpfen.

Meine Freundin Holly und ich laufen inzwischen fast täglich gemeinsam. Ich kann nicht behaupten, dass ich jeden Morgen darauf brenne, aus dem Bett zu springen und zu joggen, doch sobald ich einmal angefangen habe, fühle ich mich gut. Ganz zu schweigen davon, wie fantastisch ich mich fühle, wenn wir fertig sind!

Holly und ich genießen es nicht nur, gemeinsam zu joggen, sondern wir nutzen diese Zeit auch, um miteinander zu beten und uns auszutauschen.

Soll ich Ihnen etwas sehr Seltsames beichten? Ich bin inzwischen tatsächlich dankbar dafür, dass mein Körper und mein Stoffwechsel mich praktisch dazu zwingen, Sport zu treiben. Ich bin dem Rat gefolgt, den der Prophet Haggai den Israeliten gegeben hat, und habe gründlich darüber nachgedacht, wie es mir geht. Und dann habe ich beschlossen, der Sorge um meinen Körper – den Tempel des Herrn – eine hohe Priorität einzuräumen.

Das tägliche Laufen ist nun fest eingeplant. Ich kann es nicht einfach ausfallen lassen, weil ich ja mit Holly verabredet bin, die mich sofort anrufen würde, falls ich nicht auftauchen sollte.

Mit der Zeit habe ich gelernt, den Nutzen dieser Übung höher zu schätzen als die Beschwerlichkeit. Ja, dass es sich so gut anfühlen würde, jeden Tag so eine Leistung zu vollbringen, hätte ich wirklich niemals gedacht! An Tagen, an denen alles Mögliche schiefläuft, kann ich mir nun selbst mit einer gewissen Genugtuung sagen: „Immerhin bin ich heute Morgen mit Gottes Hilfe 6,5 Kilometer gejoggt!"

Vielleicht ist das Joggen ja nicht Ihr Ding. Dann finden Sie einfach heraus, was zu Ihnen passt. Meine Mutter sagt immer, die beste Bewegung ist die, die man tatsächlich ausführt. Dem kann ich nur zustimmen. Und auch wenn mir bewusst ist, dass mein Körper vielleicht nicht gerade die prachtvollste Wohnung unseres

Herrn darstellt, möchte ich sie ihm täglich weihen – durch meine Bereitschaft, etwas für meinen Körper zu tun. Mein Training soll ein Geschenk für Gott sein, von dem ich selber ebenfalls profitiere. Doch es soll ihn erster Linie zum Ausdruck bringen, dass mein Herz uneingeschränkt Gott gehört.

Lassen Sie mich dieses Kapitel mit einer kleinen Anekdote beschließen: Im letzten Sommerurlaub ging ich ins hoteleigene Fitnessstudio. Dort herrschten nicht gerade die günstigsten Bedingungen, um Sport zu treiben, denn es gab keine Klimaanlage – es war also wirklich heiß.

Um mich abzulenken, während ich auf dem Laufband schwitzte, griff ich nach dem iPod meines Mannes. Während ich mich noch fragte, was für erhebende Lobpreismusik er wohl während seines Trainings hörte, entdeckte ich eine Playlist, die mit „Queen" überschrieben war.

Oh, wie süß – hier hat er bestimmt einige Lieder gesammelt, die ihn am mich erinnern!, dachte ich gerührt. Ich war so aufgeregt, als würde ich heimlich im Tagebuch meines Mannes lesen.

Dann setzte die Musik ein.

Um Missverständnisse gleich von vornherein auszuschließen: Mein Mann ist ein aufrichtiger Christ. Aber es lässt sich nicht leugnen, dass er mit seinem Musikgeschmack offenbar noch in seiner Highschoolzeit hängen geblieben ist …

Der romantische Song über die „Königin seines Herzens" war – halten Sie sich gut fest –: *Fat Bottomed Girls, You Make the Rockin' World Go Round* („Ihr Mädchen mit einem dicken Hintern, ihr seid diejenigen, die die Welt in Bewegung halten").

Meine Mutter sagt immer, die beste Bewegung ist die, die man tatsächlich ausführt.

Zu allem Unglück summte ich die ersten Takte dieses Liedes auch noch so laut mit, dass alle übrigen Anwesenden im Fitnessstudio es hören konnten. Wer den Text des Liedes kannte, amüsierte sich bestimmt im Stillen köstlich über mich.

Sie können sich vielleicht vorstellen, wie mir zumute war! Wie dem auch sei – Sie werden mich morgen früh nicht wehklagend vor dem Spiegel, sondern beim Jogging antreffen. Danach werde ich ein gesundes Frühstück zu mir nehmen, und meine Waage wird mir bestätigen, dass ich bereits 11,8 Kilo leichter bin.

All das ist großartig, doch was mir wirklich inneren Frieden gibt, ist die Tatsache, dass mein Herz uneingeschränkt Gott gehört. Mit seiner Hilfe bin ich so weit gekommen und mit seiner Hilfe kann ich auch noch weitere Herausforderungen meistern.

Es ist wirklich erstaunlich, wozu Liebe einen motivieren kann – ganz besonders, wenn es Gottes grenzenlose Liebe ist, die unser Herz erfüllt.

Konkret auf den Punkt gebracht

1. Was für Erinnerungen, Gefühle oder Bilder ruft der Gedanke an Sport in Ihnen hervor? Sind es eher positive oder negative Assoziationen?

2. Erinnern Sie sich daran, wie ich erzählt habe, dass ich eines Tages durch Gottes Kraft nicht nur meine üblichen fünf, sondern tatsächlich vierzehn Kilometer gelaufen bin? Haben Sie schon einmal eine ähnliche Erfahrung gemacht – vielleicht auf einem ganz anderen Gebiet? Wie ist es für Sie gewesen, eine

Herausforderung bewältigen zu können, die Sie aus eigener Kraft niemals geschafft hätten? Wie hat diese Erfahrung Ihre Beziehung zu Gott beeinflusst?

3. Auf welchen Gebieten fühlen Sie sich stark? Zum Beispiel in Bezug auf ihre berufliche Kompetenz, Ihre Kreativität, ihren Ruf als ausgezeichnete Gastgeberin, Ihre Bereitschaft, für andere Menschen zu beten? Inwieweit setzen Sie ihre Stärken ein, um anderen, die auf diesem Gebiet nicht so bewandert sind, zu helfen? Können Sie sich aufgrund solcher Erfahrungen besser vorstellen, wie Gott Ihnen in Bezug auf Ihre Ernährung und den Umgang mit Ihrem Körper unter die Arme greifen möchte?

4. „Herr, zeige mir deinen Weg, ich will dir treu sein und tun, was du sagst. Gib mir nur dies eine Verlangen: dir mit Ehrfurcht zu begegnen!" (Psalm 86,11). Welche Kräfte wetteifern um Ihre Aufmerksamkeit und Ihre Loyalität, wenn es um den Umgang mit Ihrem Körper geht? Fühlen Sie sich zwischen dem Wunsch, Gott zu ehren, und Ihren bisherigen Gewohnheiten hin- und hergerissen? Inwiefern könnte Ihr Leben anders aussehen, wenn Ihr Herz uneingeschränkt Gott gehören würde?

5. Wenn Sie sich Ihren Alltag und Ihre täglichen Pflichten vor Augen führen, welche der folgenden Aussagen beschreibt dann am besten, wie sehr Sie zeitlich ausgelastet sind?

- Im Grunde kann ich größtenteils selbst bestimmen, welchen Dingen ich meine Zeit widme. Natürlich gibt es ein paar Pflichten, die ich in jedem Fall erledigen muss, aber abgesehen davon bleibt mir immer noch relativ viel Zeit, die ich nach eigenem Gutdünken gestalten kann.

- Ich kann wenigstens teilweise bestimmen, welchen Dingen ich meine Zeit widme. Mein Terminkalender ist ziemlich ausgefüllt, aber es gibt pro Woche doch ein paar Zeitfenster, in denen ich tun kann, was ich will.

- Ich werde von meinen Pflichten so sehr in Anspruch genommen, dass überhaupt keine Zeit mehr für mich persönlich bleibt. Noch etwas Neues hinzuzufügen, würde bedeuten, dass ich nachts noch weniger zum Schlafen käme, als es ohnehin schon der Fall ist.

Ob Sie den Gedanken, regelmäßig Sport zu treiben, als Last empfinden, hängt natürlich in hohem Maße von Ihrer Antwort auf die oben stehende Frage ab. Bewerten Sie auf einer Skala von eins bis zehn, wie viel Mühe es Sie kosten würde, regelmäßiges Training (drei- bis fünfmal pro Woche) in Ihrem Terminkalender unterzubringen.

6. Erinnern Sie sich an folgenden Satz: „Mit der Zeit habe ich gelernt, den Nutzen des Trainings höher zu schätzen als die Beschwerlichkeit"? Nehmen Sie sich ein Blatt Papier und unterteilen Sie es durch eine senkrechte Linie in zwei Spalten. Nun listen Sie in einer Spalte alle Vorteile eines regelmäßigen Trainings auf und in der anderen all das, was Sie davon abhält. Welche Seite gewinnt? Glauben Sie, dass der Nutzen die Mühe aufwiegen würde? Warum oder warum nicht?

Das ist unfair!

10.

Vor mir stand ein riesiges, traumhaftes Dessert. Eigentlich war es eine Kombination aus drei verschiedenen Desserts, denn es bestand aus einer Schicht Käsekuchen, einer Schicht Eistorte und einer Schicht Schokoladenkuchen. Das Ganze war mit Karamellzuckerguss überzogen und sah so lecker aus, dass ich kaum meinen Augen traute.

Mein Mann und ich verbrachten gerade ein romantisches Wochenende in einem Hotel – ja genau, in dem Hotel mit eigenem Fitnessstudio, von dem bereits im vorigen Kapitel die Rede gewesen ist. Doch auf diese blamable Szene brauchen wir jetzt nicht noch einmal zurückzukommen …

Jedenfalls hatte ich zu diesem Zeitpunkt erst vor Kurzem begonnen, auf Zucker zu verzichten. Zu Hause klappte das ganz gut, aber angesichts dieses traumhaften Nachtischs war es wirklich hart. Hier schien es einen Konditor zu geben, dessen Ambition darin bestand, die herrlichsten Köstlichkeiten der Welt zu kreieren. Und mein Mann konnte essen, was er wollte, und nahm trotzdem kein einziges Gramm zu.

Art sollte meinetwegen natürlich nicht auf sein Dessert verzichten, deshalb forderte ich ihn auf, ruhig zuzugreifen. „Iss ruhig – das ist kein Problem für mich", behauptete ich mit gezwungenem Lächeln, während sich in meinem Innern eine andere Stimme zu Wort meldete. „Das ist unfair!", schrie sie empört.

Ich glaube, diese Aussage verkörpert eine Strategie, mit der Satan uns Frauen schon oft erfolgreich in Versuchung geführt hat. Indem er uns einredet, wir kämen zu kurz, bringt er uns dazu, für einen flüchtigen Genuss gegen unsere Überzeugung zu handeln. Doch am nächsten Morgen geht die Sonne wieder auf, und während es immer heller wird, steht uns die Entscheidung vom Vortag immer deutlicher vor Augen. Das ist der Moment, in dem wir uns über uns selber ärgern. Wir fühlen uns schuldig, machen uns Vorwürfe und werden schließlich wütend.

Wütend auf uns selbst, wütend auf das Objekt unserer Begierde, ja, sogar wütend auf den allmächtigen Gott, der dies ja immerhin hätte verhindern können, oder etwa nicht?

Es ist unfair, dass die anderen es so viel besser haben als ich! Dass sie nicht mit denselben Problemen kämpfen müssen!

Es ist unfair, dass Gott uns verboten hat, die Frucht von dem Baum in der Mitte des Gartens zu essen … Ein winziges Stückchen kann doch wohl nicht schaden, oder?

Es ist unfair, dass ich mir diese eine Sache, die ich mir nicht nur sehnlichst wünsche, sondern auch wirklich brauche, nicht leisten kann. Es ist doch nichts dabei, wenn man Schulden hat, oder?

Es ist unfair, dass mein Körper so beschaffen ist, dass ich ganz genau auf meine Ernährung achten muss, während sich jenes Mädchen dort offenbar ausschließlich von Junkfood ernährt und trotzdem gertenschlank bleibt. Ein winziges Stück Käsekuchen kann ich mir doch gönnen, oder?

Es ist unfair, dass wir mit Sex bis zur Ehe warten sollen, obwohl wir bis über beide Ohren ineinander verliebt sind. So eng muss man das doch nicht sehen, oder? Von Natur aus neigen wir dazu, die Lügen des Satans für bare Münze zu nehmen. Also beißen wir in die verbotene Frucht und merken erst einige Zeit später, wie sehr wir uns schämen.

Ganz gleich, ob es sich um außerehelichen Sex oder um andere unerlaubte Genüsse handelt: Sobald wir von der verbotenen Frucht gekostet haben, werden wir immer mehr Appetit darauf bekommen. Und so gewinnt die Versuchung zunehmend Macht über uns. Mit der Zeit wird sie unsere Gedanken beherrschen, unser Handeln bestimmen und uns völlig in Beschlag nehmen.

> Von Natur aus neigen wir dazu, die Lügen des Satans für bare Münze zu nehmen.

Ich weiß nicht, mit welcher Versuchung Sie heute zu kämpfen haben. Aber ich kenne diesen Teufelskreis und kann Ihnen aus eigener Erfahrung sagen, dass es möglich ist, ihn zu durchbrechen. Während ich diesen Satz schreibe, bekomme ich eine Gänsehaut. Denn noch vor wenigen Jahren wäre ich mir meiner Sache nicht so sicher gewesen.

Wie ich schon vorher erwähnt habe, hatte ich begonnen, auf Zucker zu verzichten. Das klingt vielleicht im ersten Moment gar nicht so schrecklich, bis einem bewusst wird, dass sich in vielen Dingen, die man häufig isst, Zucker befindet – insbesondere natürlich in Back- und Süßwaren.

Als ich an diesem romantischen Wochenende dieses herrliche Dessert betrachtete, fing ich an, mich selber zu bemitleiden. Ich drehte und wand mich innerlich, während die Worte „Das ist unfair!" in meinem Kopf widerhallten.

„Ich könnte doch wenigstens ein kleines bisschen probieren ... Schließlich bin ich bis jetzt so tapfer gewesen und habe mich strikt an meinen Ernährungsplan gehalten ... Heute Morgen habe ich sogar ausgiebig trainiert ... Immerhin sind wir im Urlaub und alle anderen lassen es sich ebenfalls gut gehen ... Du meine Güte, was tust du da, Lysa?"

Diese Nachspeise glich den Sirenen in der Mythologie, die vorüberfahrende Seeleute dazu brachten, ihren Kurs zu ändern, sodass ihr Schiff an gefährlichen Felsklippen zerschellte. Der betörende Gesang klang harmlos und unschuldig, doch er lockte die Männer in ihr Verderben.

In diesem Augenblick wurde mir bewusst, dass mein Selbstmitleid ein Zeichen dafür war, dass ich mich nicht auf Gottes Kraft, sondern auf mich selber verließ. Und das hatte sich schon zuvor als töricht erwiesen.

Ich brauchte Gottes übernatürliche Kraft, die meine eigenen Möglichkeiten übertraf. Darum wandte ich mich im Stillen an Gott und übergab ihm ganz bewusst die Kontrolle über diese Situation. Ich führte mir die Tatsache vor Augen, auf die ich in einem der vorigen Kapitel eingegangen bin: „Ich bin zu Höherem bestimmt. Ich wurde dazu geschaffen, auf ganzer Linie zu siegen!"

Um ein Haar wäre ich schwach geworden, weil Satan mir einreden wollte, ich könne ruhig mal eine Ausnahme machen: „Es ist doch unfair, dass du ständig solche Opfer bringen musst, Lysa. Schau dich doch um – allen außer dir geht es gut, und niemand muss dauernd verzichten. Schließlich ist dies ein besonderer Moment!"

Das ist der Punkt, an dem wir oft einknicken: Wer auf Diät ist, schlemmt plötzlich nach Herzenslust. Ein junges Mädchen lässt sich wider besseres Wissen auf ein folgenschweres Date ein. Wer einem Finanzplan zur Schuldentilgung folgt, holt seine Kreditkarte für eine ausgiebige Shoppingtour heraus. Der Alkoholabhängige lässt ein Treffen der Anonymen Alkoholiker sausen und geht stattdessen in eine Bar, um den vierzigsten Geburtstag seines Freundes zu feiern.

> Mir wurde bewusst, dass mein Selbstmitleid ein Zeichen dafür war, dass ich mich nicht auf Gottes Kraft, sondern auf mich selber verließ.

Sie alle wissen vielleicht, dass sie zu Höherem bestimmt sind, doch Satan untergräbt diese Wahrheit, indem er ihnen einflüstert: „Manchmal muss man einfach eine Ausnahme machen. Alles andere wäre unfair!"

Daher betete ich in diesem Moment der Versuchung: „Herr, ich bin am Ende meiner Kraft. Hilf mir, bitte! Dein Wort sagt, dass sich deine Kraft in meiner Schwachheit erweist. Ich glaube, jetzt wäre genau der richtige Augenblick, um mir zu demonstrieren, dass diese Aussage stimmt. Bitte lenke meinen Blick auf etwas anderes, damit ich nicht wie gebannt auf das Objekt meiner Begierde starren muss!"

Plötzlich durchzuckte mich eine Erinnerung: Erst neulich hatte ich mit meinem Sohn und seiner Freundin auf unserer Veranda gesessen. Die beiden waren im Teenageralter und wir hatten sehr offen über Sex geredet. Natürlich wollten sie wissen, wie weit man gehen konnte, und ich hatte ihnen geraten, über den Moment hinaus zu denken. Sie sollten überlegen: „Das fühlt sich jetzt zwar gut an, aber wie wird mir wohl morgen früh zumute sein, wenn ich daran denke?"

Dies war die Antwort, nach der ich gesucht hatte. Schlagartig wurde mir klar, dass sich der Rat, den ich meinem Sohn gegeben hatte, auch auf meine eigene Situation anwenden ließ. Ich klammerte mich an diesen Gedanken, und Gottes Kraft bewirkte, was ich allein niemals geschaffte hätte.

> Schwach zu sein ist hart, aber es bedeutet nicht automatisch, dass wir besiegt werden. Es gibt uns die Gelegenheit, Gottes Kraft am eigenen Leib zu spüren.

Als es Zeit war, das Restaurant zu verlassen, stand das Dessert immer noch unberührt auf dem Tisch. Ich schob meinen Stuhl zurück und ging auf unser Zimmer. Was für ein Triumph! Später las ich in meiner Bibel folgenden Text:

Aber er hat zu mir gesagt: „Meine Gnade ist alles, was du brauchst! Denn gerade wenn du schwach bist, wirkt meine Kraft ganz besonders an dir." Darum will ich vor allem auf meine Schwachheit stolz sein. Dann nämlich erweist sich die Kraft von Christus an mir. Und so trage ich für Christus alles mit Freude – die Schwachheiten, Misshandlungen und Entbehrungen, die Verfolgungen und Ängste. Denn ich weiß: Gerade wenn ich schwach bin, bin ich stark.
2. Korinther 12,9-10

Es hat mich tief berührt, dass Gottes Kraft vor allem dann wirksam ist, wenn wir schwach sind. Ist das nicht unglaublich? Schwach zu sein ist hart, aber es bedeutet nicht automatisch, dass wir besiegt werden. Es gibt uns die Gelegenheit, Gottes Kraft am eigenen Leib zu spüren.

Wenn ich an jenem Abend der Versuchung nachgegeben und ein Stück von dem Dessert probiert hätte, wären weitere Kompromisse die Folge gewesen. Und irgendwann wäre ich auf ganzer Linie gescheitert.

Stattdessen habe ich mich an Gottes Verheißungen gestärkt und erlebt, dass sich seine Kraft in meiner Schwachheit gezeigt hat. Diese Erfahrung hat mich mit neuer Zuversicht erfüllt.

Ich weiß nicht, womit Sie derzeit zu kämpfen haben, aber ich kann Ihnen versichern, dass Gott gerecht ist. Es gibt einen guten Grund dafür, warum wir immer wieder bestimmten Versuchungen ausgesetzt sind. So mühsam es auch ist, diesen Versuchungen zu widerstehen – auf lange Sicht lohnt sich die Anstrengung!

Ich habe meine Gewichtsprobleme lange für einen Fluch gehalten. Der Gedanke, wie unfair es ist, dass ich auf so vieles verzichten soll, kommt mir nicht nur im Urlaub. Er schießt mir auch durch den Kopf, wenn ich einer Bekannten gegenübersitze, die zwischendurch mal eben eine Portion Pommes frites und eine Handvoll Schokoladenkekse verdrückt, während ich mich mit einem Salat begnüge. Soll das etwa gerecht sein?

Vielleicht können Sie nachvollziehen, was ich empfinde. Dass ich mit diesen Gefühlen nicht allein dastehe, beweisen jedenfalls einige Kommentare in meinem Blog:

Ich habe eine spindeldürre Schwester, die in Nullkommanichts abnehmen kann. Das hat mich schon immer irritiert. Ich frage mich wirklich, ob sie alle familiären Gene in Bezug auf Willenskraft und guten Stoffwechsel abbekommen hat. Es ist wirklich schwer, die Dickste in der Familie zu sein. Jessica

Wie oft habe ich zu meinen Freundinnen gesagt: Warum habe ich ausgerechnet dieses Problem? Kann es nicht etwas anderes sein, das mir Mühe macht? Ich habe Gott immer wieder angefleht, mich davon zu befreien, aber es hat nichts genützt. Ich kämpfe immer noch an diesem Punkt. Lindsey

Vielen Dank für deine Offenheit! Du hast recht, es gibt viel Schlimmeres im Leben. Und doch ist dieser Kampf für einige von uns (wie zum Beispiel für mich) wirklich hart. Ich habe mich sogar dabei ertappt, wie ich auf andere Leute neidisch bin, deren Problem vielleicht nicht auf den ersten Blick sichtbar ist. Wäre es nicht besser, von Alkohol oder Zigaretten anstatt von Essen abhängig zu sein? Ich weiß, dass das verrückt klingt, aber wenn ich besonders frustriert und unglücklich bin, glaube ich der Lüge, dass alle anderen – sogar Menschen, die mit wirklich schlimmen Dingen kämpfen – besser dran sind als ich. Mary

Aber nehmen wir doch einmal an, der Kampf mit unseren Essgewohnheiten sei gar kein Fluch, sondern ein Segen. Nehmen wir einmal an, es sei möglich, ausgerechnet an diesem Punkt Gottes Nähe in besonderer Weise zu erleben. Nehmen wir einmal an, wir würden Gott schließlich sogar für dieses Problem danken, weil wir bei der Bewältigung dieser Herausforderung ungeahnte Reichtümer entdeckt haben. Halten Sie das für möglich?

Der folgende Kommentar spricht mir aus dem Herzen:

Wenn ich von dem Gedanken überwältigt bin, wie ungerecht es ist, dass meine Freundin schlank ist und nichts dafür tun muss, dass sie essen kann, was sie will und wann sie will, und wie gemein es ist, dass ich nicht wie sie sein kann, dann erinnere ich mich daran, dass Gott mich nicht geschaffen hat, damit ich genau wie sie bin.

Er wusste schon vor meiner Geburt, dass das Essen leicht zum Götzen in meinem Leben werden könnte und dass ich eher zum Essen statt zu ihm laufen würde, um meine Bedürfnisse zu befriedigen. Und in seiner großen Weisheit hat er meinen Körper so geschaffen, dass sich die Folgen eines solchen Verhaltens zeigen, sodass ich immer wieder in seine Arme laufe.

Er möchte, dass ich mich an ihn wende, um Erfüllung, emotionale Heilung und Trost zu finden, und wenn ich diese Erfüllung im Essen finden und nie ein Gramm zunehmen würde, wofür bräuchte ich dann noch Gott?

Nehmen wir einmal an, der Kampf mit unseren Essgewohnheiten sei gar kein Fluch, sondern ein Segen.

Die Sache von dieser Warte aus zu betrachten, zeugt von großer Weisheit. Die Wahrheit ist nämlich, dass jeder von uns Bereiche in seinem Leben hat, in denen er immer wieder kämpft. Jeder von uns ist Versuchungen ausgesetzt und muss lernen, ihnen in der Kraft Gottes zu widerstehen.

Auch mein Mann, der so viele leckere Desserts essen kann, wie er will, bildet da keine Ausnahme: Er muss ebenso wie wir alle lernen, ganz von Gott abhängig zu sein.

Und um auf die dünnen Frauen zurückzukommen, die offenbar nie ein Gramm zunehmen, ganz gleich, was sie essen: Der folgende anonyme Beitrag rückt diese Personen in ein anderes Licht:

Ich gehöre zu den schlanken Frauen, aber glauben Sie bloß nicht, Schlanksein und Gesundsein wären ein und dasselbe. Ich kämpfe gegen Depressionen und Magersucht, habe nach Jahren verbalen Missbrauchs große Probleme mit meinem Selbstwertgefühl. Und das sind nur einige meiner Probleme. Schlanksein ist nur eine Äußerlichkeit, es macht einen Menschen nicht glücklicher oder treu oder fröhlich. Jeder hat die gleichen (oder zumindest fast die gleichen) Kämpfe auszustehen, nur auf einer anderen Ebene.

Wenn wir Jesus folgen möchten, wird unser ganzes Leben ein Lernprozess sein, in dem es darum geht, uns immer weniger auf uns selbst und immer mehr auf Gott zu verlassen. Die Bibel ermutigt uns:

„Liebe Brüder und Schwestern! Betrachtet es als besonderen Grund zur Freude, wenn euer Glaube immer wieder hart auf die Probe gestellt wird. Ihr wisst doch, dass er durch solche Bewährungsproben fest und unerschütterlich wird. Diese Standhaftigkeit soll in eurem ganzen Leben ihre Wirkung entfalten, damit ihr in jeder Beziehung zu reifen und tadellosen Christen werdet, denen es an nichts mehr fehlt" (Jakobus 1,2-4).

Diese Perspektive sollten wir uns zu eigen machen, anstatt Satans Lüge „Das ist unfair!" zu glauben. Wenn wir unseren selbstsüchtigen Wünschen nachgeben, werden wir unweigerlich enttäuscht werden. Doch Gott möchte uns zu Personen machen, die von einer tiefen Zufriedenheit erfüllt sind und denen es an nichts mehr fehlt!

Geben Sie nicht auf, liebe Leidensgenossin. Halten Sie durch!

Konkret auf den Punkt gebracht

1. Denken Sie an das letzte Fest oder die letzte Party, zu der Sie eingeladen waren: Gab es dort etwas zu essen, das Ihnen nicht gutgetan hätte? Haben Sie es trotzdem gegessen? Wenn ja, haben Sie diese Entscheidung vor sich selbst damit begründet, dies sei schließlich eine besondere Situation, und Sie dürften auch mal eine Ausnahme machen? Oder sind Sie standhaft geblieben? Haben Sie sich in diesem Fall geärgert und fanden das alles unfair?

2. „Sobald wir von der verbotenen Frucht gekostet haben, werden wir immer mehr Appetit darauf bekommen. Und so gewinnt die Versuchung zunehmend Macht über uns." Können Sie diese Aussage aus eigener Erfahrung bestätigen? Welcher Bereich Ihres Lebens war davon betroffen? Haben Sie auch schon einmal das Gegenteil erlebt – dass eine Sache immer weniger Anziehung auf Sie ausgeübt hat, je länger Sie abstinent geblieben sind? Wie lange waren Sie an diesem Punkt hin- und hergerissen?

3. „Mir wurde bewusst, dass mein Selbstmitleid ein Zeichen dafür war, dass ich mich nicht auf Gottes Kraft, sondern auf

mich selber verließ." Woran können Sie erkennen, dass Sie im Kampf mit Ihren Essgewohnheiten nicht völlig auf Gott vertrauen, sondern zu anderen Dingen Zuflucht nehmen?

4. Haben Sie Ihre Gewichtsprobleme je als eine Art Fluch empfunden oder sich gewünscht, Sie hätten stattdessen mit anderen Problemen zu kämpfen? Können Sie sich vorstellen, dass dieses Problem sich letztendlich als Segen erweisen könnte? Inwiefern?

5. Wenn wir vor einer Entscheidung stehen, sollten wir überlegen: „Das fühlt sich jetzt zwar gut an, aber wie wird mir wohl morgen früh zumute sein, wenn ich daran denke?" Rufen Sie sich eine Situation in Erinnerung, in der Sie etwas gegessen haben, worauf Sie eigentlich verzichten wollten. Hätten Sie sich anders entschieden, wenn Sie sich vorher diese Frage gestellt hätten? Warum oder warum nicht?

6. „Wenn ich an jenem Abend der Versuchung nachgegeben und ein Stück von dem Dessert probiert hätte, wären weitere Kompromisse die Folge gewesen. Und irgendwann wäre ich auf ganzer Linie gescheitert. Stattdessen habe ich mich an Gottes Verheißungen gestärkt und erlebt, dass sich seine Kraft in meiner Schwachheit gezeigt hat. Diese Erfahrung hat mich mit neuer Zuversicht erfüllt."

7. Manche Entscheidungen, die uns im Moment nebensächlich erscheinen, können weitreichende Konsequenzen nach sich ziehen. In welche Richtung führen die Entscheidungen, die Sie

zurzeit in Ihrem Alltag treffen – zum Erfolg oder zur Niederlage?

8. Glauben Sie, dass es sich auf lange Sicht lohnen wird, dass Sie
sich so viel Mühe geben? Auf welche Weise könnte Gott Sie für
all die Anstrengungen entschädigen?

Ein absolut schrecklicher Tag

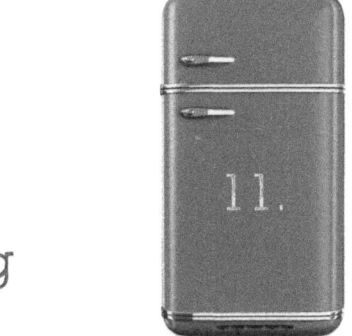

11.

Ich schaffe es einfach nicht mehr, auf meine Ernährung zu achten", stieß Amy hervor. Sie war völlig überfordert, weil ihr Leben in jeder Hinsicht aus dem Ruder lief: finanzielle Schwierigkeiten, Spannungen in der Ehe, Probleme innerhalb der Verwandtschaft ...

Je mehr ihr alles zu entgleiten drohte, desto weniger brachte sie es fertig, auf ungesunde Lebensmittel zu verzichten. Das Essen war zur Droge geworden, zu der sie Zuflucht nahm, um ihren Schmerz zu betäuben:

Wenn sich die Rechnungen häuften und in der Haushaltskasse Ebbe herrschte, tröstete Amy sich mit Eiscreme aus der Tiefkühltruhe.

Wenn sie Stress mit ihrem Mann hatte und für ihre Konflikte keine Lösung in Sicht war, griff sie zu den Süßigkeiten, die noch von Halloween übrig geblieben waren.

Wenn sie schlechte Neuigkeiten bezüglich der Krebserkrankung ihres Vaters erhielt, halfen ihr ein großer Burger, Pommes frites und ein Schokoladen-Milkshake, diesen Schock zu verarbeiten.

Wenn ihre Wohnung unordentlich und chaotisch war, floh sie ins nächste Café, wo sie bei einer großen Latte macchiato ihre Gelassenheit wiederfand.

Wenn ihre Tochter wieder einmal mit einer schlechten Note nach Hause kam, hielt Amy dies für einen guten Zeitpunkt, um gemeinsam ins mexikanische Restaurant an der Ecke zu gehen und diesen Kummer mithilfe von zwei großen Portionen Nachos mit Salsa-Soße zu vergessen.

Zweiundzwanzig Kilo später saß sie weinend auf dem Badezimmerboden. „Was tue ich mir da an?", schluchzte sie. Sie hatte geglaubt, die Last der ganzen Welt auf ihren Schultern tragen zu müssen, und nun war alles noch schlimmer geworden, weil sie selbst so stark zugenommen hatte.

Tränen strömten über ihre Wangen, als sie ins Bett kroch und auf das Foto auf ihrem Nachttisch sah. Das war sie, über zwanzig Kilo leichter, wie sie lächelnd ihren Mann umarmte. Was war aus dieser strahlenden jungen Frau geworden? Und aus dem glücklichen Paar? Wann hatten sie das letzte Mal über persönliche Dinge geredet oder einander zärtlich berührt?

Es ist typisch für Satan, dass er uns dazu bringt, zu Dingen Zuflucht zu nehmen, die uns später viel größere Probleme bereiten.

Sie spürte einen dicken Kloß in der Kehle bei dem Gedanken daran, dass ihr Mann sie jetzt so sehen könnte. Daraufhin musste sie noch heftiger weinen und fühlte sich noch schrecklicher. Sie war völlig verzweifelt, und das Makabre dabei war, dass sie sich im Moment nichts sehnlicher wünschte, als die angebrochene Packung Oreo-Kekse leer zu essen.

Bin ich eigentlich noch zu retten? Mein Leben ist ein einziges Chaos, ich nehme immer mehr zu und kann trotzdem an nichts anderes denken als an Kekse? Was für ein absoluter Horrortag! Von mir aus könnte die ganze Welt jetzt untergehen und in einem riesigen schwarzen Loch verschwinden. Oder Jesus könnte wiederkommen – nein, vielleicht lieber doch nicht. Bestimmt wäre er schrecklich enttäuscht von mir!

Amy spürte, wie sich die Depression wie eine dunkle, schwere Decke über sie legte. Es kam ihr so vor, als müsste sie darunter ersticken.

Haben Sie so etwas auch schon einmal erlebt? Ich schon. Es ist typisch für Satan, dass er uns dazu bringt, zu Dingen Zuflucht zu nehmen, die uns später viel größere Probleme bereiten.

In schwierigen Zeiten unser Essverhalten in den Griff bekommen

Im vorigen Kapitel haben wir uns damit beschäftigt, wie es ist, im Urlaub oder auf Festen kulinarischen Versuchungen ausgesetzt zu sein. Doch wir sollten auch darüber nachdenken, wie wir unser Essverhalten in den Griff bekommen können, wenn wir harte Zeiten durchmachen. Das sind die Zeiten, in denen wir schlichtweg nicht die Kraft haben, auf ungesundes Essen zu verzichten.

Das Leben bleibt uns doch ohnehin schon so viel schuldig, oder etwa nicht? So viele Dinge, die wir uns wünschen, scheinen unerreichbar zu sein – außer diesen Keksen hier, die direkt vor unserer Nase liegen. Wir haben gerade solchen Appetit darauf, denn wir wissen, wie gut sie schmecken. Und niemand hat das Recht, uns diesen Genuss zu verbieten, stimmt's?

Mit solchen Argumenten habe ich meine Entscheidungen schon oft vor mir selbst gerechtfertigt. Hören wir doch einmal, was Ruth Graham dazu meint:

Entweder lassen wir uns zum Opfer machen oder wir ergreifen die Initiative. Oft ist es allerdings einfacher, in der Opferrolle zu verharren, als unsere Masken abzunehmen und um Hilfe zu bitten. Irgendwann haben wir uns so an unseren Opferstatus gewöhnt, dass er ein Teil unserer Identität geworden ist und wir ihn kaum aufgeben können.

Die Israeliten sahen sich selbst oft als Opfer, und es beeindruckt mich, wie Gott sie dazu auffordert, ihre Einstellung zu ändern: „Lange genug habt ihr dieses Gebirge umzogen. Wendet euch nach Norden!" (5. Mose 2,3; Elberfelder).

Wendet euch nach Norden! Es ist Zeit weiterzugehen. Selbstmitleid, Furcht, Stolz und Pessimismus können uns völlig lähmen. Es erfordert Mut, unsere Masken abzunehmen, aber wenn wir es nicht tun, bleiben wir in unserer Opferrolle gefangen und verkümmern.[5]

In unserem Fall steht das Gebirge für unser Gewichtsproblem und die Anhäufung negativer Gefühle, die uns in unserer Opferrolle bestärken. Was können wir also tun, wenn wir weder den Wunsch verspüren noch die notwendige Kraft und Selbstbeherrschung aufbringen, uns gesund zu ernähren?

Es ist wichtig, sich diese Frage zu stellen, denn eines ist sicher: Es wird in unserem Leben immer wieder schwierige Zeiten geben. Darum brauchen wir einen realistischen Plan, an den wir uns in solchen Zeiten halten können. Einen Plan, der uns davor bewahrt, uns in Bezug auf unser Essverhalten ständig im Kreis zu drehen.

Mir gefällt dieses Bild, dass wir uns nach Norden wenden sollen. Und wie Ruth Graham erklärt, gehört zu dieser neuen Ausrichtung, dass wir unsere Masken fallen lassen und um Hilfe bitten.

Für mich beginnt dies damit, dass ich Gott gegenüber ehrlich bin und ihn bitte, mir in der Beziehung zu ihm tiefere Erfüllung zu schenken. Das ist manchmal schwierig. Um meine Maske fallen zu lassen, muss ich ja zugeben, dass ich ein Problem habe, und das tue ich nicht gerne. Wenn ich einräume, dass es ein Problem gibt, muss ich mich auf Veränderungen gefasst machen, und darauf habe ich überhaupt keine Lust.

„Lange genug habt ihr dieses Gebirge umzogen. Wendet euch nach Norden!"

Etwas zu essen, verschafft mir dagegen eine viel schnellere und oft spürbarere Befriedigung. Es ist viel einfacher, sich mithilfe einer Handvoll Schokoladenkekse gut zu fühlen, als die Leere in meinem Herzen von Gott ausfüllen zu lassen. Der Supermarkt ist gleich um die Ecke, und dort kann ich so viele Kekse kaufen, wie ich will.

Doch wie gelange ich an den Punkt, an dem mir meine Beziehung zu Gott ein ebensolches Glücksgefühl verschafft wie all die Köstlichkeiten, nach denen ich mich sehne?

Natürlich ist mir klar, dass ich beten sollte. Aber ich muss ehrlich sagen, dass mir die üblichen formelhaften Gebete hier nicht weiterhelfen. Wenn meine Willenskraft auf ein Minimum geschrumpft ist und ich kurz davorstehe, meinen Vorratsschrank zu plündern, ergeben Routinegebete einfach keinen Sinn.

Früher habe ich Folgendes gebetet, während ich mich vollgestopft habe: „Danke, Herr, für dieses Essen. Bitte mach, dass es meinem Körper guttut. Und könntest du vielleicht auf wundersame Weise bewirken, dass diese Cracker dieselbe chemische Zusammensetzung haben wie rohe Karotten? Das wäre toll!"

Solche Gebete waren ein Zeichen dafür, dass ich mich weiterhin im Kreis drehte. Um mich nach Norden auszurichten, musste ich also eine andere Gebetsstrategie finden. Es musste doch eine Möglichkeit geben, wie ich Gottes Liebe so deutlich spüren konnte, dass sie mich tatsächlich innerlich ausfüllte!

Vor einigen Jahren habe ich dann entdeckt, dass man auch beten kann, ohne ein einziges Wort zu sagen.

Gebete, bei denen ich nicht spreche

Ich hatte einige absolut schreckliche Tage hinter mir und war mit meiner Weisheit so am Ende, dass ich nicht einmal mehr wusste, wie ich beten sollte. Normalerweise erzählte ich Gott von meinen Problemen und bat ihn anschließend, sie zu lösen. Ich machte ihm sogar ein paar Vorschläge, wie sich das anstellen ließe, nur für den Fall, dass dieser Input nützlich sein könnte.

Doch es änderte sich nichts – abgesehen von meiner Figur und der Menge an Schokolade, die die Bewältigung meines Alltags plötzlich erforderte.

Eines Tages war ich so frustriert und verärgert, dass ich, als ich beten wollte, einfach keine Worte fand. Überhaupt keine. Ich starrte mit leerem Blick vor mich hin und blieb stumm. Anstatt von meinen Problemen zu reden und Gott schlaue Tipps zu geben, weinte ich ein paar Tränen, die die Schokoladenspuren auf meinem Kinn verwischten.

Da drang plötzlich Gottes Stimme zu mir durch. Ein Gedanke, auf den ich nicht im Geringsten vorbereitet war, durchzuckte mich, und ich hatte den Eindruck, dass Gott zu mir sagte: *Lysa, ich weiß, wie sehr du dich danach sehnst, dass ich deine Lebensumstände verändere. Doch ich möchte mich stattdessen darauf konzentrieren, dich zu verändern. Denn ich weiß, dass du sogar unter den günstigsten Umständen nicht so eine tiefe Erfüllung finden würdest, wie ich sie dir schenken kann, indem ich deine Denkweise verändere.*

Diese Aussicht begeisterte mich nicht gerade, aber es war zumindest ein Trost, dass Gott zu mir geredet hatte. So nahe hatte ich mich ihm schon lange nicht mehr gefühlt.

Da ich diesen besonderen Kontakt aufrechterhalten wollte, gewöhnte ich mir an, immer wieder still vor Gott zu sitzen.

Manchmal weinte ich in solchen Momenten, manchmal war ich schlecht gelaunt, und manchmal war mein Herz so schwer, dass ich kaum wusste, wie es weitergehen sollte. Aber ich stellte mir vor, dass Gott neben mir saß. Er war schon vorher da gewesen, doch das wurde mir erst jetzt wirklich bewusst.

Ich erlebte, was der Apostel Paulus folgendermaßen beschreibt: „Dabei hilft uns der Geist Gottes in all unseren Schwächen und Nöten. Wissen wir doch nicht einmal, wie wir beten sollen, damit es Gott gefällt! Deshalb tritt Gottes Geist für uns ein, er bittet für uns mit einem Seufzen, wie es sich nicht in Worte fassen lässt" (Römer 8,26).

Während dieser Augenblicke brauchte ich tatsächlich nicht zu reden – das übernahm der Heilige Geist für mich. Ich brauchte

Gott nicht zu schildern, was mich so furchtbar belastete und weshalb ich keinen Ausweg sah, sondern ich musste nur ruhig dasitzen. Und ganz allmählich wurde mir bewusst, inwiefern sich mein Verhalten ändern sollte. Ich merkte wie von selbst, dass es tatsächlich noch andere Möglichkeiten gab, mit meinen Schwierigkeiten klarzukommen, als Süßigkeiten zu essen

Ich denke, dass jeder von uns versucht, die Leere in seinem Innern auf irgendeine Weise zu füllen. Manche nehmen zu Drogen oder anderen Genüssen Zuflucht; andere erwarten, dass ihr Partner sie so sehr liebt, dass sie sich nie mehr unsicher fühlen. Wieder andere hoffen, dass ihre Kinder so erfolgreich sind, dass sie dadurch ihr eigenes Image aufpolieren können. Und manche sind so sehr auf ihr Äußeres fixiert, dass sie für Make-up und Kleidung viel mehr Geld ausgeben, als sie sich eigentlich leisten können.

Ganz gleich, wovon wir uns die Erfüllung unserer tiefsten Bedürfnisse erhoffen – wir müssen uns von diesen Lügen bewusst distanzieren. Denn Menschen oder Dinge sind nicht imstande, uns wirklich glücklich zu machen.

Mir persönlich hilft es, wenn ich einer bestimmten Lüge eine konkrete Wahrheit und ein Zitat aus der Bibel entgegensetze:

Lüge Nr. 1: Ich muss jetzt unbedingt diese Kekse essen. Sie schmecken unglaublich lecker und werden mir ein gutes Gefühl verschaffen.
Wahrheit Nr. 1: Dieser Genuss dauert nicht lange und wird bald einem heftigen Schuldgefühl Platz machen. Möchte ich jetzt etwas essen, weil mein Körper Nahrung braucht, oder fühle ich mich nur irgendwie leer? Wenn ich wirklich einen Snack brauche, kann ich eine gesündere Option wählen.

Lieblingsvers: „Ich bitte Gott, euch aus seinem unerschöpflichen Reichtum Kraft zu schenken, damit ihr durch seinen Geist innerlich stark werdet. Mein Gebet ist, dass Christus durch den Glauben in euch lebt. In seiner Liebe sollt ihr fest verwurzelt sein; auf sie sollt ihr bauen. Denn nur so könnt ihr mit allen anderen Christen das ganze Ausmaß seiner Liebe erfahren. Ja, ich bete, dass ihr diese Liebe immer tiefer versteht, die wir doch mit unserem Verstand niemals ganz fassen können. Dann werdet ihr auch immer mehr mit dem ganzen Reichtum des Lebens erfüllt sein, der bei Gott zu finden ist" (Epheser 3,16-19).

Lüge Nr. 2: Ich werde es ohnehin nicht schaffen, mich an meinen Ernährungsplan zu halten. Warum sollte ich also jetzt auf diese Köstlichkeit verzichten, wenn ich schon weiß, dass ich irgendwann sowieso wieder zu meinen alten Gewohnheiten zurückkehren werde?

Wahrheit Nr. 2: Nein, mein Scheitern ist nicht vorprogrammiert. Gott liebt mich unaussprechlich und hat mich zu seinem Kind gemacht. Zu meinen Rechten als Kind Gottes gehört, dass ich in einer Kraft handeln kann, die über meine eigene Kraft hinausgeht. Mithilfe des Heiligen Geistes bin ich zu echter Selbstbeherrschung fähig.

Lieblingsvers: „Seht doch, wie sehr uns der Vater geliebt hat! Seine Liebe ist so groß, dass er uns seine Kinder nennt – und wir sind es wirklich!" (1. Johannes 3,1).

Lüge Nr. 3: Gott scheint so weit weg zu sein, aber diese Portion Pommes frites ist zum Greifen nah.

Wahrheit Nr. 3: Pommes frites erwidern meine Liebe nicht. Sie sorgen bloß für einen höheren Cholesterinspiegel und Cellulitis, was meine Frustration nur noch vergrößert. Gottes Güte hingegen ist in diesem Moment und auch in Zukunft präsent. Sie enttäuscht mich nicht, sondern hat nur positive Auswirkungen. **Lieblingsvers:** „Die Güte des Herrn aber bleibt für immer und ewig; sie gilt allen, die ihm mit Ehrfurcht begegnen" (Psalm 103,17).

Dies sind nur ein paar Beispiele dafür, wie wir Satans Argumente durch Gottes Wahrheit entkräften können. Setzen Sie sich doch einmal in Ruhe hin, und schreiben Sie einige Lügen auf, die Sie bisher geglaubt haben.

Pommes frites erwidern meine Liebe nicht. Sie sorgen bloß für einen höheren Cholesterinspiegel und Cellulitis.

Dieser Prozess, sich von vertrauten Gedankengängen zu distanzieren, ist nicht einfach und kann uns emotional sehr zu schaffen machen. Gerade deshalb ist es so wichtig, sich intensiv mit Gottes Wort zu beschäftigen. So können wir uns an die Wahrheit klammern, statt an trügerische Argumente.

Als ich einige dieser Gedanken auf meinem Blog postete, erhielt ich ein paar verblüffende Kommentare. Einer davon hat mich ganz besonders berührt:

Was du heute geschrieben hast, war für mich eine ganz klare Botschaft von Gott. Ich habe die letzten achtundzwanzig Jahre meines vierzigjährigen Lebens damit zugebracht, jemanden zu finden, der mich braucht, mich liebt und mir Wert verleiht. Auf diese Weise habe ich versucht, emotionalen und physischen Missbrauch sowie die anschließende Trennung von meinem Vater, meinem Bruder und meiner ganzen Verwandtschaft väterlicherseits zu kompensieren.

Was das Essen angeht, so kann ich nur sagen, dass ich erst mit 160 Kilo begriffen habe, dass Essen kein Ersatz für Gottes Liebe ist. Es hat mich fast zerstört. Meine Ehe liegt in Trümmern, mein Mann und ich haben uns letzten Freitag getrennt. Unsere fünfjährige Tochter ist dadurch traumatisiert und verhält sich entsprechend.

Das ist nicht das Leben, das ich mir wünsche, und es ist nicht das Leben, das ich weiterhin führen möchte. Wenn Gott je zu mir gesprochen hat, dann hat er mit dieser Botschaft heute wirklich ins Schwarze getroffen. Vielen Dank dafür. Ich danke dem allmächtigen Gott dafür, dass er mich liebt. Heute habe ich den ersten Schritt in eine neue Zukunft getan – in der Hoffnung, dass Gott mir wahre Erfüllung schenken wird. Kim

Ich bete, dass wir uns alle, genau wie Kim, auf dem besten Wege befinden, die Lügen unseres Lebens durch Gottes Wahrheit zu ersetzen und zu begreifen, dass Essen nie dazu gedacht gewesen ist, die tiefste Sehnsucht unseres Herzens zu stillen.

Weder an guten noch an schlechten Tagen. Nicht einmal an den absolut schrecklichen, die wir alle irgendwann erleben. Gott sagt: „Sieh, ich habe dir eine Tür geöffnet, die niemand verschließen kann" (Offenbarung 3,8). Mögen wir durch diese Tür gehen, uns nach Norden ausrichten und niemals zurückblicken.

Konkret auf den Punkt gebracht

1. Denken Sie an eine Stresssituation, die Sie vor Kurzem erlebt haben: Sind Sie dadurch in Versuchung geraten, zu viel oder etwas Ungesundes zu essen? Was für Gefühle hat diese Situation in Ihnen hervorgerufen (z. B. Anspannung, Wut, Traurigkeit oder Angst)? Wie haben Sie sich gefühlt, nachdem Sie eine Entscheidung getroffen haben?

2. Wozu neigen Sie eher, wenn Sie Probleme oder schwierige Lebensphasen durchmachen: Setzen Sie eine Maske auf und tun so, als sei alles in Ordnung, oder lassen Sie die Maske fallen und bitten um Hilfe? Inwiefern wirkt sich Ihre persönliche Neigung darauf aus, wie gut Sie in solchen Zeiten kulinarischen Versuchungen widerstehen können?

3. Die Entdeckung, dass man auch ohne Worte beten kann, hat mir geholfen, mich Gott wieder näher zu fühlen. Haben Sie auch schon einmal eine buchstäblich „Stille Zeit" mit Gott verbracht, in der Sie dem Heiligen Geist erlaubt haben, für Sie einzutreten (s. Römer 8,26)? Wenn nicht, sind Sie von dieser Idee fasziniert, oder macht sie Ihnen eher Angst?

4. Wir haben an einigen Beispielen gesehen, wie man die Lügen Satans durch Gottes Wahrheit ersetzen kann. Was für Lügen in Bezug auf Ihre Ernährung machen Ihnen im Laufe eines ganz normalen Tages zu schaffen? Ist es an harten Tagen noch schwerer, der Versuchung zu widerstehen? Beschäftigen Sie sich doch noch einmal eingehend mit den Bibelstellen, die in

diesem Kapitel zitiert wurden. Helfen Ihnen die Aussagen über Gottes Liebe, Satans Lügen zu entkräften?

5. „Sieh, ich habe dir eine Tür geöffnet, die niemand verschließen kann" (Offenbarung 3,8). Wenn Gott diese Worte an Sie persönlich richten würde, und zwar im Zusammenhang mit Ihren Problemen rund ums Essen, was würden Sie sich dann auf der anderen Seite der Tür erhoffen?

Der Fluch der Röhrenjeans

12

Im letzten Kapitel ging es darum, wie wir auch an absolut schrecklichen Tagen an unseren guten Vorsätzen festhalten können. Als ich mein Wunschgewicht erreicht hatte, glaubte ich allerdings, solche Tage würden nie mehr vorkommen.

Denn ganz im Ernst, was sollte mich aus der Bahn werfen, wenn mir endlich wieder meine Lieblingsröhrenjeans passte?

Ich hätte mich nicht gründlicher irren können.

Zunächst einmal hatte ich jedoch allen Grund, mich zu freuen, denn ich hatte auf meinem Weg zu einem gesünderen Lebensstil einen wichtigen Meilenstein erreicht: Ich konnte greifbare, deutlich sichtbare Ergebnisse vorweisen. Was ich nie für möglich gehalten hatte, war tatsächlich geschehen: Meine Lieblingsröhrenjeans passte mir wieder!

Ich konnte hineinschlüpfen, den Reißverschluss zuziehen und sogar noch atmen!

Jawohl, ich konnte atmen, umhergehen und mich sogar hinsetzen, ohne befürchten zu müssen, dass die Nähte platzten.

Können Sie nachvollziehen, wie ich mich gefühlt habe? Wie viele andere Frauen hatte ich jahrelang eine ganz bestimmte Jeans aufbewahrt. Sie hatte zahlreiche Aktionen überlebt, bei denen ich in meinem Schrank Ordnung gemacht und manche Kleidungsstücke aussortiert hatte. Alle übrigen Hosen in dieser Konfektionsgröße waren längst in der Kleidersammlung gelandet. Doch diese spezielle Jeans hatte ich aufgehoben – als Symbol dafür, dass ich irgendwann wieder abnehmen wollte.

Von Zeit zu Zeit holte ich die Jeans hervor und probierte aus, ob ich womöglich schon wieder hineinpasste. Dazu legte ich mich auf den Boden, zog und zerrte und hielt die Luft an, doch es half alles nichts. Die Hose musste im Trockner besonders stark eingelaufen sein.

Natürlich wusste ich ganz genau, dass das nicht stimmte, aber ich wollte es so gerne glauben! Ich klammerte mich hartnäckig an diese Erklärung, denn solange ich meine Essgewohnheiten nicht änderte, schien die Möglichkeit, diese Jeans je wieder tragen zu können, in unerreichbarer Ferne zu liegen.

Bis heute.

Ich strahlte übers ganze Gesicht, als ich in diese Jeans schlüpfte und den obersten Knopf problemlos schließen konnte. Dann tanzte ich vor lauter Freude durchs Schlafzimmer. Was für ein wunderbarer, herrlicher Triumph! Ich hätte die ganze Welt umarmen können. Nichts und niemand würde imstande sein, mir dieses Glücksgefühl zu rauben.

Hier irrte ich mich. Es gab durchaus einige Dinge, die dies nur wenige Stunden später fertigbrachten:

Eine verletzende E-Mail. Die respektlose Haltung eines meiner Kinder. Ein versäumter Termin. Das Gefühl, meiner Verantwortung nicht gerecht zu werden. Eine unaufgeräumte Wohnung. Eine Stresssituation am Arbeitsplatz. Eine unerwartete Rechnung. Ein Abendessen, das meiner Familie nicht schmeckte. Eine Spinne in meinem Waschbecken.

Nur wenige Stunden nach diesem wunderbaren Triumph war ich schon wieder irritiert und gereizt. Ich war wütend auf den Absender dieser E-Mail, verärgert durch Unordnung und Stress, frustriert wegen jener Rechnung und zutiefst beleidigt, weil niemand mochte, was ich gekocht hatte. Als ich dann auch noch auf die Spinne im Badezimmer stieß, dem einzigen Ort, an den ich mich zurückziehen konnte, war ich schließlich völlig am Ende.

Wie konnte das sein? Ich trug doch meine Röhrenjeans! Und dabei hatte ich immer gedacht: Wenn ich erst einmal an diesen Punkt gelangt bin, sind alle meine Probleme gelöst, und ich werde künftig über den Dingen stehen.

Doch nun zeigte sich, dass ich ebenso anfällig, verletzlich und ungeduldig war wie zuvor. Offenbar hatte meine Konfektionsgröße überhaupt nichts mit meinem inneren Gleichgewicht zu tun. Mein Glück hing nicht davon ab, wie viel ich wog. Wenn ich mit 20 Kilo Übergewicht unglücklich war, würde ich es auch mit meinem Wunschgewicht sein.

Wovon mache ich mein Glück abhängig?

Dass ich mir von den falschen Dingen mein Glück erhofft hatte, war eine wesentliche Ursache für mein Übergewicht gewesen. Es gab so viele Situationen, die ich vor allem deshalb genoss, weil Essen dabei eine Rolle spielte:

Im Kino gab es Popcorn, bei jeder Geburtstagsfeier leckeren Kuchen. Im Fußballstadion konnte man Hotdogs kaufen, auf einer Schulveranstaltung selbst gebackene Kekse. Eine geschäftliche Besprechung fand meistens im Café statt und an der Tankstelle konnte ich ein paar leckere Snacks erstehen. Während des Fernsehens aßen wir Chips und bei unseren Familienausflügen gönnten wir uns im Sommer ein Eis und im Winter eine heiße Schokolade.

Irgendwann rächt es sich, wenn wir glauben, unser Glück würde von einer Röhrenjeans oder einem flüchtigen Genuss abhängen.

Doch irgendwann rächt es sich, wenn wir glauben, unser Glück würde von einer Röhrenjeans oder einem flüchtigen Genuss abhängen.

Ganz zu schweigen davon, dass dieses Hochgefühl, das man beim Hineinschlüpfen in diese Jeans empfindet, schnell der geheimen Angst weicht, man könnte wieder zunehmen.

Offenbar bin ich nicht die einzige Frau, die den Fluch der Röhrenjeans kennt: Ich habe zu diesem Thema einmal einen interessanten Kommentar von Oprah Winfrey gelesen. Zwar sind Oprah und ich nicht in jeder Beziehung einer Meinung, aber wir sind uns einig, dass wir unser Glück nicht von den falschen Dingen abhängig machen dürfen: „Ich bin mit der Vorstellung aufgewachsen, dass reiche Leute keine Probleme haben. Zumindest keine Probleme, die man mit Geld lösen könnte. 1986 wurde meine Sendung landesweit ausgestrahlt. Das hat mein Leben völlig umgekrempelt … 1992 gewann ich erneut den Emmy als beste Talkshow-Moderatorin."

Anschließend erzählt sie, dass sie dafür gebetet habe, diesen Preis nicht zu erhalten, weil sie sich damals so sehr wegen ihres

Übergewichtes geschämt habe. „Ich wog 108 Kilo, so viel wie noch nie zuvor. Ich hatte ganze Tagebücher mit Gebeten gefüllt, in denen ich Gott darum anflehte, mich vom Dämon des Übergewichts zu befreien."[6]

Diese Frau besaß all das, von dem sie immer geglaubt hatte, es würde sie glücklich machen: Geld, Ruhm, Anerkennung – einen Erfolg, den sie sich nie hätte träumen lassen. In der Vergangenheit hatte sie es sogar einmal geschafft, ihr Gewicht mithilfe einer verrückten Flüssigkeitsdiät bis auf 66 Kilo zu reduzieren. Damals trug sie ebenfalls eine Röhrenjeans. Ich war zu dieser Zeit noch ein Teenager und erinnere mich daran, dass ich wie gebannt vor dem Fernseher saß und die dünnste Oprah bewunderte, die ich je gesehen hatte.

Doch nicht einmal dieser erstaunliche Erfolg konnte die Moderatorin auf Dauer glücklich machen. Sicherlich hat sie manchen schönen Moment erlebt, aber zu Hause erwarteten sie immer noch jene Tagebücher, die von ihrer großen Verzweiflung zeugten. Selbst an dem Tag, an dem sie eine Röhrenjeans trug.

Bei Gott zur Ruhe kommen

Ich kann sehr gut nachempfinden, wie Oprah sich gefühlt hat. Aus diesem Dilemma gab es für mich nur einen einzigen Ausweg: Ich musste lernen, meine Erwartungen an Gott zu knüpfen statt an hohle, vergängliche Dinge. Wie oft habe ich ihn darum gebeten, mir zu helfen, mich innerlich allein auf ihn auszurichten! Denn nur bei dem ewigen Gott kommt unsere Seele wirklich zur Ruhe.

In Jesaja 55,8-12 (Elberfelder) wird dies wunderschön beschrieben:

Meine Gedanken sind nicht eure Gedanken, und eure Wege sind nicht meine Wege, spricht der Herr. Denn so viel der Himmel höher ist als die Erde, so sind meine Wege höher als eure Wege und meine Gedanken als eure Gedanken. Denn wie der Regen fällt und vom Himmel der Schnee und nicht dahin zurückkehrt, sondern die Erde tränkt, sie befruchtet und sie sprießen lässt, dass sie dem Sämann Samen gibt und Brot dem Essenden, so wird mein Wort sein, das aus meinem Mund hervorgeht.

Es wird nicht leer zu mir zurückkehren, sondern es wird bewirken, was mir gefällt, und ausführen, wozu ich es gesandt habe. Denn in Freuden werdet ihr ausziehen und in Frieden geleitet werden.

Fällt ihnen auf, welche Zufriedenheit Gottes Wort bewirkt? Es wird mit dem Regen verglichen, der die Erde tränkt und Pflanzen hervorsprießen lässt. Jesus Christus weist uns ebenfalls darauf hin, wie wir eine Erfüllung finden können, die nicht von Umständen abhängig ist:

Wie mich der Vater liebt, so liebe ich euch. Bleibt in meiner Liebe! Wenn ihr nach meinen Geboten lebt, wird meine Liebe euch umschließen. Auch ich richte mich nach den Geboten meines Vaters und lebe in seiner Liebe. Das alles sage ich euch, damit meine Freude euch ganz erfüllt und eure Freude dadurch vollkommen wird. Und so lautet mein Gebot: Liebt einander, wie ich euch geliebt habe.
Johannes 15,9-12

Ich gebe zu, ich habe diese Verse schon oft gelesen. Und jedes Mal habe ich zustimmend genickt und gesagt: „Ja, das ist wahr. Selbstverständlich."

Doch erst neulich fiel mir an diesem Text etwas auf, worauf ich mich eingehender als bisher damit beschäftigt habe. Wir werden hier aufgefordert, in Gottes Liebe zu bleiben, damit wir vollkommene Freude finden.

Vollkommen. Das bedeutet, dass uns nichts fehlt – dass wir bis zum Rand mit Freude gefüllt sind, ganz gleich, ob wir nun unsere Röhrenjeans tragen oder nicht. Es bedeutet, dass wir mit einer Zufriedenheit erfüllt sind, die sich auf keine andere Weise finden lässt. Indem wir in Gottes Liebe bleiben, also in Gott ruhen, werden wir zu ausgeglichenen Menschen. Zu Menschen, die wissen, wovon ihr Glück wirklich abhängt.

Vollkommen. Das bedeutet, dass uns nichts fehlt – dass wir bis zum Rand mit Freude gefüllt sind, ganz gleich, ob wir nun unsere Röhrenjeans tragen oder nicht.

Unausgeglichene Menschen sind hingegen immer auf der Suche nach dem nächsten Kick. Sie sind schwierig und anspruchsvoll und glauben, alle ihre Probleme würden sich in Luft auflösen, wenn ihnen nur ihre Röhrenjeans wieder passen würde. Sie sehnen sich verzweifelt danach, dass andere bemerken, wie viel sie schon abgenommen haben, und ihnen deswegen Komplimente machen.

Irgendwann müssen sie jedoch feststellen, dass ein Kompliment kein Beweis für echte Freundschaft ist und dass das Etikett ihrer Röhrenjeans kaum jemandem auffällt. Auch mit einer schlankeren Figur werden sie nicht herzlicher willkommen geheißen oder bereitwilliger akzeptiert – falls doch, könnte man auf so eine oberflächliche Gesellschaft ebenso gut verzichten.

Es lässt sich nicht leugnen, dass wir alle unausgeglichene Menschen sind. Zum Glück liebt Gott uns trotzdem. Er möchte, dass wir lernen, in ihm zu ruhen und in seiner Liebe zu bleiben, damit wir echte Freude finden. Und dies wiederum befähigt uns dazu, uns anderen Menschen zuzuwenden und sie zu lieben.

Freundliche Gesten am Nachmittag

Ich gebe zu, es liegt nicht gerade auf der Hand, dass man Freude findet, indem man unausgeglichene Menschen liebt. Und wer zu einem Buch über gesunden Lebensstil greift, rechnet vermutlich nicht damit, dass dieses Thema behandelt wird.

Aber lassen Sie sich davon bitte nicht abschrecken, sondern haben Sie noch ein wenig Geduld!

Als ich neulich eine dieser E-Mails las, die ich vorhin erwähnt habe, kam ich zu dem Schluss, dass unausgeglichene Menschen bei mir Heißhungerattacken auslösen. Durch ihre Empfindlichkeit und Kompliziertheit können sie meine Entschlossenheit untergraben und meine Laune in den Keller verbannen.

Das Letzte, worauf ich in so einem Fall Lust habe, ist, diese Person zu lieben. Stattdessen würde ich gerne eine Tüte Chips aufmachen und sie bis auf den letzten Krümel leeren. Dabei würde ich mir mit vollem Mund selber versichern, wie dringend nötig ich diesen Trost jetzt habe. Schließlich bin ich äußerst schmählich behandelt worden!

Was wäre jedoch, wenn ich es wagen würde, ganz anders zu handeln?

Wenn ich den Mut hätte, mich wie jemand zu verhalten, der Gottes Freude in sich trägt und sich von ihr leiten lässt?

Wenn ich mich nicht länger mit der Kränkung beschäftigen würde, die diese Person mir zugefügt hat, sondern mir bewusst machen würde, dass sie bestimmt ebenfalls sehr verletzt ist? Hmmm. Ich überlege einen Moment. Und anschließend greife ich weder nach der Chipstüte noch reagiere ich so, wie es meiner eigenen Unausgeglichenheit entsprechen würde. Statt mir vor Augen zu führen, wie ungerecht und unfreundlich diese Person gewesen ist, nehme ich mir vor, ihr etwas Gutes zu tun: Ich schreibe ihr eine ermutigende, freundliche E-Mail.

So etwas könnte ich natürlich jeden Tag tun – auch ohne dass mir eine Laus über die Leber läuft. Sobald ich Appetit auf ungesundes Essen verspüre, könnte ich dies als Ansporn dazu auffassen, jemand anderem etwas Gutes zu tun. Auf diese Weise profitieren auch andere Leute davon, dass ich mich mit Gottes Hilfe auf den Weg zu einem gesünderen Lebensstil gemacht habe ...

> Wenn ich den Mut hätte, mich wie jemand zu verhalten, der Gottes Freude in sich trägt und sich von ihr leiten lässt?

Inzwischen frage ich Jesus jeden Tag, wer heute ein Wort der Ermutigung braucht, und er legt mir tatsächlich immer jemanden ans Herz! Anstatt also meinen Nachmittag mit frustrierenden Gedanken über andere oder mit dem Kampf gegen kulinarische Versuchungen zu verbringen, fülle ich ihn mit Taten der Nächstenliebe. Und dabei spielt es nun wirklich keine Rolle, ob ich meine Röhrenjeans trage oder nicht.

Wir sollten uns immer wieder daran erinnern, dass unser eigentliches Ziel nicht darin besteht, Gewicht zu verlieren. Sondern darin, dass wir lernen, unsere tiefsten Sehnsüchte auf Jesus auszurichten, weil nur er sie wirklich stillen kann. Zu dieser Perspektive sollten wir immer wieder zurückfinden.

Konkret auf den Punkt gebracht

1. Malen Sie sich manchmal aus, wie Ihr Leben wäre, wenn Sie Ihr Wunschgewicht erreicht hätten? Denken Sie, alles würde dann besser werden – Ihre Beziehungen würden sich verbessern, Sie hätten mehr Selbstbewusstsein, Ihre Probleme wären gelöst, man würde Sie respektieren und bewundern? Warum, glauben Sie, hat Ihr Gewicht einen so großen Einfluss auf die Perspektive, aus der Sie Ihr Leben betrachten?

2. Filme und Popcorn, Geburtstagsfeiern und Kuchen, Verabredungen und Kaffee, Fernsehen und Chips ... Welche Aktivitäten genießen Sie vor allem wegen des damit verbundenen Essens? Welche Aktivitäten würden Ihren Reiz für Sie verlieren, wenn Essen dabei keine Rolle spielen würde?

3. Wovon haben Sie Ihr Glück bisher abhängig gemacht? Hat es funktioniert? Glauben Sie, Sie könnten vollkommene Freude finden, auch wenn Sie nicht mit Ihrem Gewicht zufrieden sind? Warum oder warum nicht?

4. „Unausgeglichene Menschen sind schwierig und anspruchs-voll." Gibt es solche Menschen in Ihrem Umfeld? Kann ihr Verhalten Heißhungerattacken bei Ihnen auslösen? Kann es sein, dass Sie selbst ebenfalls auf andere Menschen unausge-glichen wirken? Wie schwer fällt es Ihnen, sich klarzumachen, dass sich hinter Unausgeglichenheit oft Verletzungen und Ängste verbergen?

5. Mitgefühl für unausgeglichene Menschen – einschließlich uns selbst – führt zu freundlichen Gesten. Überlegen Sie doch einmal, welche freundlichen Gesten den Menschen in Ihrem direkten Umfeld guttun würden. Möchten Sie Gott jetzt bitten, Ihnen ganz konkret zu zeigen, was Sie unternehmen sollen? Glauben Sie, dass solche Gesten Ihre Einstellung zu sich selbst und anderen verändern würden?

Für jeden Tag genau die richtige Menge

13.

Ich wusste nicht so recht, was ich davon halten sollte, als unser Pastor am Sonntagmorgen mit einer Flasche Wein aufs Podium trat und sich ein Glas einschenkte. Fast alle Anwesenden rutschten unruhig auf ihren Sitzen herum, denn in unserer Gemeinde war Alkoholgenuss verpönt. Wir tranken Traubensaft beim Abendmahl.

Nachdem der Pastor uns ein wenig Zeit gelassen hatte, um diesen Schock zu verdauen, bat er uns, die Stelle im Johannesevangelium aufzuschlagen, wo berichtet wird, wie Jesus Wasser in Wein verwandelt hat. Dann erklärte er, dass wir die biblischen Texte oft durch die Brille unseres kulturellen Hintergrundes betrachten. Wenn wir glauben, es sei grundsätzlich nicht gut, Alkohol zu trinken, können wir kaum fassen, dass Jesus dies tatsächlich getan hat.

Doch er, der Sohn Gottes, der nie gesündigt hat, trank Wein. Und in den großen Wasserkrügen, die Jesus bei jener Hochzeit füllen ließ, befand sich kein ungegorener Traubensaft, sondern tatsächlich Wein.

Es war eine ausgezeichnete Predigt, die uns dazu ermutigte, offen für Gottes Wort zu sein. Wir sollen gründlich danach forschen, was Gott durch die biblischen Texte zu uns sagen will. Selbstverständlich behandelte unser Pastor dieses Thema sehr taktvoll. Er empfahl Minderjährigen, Suchtgefährdeten und solchen, die Alkohol auch in kleinen Mengen nicht vertrugen, alkoholhaltige Getränke komplett zu meiden. Außerdem sollen wir nicht zum Stolperstein für diejenigen werden, die ein Problem mit dem Alkohol haben.

Es ging in dieser Predigt also nicht in erster Linie darum, ob man nun zum Abendessen ein Glas Wein trinken darf oder nicht. Sondern darum, dass wir uns fragen sollten, was die Bibel zu Themen sagt, die unseren Alltag ganz konkret betreffen. Und dann sollten wir es wagen, diese Erkenntnisse in unserem persönlichen Leben umzusetzen.

Als der Pastor einiges über Alkohol gesagt hatte, schwenkte er auf das Thema „Übermäßiges Essen" um. Dieser Gottesdienst hatte es wirklich in sich: Es war schon schockierend genug, eine Flasche Wein auf dem Podium zu sehen, aber nun sprach der Pastor auch noch über Schlemmerei unter Christen. Das hatte es noch nie gegeben!

Doch seine Argumentation war glänzend: Wie konnten wir es wagen, den Genuss von Alkohol anzuprangern, und gleichzeitig zum Gemeindebüfett marschieren, wo wir uns so lange mit fetttriefenden Köstlichkeiten vollstopften, bis uns fast der Magen platzte?

Es ist keineswegs nebensächlich, wie viel Nahrung wir zu uns nehmen. Denn übermäßiges Essen hat immer Folgen: Es beeinträchtigt unsere Gesundheit, macht uns träge im Dienst für Gott und beeinflusst unser Selbstbild negativ, um nur ein paar Punkte zu nennen. Spätestens jetzt müssten wir eigentlich einsehen, dass es bei diesem Thema nicht nur darum geht, dass wir uns notgedrungen für eine andere Konfektionsgröße entscheiden müssen. Übermäßiges Essen ist Sünde. Die Bibel redet – je nach Übersetzung – von Völlerei, Schlemmerei oder sogar von Fressgelagen. Manche Verse lassen an Deutlichkeit nichts zu wünschen übrig:

„Halte dich fern von den Weinsäufern und maßlosen Schlemmern! Auf sie wartet die Armut; denn wer bloß isst, trinkt und schläft, hat bald nichts als Lumpen am Leib" (Sprüche 23,20-21). **Übermäßiges Essen hat immer Folgen.** Oder: „Wer das Gesetz befolgt, ist ein verständiger Sohn; wer sich aber mit Schlemmern einlässt, macht seinem Vater Schande" (Sprüche 28,7; Elberfelder).

Ich bezweifle, dass eines dieser beiden Bibelzitate je als Merkvers auf der Sonntagsschultafel stehen wird. Immerhin klingen sie ziemlich hart. Sie verkörpern auch nicht gerade das Lieblingsthema von uns Frauen, sodass wir einander anspornen würden: „Komm, erzähl mir mehr darüber, ich finde das so ermutigend!"

Sollte ich je beschließen, eine Konferenz in Ihrer Stadt abzuhalten, so würde ich mit diesem speziellen Thema wohl kaum die Massen anlocken können – oder sind Sie anderer Meinung? Trotzdem müssen wir uns damit auseinandersetzen, und ich werde Ihnen gleich verraten, warum. Es geht nämlich nicht nur um das Essen an sich und die Mengen, die wir davon konsumieren.

Unter der Oberfläche schwelt ein viel ernsteres Problem: Übermäßiges Essen, übermäßiger Alkoholgenuss und außereheliche sexuelle Beziehungen – all das sind im Grunde verzweifelte Versuche, das Rufen unserer hungrigen Seele zum Schweigen zu bringen.

Eine Seele, die nach Erfüllung hungert

Eine hungrige Seele ist wie der Staubsauger, den meine Mutter benutzte, als ich ein Kind war. Er hatte ein langes Metallrohr, das gierig alles verschlang, was ihm in den Weg kam: Staubflocken, Haare, Krümel und sogar 10-Dollar-Scheine. Ich weiß das genau, denn ich habe es selbst miterlebt.

Auch unsere Seele giert nach etwas, womit sie sich füllen kann. Gott hat uns so geschaffen – mit einer Sehnsucht, die gestillt werden muss. Er selbst hat diese Sehnsucht in uns hineingelegt, damit wir angespornt werden, nach ihm zu suchen.

Der Psalmist beschreibt diese Sehnsucht als einen intensiven Durst: „Wie ein Hirsch nach frischem Wasser lechzt, so sehne ich mich nach dir, o Gott! Ja, ich dürste nach Gott, nach dem lebendigen Gott. Wann darf ich in seinen Tempel kommen? Wann darf ich wieder vor ihn treten?" (Psalm 42,2-3). Oder: „Zu dir breite ich meine Hände aus. Gleich einem lechzenden Land schmachtet meine Seele nach dir!" (Psalm 143,6; Elberfelder).

Solange wir nicht begreifen, wie wir unsere Seele mit geistlicher Nahrung füllen können, werden wir pausenlos versuchen, diesen Schmerz mit flüchtigen Genüssen zu betäuben.

In der Tat, unsere Seele verzehrt sich nach etwas, das ihr fehlt. Und solange wir nicht begreifen, wie wir unsere Seele mit geistlicher Nahrung füllen können, werden wir pausenlos versuchen, diesen Schmerz mit flüchtigen Genüssen zu betäuben.

Man kann diese Reaktion auch als „Frustessen" bezeichnen:

Mein Freund hat mit mir Schluss gemacht. Ich brauche jetzt unbedingt ein Eis.

Der große Geschäftsabschluss kommt nicht zustande. Ich hätte gern eine Riesenportion Tortellini mit Sahnesoße, bitte.

Ich finde mich nicht hübsch. Mithilfe von Schokolade kann ich das besser verkraften.

Meine Kinder treiben mich noch in den Wahnsinn. Nach so viel Stress habe ich wirklich ein Stück Kuchen verdient – nein, sogar drei.

Ich hasse es, meine Wohnung zu putzen. Wenn ich damit fertig bin, werde ich mir eine ganze Tüte dieser unglaublich leckeren Chips gönnen.

Ich habe heute Geburtstag, doch das scheint niemanden zu kümmern. Also werde ich mal so richtig schlemmen – heute ist das schließlich erlaubt, oder nicht?

Paradoxerweise erlebe ich selbst gerade etwas Ähnliches, während ich diese Zeilen schreibe: Von Zeit zu Zeit macht mir eine Verletzung zu schaffen, die mir in der Vergangenheit zugefügt wurde. Als Kind und auch in späteren Jahren litt ich sehr darunter, dass mein leiblicher Vater mich abgelehnt hat. Und obwohl ich inzwischen weiß, dass ich ein geliebtes Kind meines himmlischen Vaters bin, kommen die Erinnerungen an diesen Schmerz manchmal wieder hoch und quälen mich von Neuem.

Wir werden im nächsten Kapitel noch ausführlicher über emotionale Leere sprechen. Vorläufig wollen wir uns jedoch auf die Argumente konzentrieren, die wir an manchen Tagen vorbringen – an

Tagen, an denen wir der Meinung sind: „Heute hast du wirklich eine süße Belohnung verdient, Lysa. Mach doch mal eine Ausnahme, und iss einen Tag lang, was und so viel du willst!"

Aber sogar die Tatsache, dass ich inzwischen mein Wunschgewicht erreicht und mir bessere Essgewohnheiten zu eigen gemacht habe, ist kein Grund dafür, nachlässig zu werden und wieder in den alten Trott zurückzufallen. Das geht nämlich oft schneller, als man denkt.

Selbstverständlich will ich hier nicht sagen, dass man sich niemals etwas Leckeres gönnen dürfte. Ganz im Gegenteil. Doch mir ist Folgendes klar geworden: Wenn das Verlangen nach einer Leckerei durch emotionale Probleme ausgelöst wird, handelt es sich dabei nicht um physischen Appetit, sondern um den Versuch der Selbstmedikation. Und diese Art von Selbstmedikation – dass wir Essen wie ein Medikament zur Heilung einer Verletzung anwenden – ist gefährlich: Sie kann uns rasch wieder in den altbekannten Teufelskreis befördern.

> Wenn das Verlangen nach einer Leckerei durch emotionale Probleme ausgelöst wird, handelt es sich dabei nicht um physischen Appetit, sondern um den Versuch der Selbstmedikation.

Natürlich hat übermäßiges Essen nicht immer seelische Ursachen. Manchmal essen wir schlichtweg zu viel, weil wir nicht genug Selbstdisziplin haben, um uns zu sagen: „Jetzt ist es aber wirklich genug." Ich finde es sehr schade, dass viele Leute in christlichen Gemeinden die Ohren verschließen, sobald dieses Thema angesprochen wird.

Was sollen wir tun?

Vor einigen Jahren habe ich das zweite Buch Mose studiert und mich über das seltsame Verhalten der Israeliten gewundert. Nach dem Auszug aus Ägypten hatten sie erlebt, wie Gott ein Wunder nach dem anderen vollbracht hatte, um ihnen zu helfen. Sobald es jedoch ums Essen ging, gerieten sie in Panik:

Bald fingen die Leute wieder an, sich über Mose und Aaron zu beschweren. Sie stöhnten: „Ach, hätte der Herr uns doch in Ägypten sterben lassen! Dort hatten wir wenigstens Fleisch zu essen und genug Brot, um satt zu werden. Ihr habt uns doch nur in diese Wüste gebracht, damit wir alle verhungern!"

Da sprach der Herr zu Mose: „Du wirst sehen: Ich lasse Brot vom Himmel für euch regnen! Die Israeliten sollen morgens losgehen und so viel einsammeln, wie sie für den Tag brauchen, mehr nicht. Denn ich will sie auf die Probe stellen und herausfinden, ob sie mir gehorchen."

2. Mose 16,2-4

Wie es scheint, wollte Gott den Speiseplan der Israeliten dazu benutzen, um sie etwas Wichtiges zu lehren: Sie sollten lernen, sich täglich neu auf Gott zu verlassen und nur von ihm abhängig zu sein.

Finden Sie es nicht erstaunlich, dass dies für uns heute noch genauso gilt? Aus der Bibel können wir lernen, dass die Geschichte sich dauernd wiederholt. Wir sollten uns also die Lehren der alttestamentlichen Berichte zu Herzen nehmen, damit wir nicht genau dieselben Fehler machen wie jene Menschen.

Ich persönlich möchte jedenfalls nicht vierzig Jahre in der Wüste umhermarschieren müssen, weil ich mich von Gott abgewandt und es versäumt habe, ihm täglich neu zu vertrauen. Wie steht es mit Ihnen? Würden Sie nicht auch lieber auf direktem Wege in das verheißene Land spazieren?

Wie wollte Gott nun dem Volk Israel beibringen, Tag für Tag in unmittelbarer Abhängigkeit von ihm zu leben?

Bei ihrem Marsch durch die Wüste versorgte Gott die Israeliten auf folgende Weise mit Proviant: Er ließ jeden Morgen exakt die Menge an Nahrung herabregnen, die sie für einen Tag benötigten. Dieses Essen wurde *Manna* genannt; ich stelle mir darunter so etwas Ähnliches wie süße Kartoffelflocken vor. Die Israeliten mussten also jeden Tag aus ihren Zelten treten und ihre Tagesration Manna vom Boden aufsammeln.

Es war verboten, sich einen Vorrat anzulegen, um auf Nummer sicher zu gehen – die Israeliten sollten sich ja täglich neu darauf verlassen, dass Gott sie mit allem Nötigen versorgen würde. Lediglich am Tag vor dem Sabbat durften sie eine doppelte Portion aufsammeln, damit sie am Ruhetag nicht arbeiten mussten.

Dieses Prinzip lässt sich auch auf unsere persönlichen Kämpfe anwenden: Gott möchte uns Tag für Tag mit allem versorgen, was wir brauchen. Ganz gleich, wonach wir uns sehnen und was wir dringend benötigen – Gott möchte unseren tiefsten Hunger stillen und das verzweifelte Rufen unseres Herzens erhören. In ihm ist alles zu finden, was wir uns je wünschen könnten.

Mit diesem Wissen im Hinterkopf wollen wir uns ein paar der Situationen, die ich weiter oben geschildert habe, noch einmal vor Augen führen:

Mein Freund hat Schluss mit mir gemacht. Anstatt einen Becher Eiscreme zu vertilgen, bitte ich Gott, in dieser Zeit der Einsamkeit mein Freund zu sein und mich zu trösten. „Herr, diese Zurückweisung tut furchtbar weh. Manchmal habe ich das Gefühl, dass die Einsamkeit mich lebendig verschlingt. Ich werde allein nicht damit fertig. Bitte sei du mir heute ganz nah und heile mich!"

Der große Geschäftsabschluss kommt nicht zustande. Anstatt zum Mittagessen eine riesige Portion Tortellini mit Sahnesoße zu bestellen, bitte ich Gott um Kraft und begnüge mich mit einem gemischten Salat. „Herr, ich bin echt frustriert und diese leckeren Tortellini wären ein super Trostpflaster. Dass dieser Deal geplatzt ist, gibt mir das Gefühl, ich hätte versagt. Es wäre so leicht, jetzt ‚Ach, was soll's?' zu denken und einfach zu schlemmen. Bitte schenk mir neue Zuversicht und den Trost, den ich jetzt so dringend brauche."

Meine Kinder treiben mich fast in den Wahnsinn. Doch anstatt drei Stück Schokoladenkuchen zu verputzen, bete ich: „Herr, ich möchte so gern eine geduldige Mutter sein. Du weißt, wie schwach ich bin, aber ich vertraue darauf, dass du mir heute genau so viel Kraft und Geduld gibst, wie ich brauche. Hilf mir doch, nicht zu übermäßigem Essen Zuflucht zu nehmen!"

Ich bitte Gott darum, mir genau das zu schenken, was ich in diesem Moment brauche.

Ganz gleich, in welcher Situation wir uns befinden – wir können Gott darum bitten, uns genau das zu schenken, was wir in diesem Moment brauchen. So werden wir eine Herausforderung nach der anderen mit Gottes Hilfe bewältigen, anstatt in unsere alten Essgewohnheiten zurückzufallen. Wir dürfen uns auf diese biblische Verheißung verlassen:

Die Güte des Herrn hat kein Ende, sein Erbarmen hört niemals auf, es ist jeden Morgen neu! Groß ist deine Treue, o Herr! Darum setze ich meine Hoffnung auf ihn, der Herr ist alles, was ich brauche.
Klagelieder 3,22-24

Die Erkenntnis, dass Gott uns mit allem versorgen wird, was wir benötigen, wird sich nicht nur auf unser Essverhalten, sondern auch auf alle anderen Lebensbereiche positiv auswirken. Für das geistliche Wachstum der Israeliten war es entscheidend, ob sie bereit waren, sich täglich neu auf Gott zu verlassen, und für uns gilt genau dasselbe. Gott bringt klar und deutlich zum Ausdruck, wie unsere innere Einstellung aussehen soll:

Du sollst keine anderen Götter neben mir haben, wie sie bei fremden Völkern verehrt werden – bete solche Götzen nicht an! Denn ich bin der Herr, dein Gott, ich habe dich aus Ägypten herausgebracht. Von mir sollst du alles erwarten, und ich werde dir geben, was du brauchst!
Psalm 81,10-11

Nichts auf dieser Welt – auch nicht das köstlichste Essen, Alkohol, Drogen, Sex oder materieller Luxus – kann uns so erfüllen wie Gott. Nichts anderes kann uns wirklich zufriedenstellen, weil außer ihm nichts vollkommen ist.

Glauben Sie mir: Ich will Ihnen hier nicht etwas weismachen, von dem ich selber nicht im tiefsten Grunde meines Herzens überzeugt wäre. Nein, ich kann aus eigener Erfahrung sagen: „Er hat die durstende Seele gesättigt, die hungernde Seele mit Gutem erfüllt" (Psalm 107,9; Elberfelder).

Konkret auf den Punkt gebracht

1. Gibt es in Ihrer Kirchengemeinde oder in Ihrem christlichen Umfeld irgendwelche stillschweigenden Übereinkünfte in Bezug auf Essen oder Alkohol? Hilft Ihnen diese Auffassung auf Ihrem Weg zu einer gesünderen Ernährung oder ist sie eher ein Hemmschuh?

2. „Übermäßiges Essen, übermäßiger Alkoholgenuss und außereheliche sexuelle Beziehungen – all das sind im Grunde verzweifelte Versuche, das Rufen unserer hungrigen Seele zum Schweigen zu bringen." Haben Sie schon einmal im Übermaß gegessen, um Ihrer Seele etwas Gutes zu tun? Inwiefern hilft Ihnen die Erkenntnis, dass es sich in solchen Fällen häufig nicht um physischen Hunger handelt? Welche Ihrer Verhaltensweisen würden Sie gerne ändern?

3. Wenn man Ihre Seele mit einem gierigen, alles verschlingenden Staubsauger vergleichen würde, was hat sie dann im Laufe der letzten Jahre in sich aufgesogen?

4. Anhand der Geschichte aus dem 2. Buch Mose haben wir gesehen, dass Gott seinem Volk beibringen wollte, völlig von ihm abhängig zu sein. Er tat dies, indem er es täglich mit genau

der richtigen Menge Manna versorgte. Inwiefern kann diese Geschichte Ihnen Mut machen? Sind Sie es gewohnt, jeden Tag im Vertrauen auf Gott zu leben und alles von ihm zu erwarten? Nach welchem „Manna" von Gott sehnen Sie sich am meisten?

5. Gab es Zeiten in Ihrem Leben, in denen Sie in irgendeiner Hinsicht Not gelitten haben? Denken Sie, dass diese Erfahrung Sie daran hindert, darauf zu vertrauen, dass Gott Sie in Ihrem Kampf um bessere Essgewohnheiten unterstützen wird?

6. „Denn er hat die durstende Seele gesättigt, die hungernde Seele mit Gutem erfüllt" (Psalm 107,9; Elberfelder). Wie fassen Sie diese Verheißung auf? Wenn Sie Gott um eine Sache bitten könnten, durch die Sie Ihrer Meinung nach echte, tiefe Erfüllung finden könnten, was wäre das?

Emotionale Leere

14.

Weshalb haben wir Übergewicht? Weil wir uns ungesund ernähren und mehr Kalorien zu uns nehmen, als wir verbrauchen. Wenn die Energiezufuhr größer ist als der Energieverbrauch, wird der Überschuss in Fett verwandelt und im Körper eingelagert.

Wenn wir abnehmen wollen, brauchen wir also nur eine einfache mathematische Gleichung aufzustellen: Wir müssen mehr Kalorien verbrennen, als wir konsumieren, damit unser überflüssiges Fett verbrannt wird.

So einleuchtend sich das anhört, so schwierig ist es, dies in die Praxis umzusetzen. Denn ein Mensch lässt sich nicht auf eine mathematische Gleichung reduzieren. Falsche Essgewohnheiten haben gewöhnlich nicht nur körperliche, sondern auch seelische Ursachen.

Ich persönlich kann mich an Zeiten erinnern, in denen ich eine große emotionale Leere empfunden habe. Ausgelöst wurde dies durch die Abwesenheit meines leiblichen Vaters. Ich hatte das Gefühl, man hätte ihn auf allen unseren Familienfotos mit einer Schere ausgeschnitten, sodass überall eine Lücke entstanden war.

Und diese leere Stelle fand sich auch in meinem Herzen wieder – nur war sie viel tiefer und größer als das Loch in den Fotos.

Durch den Verlust meines Vaters wurde mir so viel genommen: Seine Augen, mit denen er liebevoll auf uns Kinder blicken sollte.

Seine Hände, mit denen er arbeiten sollte, um uns zu ernähren.

Seine Füße, mit denen er mit mir durch die Wohnung tanzen sollte.

Seine Stimme, mit der er mir erklären sollte, warum mein Hamster gestorben war und warum Jungs einem Mädchen das Herz brechen können.

Bei seinem Auszug nahm mein Vater viel mehr mit, als er dachte: Die wenigen Koffer und Kisten enthielten nicht nur Unterwäsche, Krawatten und Bücher, sondern irgendwo zwischen seinem Aftershave und seinen Aktenordnern lagen auch die Trümmer eines kleinen Mädchenherzens verstreut.

Verstehen Sie mich nun bitte nicht falsch: Ich halte es nicht für richtig, sich dauernd damit zu entschuldigen, dass man in seiner Kindheit verletzt worden ist. Jeder Mensch ist irgendwann mal verletzt worden. Und jeder hat die Wahl, ob er diese Verletzungen wie einen Klotz am Bein weiter mit sich herumschleppen will oder ob er zulassen will, dass solche Fesseln durch Vergebung gelöst werden.

Für mich persönlich hatte der Verlust meines Vaters jedoch zur Folge, dass ich einige ungesunde Gewohnheiten entwickelte. Ich fühlte mich innerlich leer und suchte nach etwas, das mich ausfüllen würde. Da mein Herz nicht wusste, wie es dies anstellen sollte, sprang mein Magen ein. Und es dauerte tatsächlich nicht lange, bis er eine Lösung gefunden hatte: Essen.

Dieser Trost war jederzeit verfügbar, sodass sich bald ein festes Muster herauskristallisierte: Sobald ich eine emotionale Leere empfand, übernahm mein Magen die Führung und verlangte, dass ich ihn füllte.

Den Zusammenhang zwischen meinen Essgewohnheiten und dieser inneren Leere begriff ich allerdings erst richtig, nachdem ich Gott gebeten hatte, mich innerlich aufzurütteln. Da wurde mir bewusst, dass sich mein Verhalten in gewisser Weise auf den Schock zurückführen ließ, den ich als kleines Mädchen erlebt hatte. Es war furchtbar gewesen, beim Heimkommen von der Schule hören zu müssen: „Dein Papa ist nicht mehr da. Er hat uns verlassen."

Diese Erfahrung hat mich ungeheuer belastet und alle positiven Erinnerungen an meinen Vater ausgelöscht. Lange Zeit hatte ich das Gefühl, er habe mich nie geliebt.

Ob das nun stimmte oder nicht – die negativen Gedanken über meinen Vater erfüllten mein Herz mit tiefer Traurigkeit. Und obwohl ich mich von Jesus berühren ließ und meine Seele mit Gottes guten Gedanken füllte, war ein Teil von mir äußerst niedergeschlagen, sobald ich an meinen Vater dachte.

Manchmal konnte ich diesen Kummer rasch wieder abschütteln, indem ich mir meine neue Identität in Jesus Christus vor Augen führte. Doch manchmal überwogen Zorn, Unzufriedenheit und Hunger.

Ich glaubte jahrelang, ich würde bei dem Gedanken an meinen Vater nie etwas anderes als Traurigkeit empfinden können.

Zwar hatte ich mich schon mehrmals um einen Kontakt zu ihm bemüht, doch es war nie zu einer Versöhnung gekommen. Ich hatte kein Happy End erlebt, bei dem er plötzlich vor meiner Tür gestanden und gesagt hätte: „Es tut mir so leid, Lysa. Verzeih mir bitte!" Es gab auch keinen Brief, der auf mysteriöse Weise verloren gegangen war und mir nun versicherte, dass mein Vater mich immer geliebt hatte. Mein Leben nahm keine unerwartete Wendung, auf die die Worte folgten: „Und sie lebten glücklich bis an ihr Ende!"

Nichts von alledem. Nur eine unverheilte Verletzung und dieses nagende Gefühl, mein Vater sei womöglich fortgegangen, weil seine kleine Tochter nicht so gewesen war, wie er es sich gewünscht hatte. Diese Last kann ein kleines Mädchen – und sogar eine erwachsene Frau – fast erdrücken.

Eines Tages überraschte mich Gott jedoch auf ganz besondere Weise. Wie schon erwähnt, hatte ich ihn darum gebeten, mich innerlich aufzurütteln. Ich hatte ihn aufgefordert, mir alle Bereiche meines Herzens zu zeigen, in denen Veränderung nötig war.

Obwohl ich immer noch keinen Kontakt zu meinem Vater hatte, stieg plötzlich eine schöne Erinnerung in mir auf, die meine Perspektive komplett veränderte. Das geschah im vergangenen Winter, als ich mit meinem Mann nach Vermont reiste.

Eines Morgens wunderten wir uns beim Aufwachen darüber, was der nächtliche Schneesturm angerichtet hatte. Nie zuvor hatte ich so viel Schnee gesehen! Was mir jedoch wirklich den Atem verschlug, waren die riesigen Eiszapfen, die von der Dachrinne herabhingen. Sie sahen einfach fantastisch aus.

Während ich sie staunend bewunderte, durchzuckte mich plötzlich eine Erinnerung an meinen Vater.

Ich bin in Florida aufgewachsen, wo es normalerweise nie schneit. Trotzdem habe ich als kleines Mädchen inständig für Schnee gebetet. Für Gott war es doch eine Kleinigkeit, die himmlischen Lagerhäuser, in denen der Schnee aufbewahrt wurde, zu öffnen und diese Pracht über Florida auszuschütten, oder etwa nicht?

Eines Abends wurde es sehr kalt, und in den Nachrichten wurde Frost angesagt, was für unsere Gegend sehr ungewöhnlich war. Da es jedoch keinen Niederschlag geben sollte, war auch kein Schnee zu erwarten. Das brach mir fast mein kleines Schneehäschenherz.

Als ich am nächsten Morgen aufwachte, traute ich allerdings kaum meinen Augen: Überall hingen Eiszapfen! Alle Pflanzen unseres Gartens waren mit Eiskristallen bedeckt, die wunderbar schimmerten und funkelten. Es war märchenhaft.

Wir waren das einzige Haus in der Nachbarschaft, das eine solche winterliche Pracht aufwies. Denn nur mein Vater war auf die Idee gekommen, in dieser frostigen Nacht die Sprinkleranlage anzuschalten, um seiner Tochter dadurch eine Freude zu bereiten.

Ich habe keine Ahnung, in welchen Winkel meines Herzens ich diese Erinnerung all die Jahre über verdrängt habe. Aber ich freue mich riesig, dass sie wieder aufgetaucht ist! Denn dieses Erlebnis ist der Beweis dafür, dass mein Vater mich doch auf irgendeine Weise geliebt hat.

Natürlich löst diese Erinnerung nicht all die Probleme, die der Verlust meines Vaters in meinem Leben verursacht hat. Aber sie ermöglicht es mir, in Bezug auf ihn tatsächlich einige positive Gedanken zu hegen. Die Bibel fordert uns nämlich auf, hauptsächlich über solche Dinge nachzudenken, die uns ermutigen:

„Übrigens, Brüder, alles, was wahr, alles, was ehrbar, alles, was gerecht, alles, was rein, alles, was liebenswert, alles, was wohllautend ist, wenn es irgendeine Tugend und wenn es irgendein Lob gibt, das erwägt!" (Philipper 4,8; Elberfelder). Anstatt bei negativen Erfahrungen stehen zu bleiben, sollten wir unsere Gedanken also an einem besseren Platz parken.

Von Natur aus neigen wir dazu, dauernd über erfahrenes Unrecht nachzugrübeln – wir beschäftigen uns unaufhörlich mit dem, was uns verletzt und wütend macht. Dadurch vergrößert sich jedoch unsere emotionale Leere, und schließlich versinken wir in Selbstmitleid. Dies wiederum verleitet uns dazu, uns mit kalorienreichen Leckereien zu trösten.

Und schon sind wir wieder in diesen Teufelskreis geraten, der uns nur allzu vertraut ist.

Wie oft hatte ich mich an diesem Punkt befunden: Mein Magen war übervoll, doch mein Herz war leer. Gleichzeitig spürte ich eine ungeheure Wut auf meinen Vater, weil sein Verhalten mich nach all den Jahren immer noch so sehr verletzte.

Wenn wir uns unaufhörlich mit dem beschäftigen, was uns verletzt und wütend macht, vergrößert sich unsere emotionale Leere.

Durch die Erinnerung an jenes winterliche Paradies hat Gott mir jedoch tatsächlich einen neuen Platz gezeigt, an dem ich meine Gedanken parken kann. Nun brauche ich nicht mehr zu Schokolade zu greifen, sondern kann stattdessen über etwas Wahres, Ehrbares und Liebenswertes nachdenken.

Wie steht es mit Ihnen? Haben Sie ebenfalls schmerzhafte Erfahrungen gemacht, die zu einer emotionalen Leere geführt haben? Meinen Sie, es könnte vielleicht irgendeinen positiven

Aspekt geben, den Sie sich – als ersten Schritt in Richtung Heilung – vor Augen führen könnten?

Falls Ihnen absolut nichts einfällt, dann bitten Sie Gott, Ihnen einen Platz zu zeigen, an dem Sie Ihre Gedanken parken können. Versuchen Sie, die Empfehlung des Apostels Paulus Wort für Wort auf Ihre eigene Situation anzuwenden – so wie ich es im Hinblick auf meinen Vater getan habe:

Was wahr ist: Mein Vater war ein Mensch, der mit sich selbst nicht zurechtkam. Nur aus diesem Grund hat er seine Familie im Stich gelassen. Diese Entscheidung spiegelte seine eigenen Probleme wider und hatte nichts mit mir zu tun. Allerdings gab es zumindest *eine* Gelegenheit, bei der er aus Liebe zu mir handelte, und zwar an jenem Abend, als er die Sprinkleranlage einschaltete.

Was ehrbar ist: Ich brauche mich nicht zu schämen, weil ich aus einer zerrütteten Familie stamme. Sondern ich darf mich darüber freuen, dass ich eine Tochter des Königs aller Könige bin, der versprochen hat, mich nie zu verlassen.

Auch an jenem frostigen Abend war Gott mir nahe. Obwohl mein Vater sich selbst als Atheist bezeichnete, bin ich davon überzeugt, dass Jesus in jener Nacht durch seine harte Schale hindurchdrang und ihn berührte. Vielleicht hat mein Vater Jesus noch nicht als seinen persönlichen Herrn angenommen, doch an jenem Abend verspürte er sicherlich eine leise Ahnung davon, wie wunderbar Liebe sein kann. Ich hoffe, dass er es nie vergisst.

Was gerecht ist: Alles, was in unserem Leben gerecht und gut ist, trägt Gottes Fingerabdrücke. Ich lächle jedes Mal in mich hinein, wenn ich mir vorstelle, dass auf jener rostigen alten Sprinkleranlage die Fingerabdrücke von zwei verschiedenen Personen zu finden waren: Mein leiblicher Vater baute die Anlage auf und schaltete sie ein, und mein himmlischer Vater sorgte dafür, dass die Anlage genau richtig positioniert war, damit sich an den Bäumen Eiszapfen bilden konnten.

Was rein ist: Mitten durch die Dunkelheit, die meinen Vater einzuhüllen schien, drang ein Lichtstrahl der Selbstlosigkeit. Dadurch zeigte sich, dass Gott auch in seinem Herzen am Werk war. Der allmächtige Gott kann Dunkelheit in Licht verwandeln, etwas Zerstörtes wiederaufbauen und unser von Sünde verschmutztes Leben vollständig reinigen.

Was liebenswert ist: Gott wird in der Bibel mit einem Töpfer verglichen, denn er kann aus einem unscheinbaren Ausgangsstoff etwas Wunderschönes machen: Aus dem Staub der Erde hat er den Menschen geformt. Gott ist liebenswert und er schafft liebenswerte Dinge. An jenem Abend scheint er meinen Vater mit dieser Eigenschaft angesteckt zu haben, sonst wäre mein Vater wohl kaum auf die Idee gekommen, unseren Garten in ein winterliches Paradies zu verwandeln.

Alles, was wohllautend ist, wenn es irgendeine Tugend und wenn es irgendein Lob gibt: Mir fallen keine weiteren Tugenden meines Vaters ein, und ich kann mir nicht vorstellen, dass er noch für irgendetwas anderes Lob verdienen würde. Aber vielleicht liege ich an diesem Punkt falsch. Vielleicht hat der Verlust meines Vaters dazu geführt, dass ich noch weitere schöne Erlebnisse mit ihm verdrängt habe. Doch zum Glück hat mein himmlischer Vater die Scherben meines zerbrochenen Herzens aufgesammelt und es liebevoll wieder gekittet.

Mein ganzes Leben gleicht einem Mosaik, das Gott Stück für Stück zusammengefügt hat. Ich wäre heute nicht die Person, die ich bin, wenn ich in meiner Kindheit nicht von meinem Vater verletzt worden wäre. Natürlich hätte ich auf diesen Teil des Mosaiks lieber verzichtet, doch Gott hat in seiner großen Güte direkt neben die Scherbe des Kummers einen wunderhübschen Stein gesetzt, der wie ein Eiszapfen geformt ist.

Auf diese Weise hat er es mir ermöglicht, meine Gedanken an einem besseren Platz zu parken. Ich brauche nicht länger Zuflucht zu Leckereien zu nehmen, um diesen Kummer zu bewältigen.

Irgendwann sollten wir begreifen, was sich hinter unseren Essgewohnheiten verbirgt und sie letztendlich verursacht hat.

Wir sollten uns eingestehen, dass wir eine emotionale Leere empfinden, und nicht länger versuchen, dieses Defizit durch Essen zu kompensieren. Natürlich ist der Prozess, den ich oben beschrieben habe, nur der erste Schritt auf einem langen Weg. Sich mit den Verletzungen unserer Seele zu befassen, ist so ähnlich, wie eine Zwiebel zu schälen: Nachdem wir die erste Schicht abgelöst haben, kommt darunter gleich die nächste zum Vorschein.

Wir sollten uns eingestehen, dass wir eine emotionale Leere empfinden, und nicht länger versuchen, dieses Defizit durch Essen zu kompensieren.

Scheuen Sie sich deshalb nicht, die Hilfe eines Therapeuten oder Seelsorgers in Anspruch zu nehmen. Der Pastor Ihrer Kirchengemeinde kann Ihnen sicherlich geeignete Personen empfehlen. Ich selbst wäre nicht an den Punkt gelangt, an dem ich heute bin, wenn ich nicht in bestimmten Phasen meines Lebens von Fachleuten unterstützt worden wäre.

Doch es ist ein guter Anfang, wenn wir aus dem Chaos unseres Lebens eine schöne Erinnerung zutage fördern. Etwas, das wahr, ehrbar und liebenswert ist.

Solltest du je diese Worte lesen, Papa, dann erinnere dich bitte an jene frostige Nacht, in der für mich ein Märchen wahr wurde. Dieses Erlebnis verbindet uns beide, ganz gleich, wie weit wir voneinander entfernt sein mögen.

Und darüber freue ich mich von ganzem Herzen.

Konkret auf den Punkt gebracht

1. „Sobald ich eine emotionale Leere empfand, übernahm mein Magen die Führung und verlangte, dass ich ihn füllte." Kommt Ihnen dieses Verhaltensmuster irgendwie bekannt vor? Denken Sie, dass Sie zwischen ganz normalem Hunger und einem Hunger, der eine seelische Ursache hat, unterscheiden können? Wenn ja, worin besteht der Unterschied?

2. Wir haben gesehen, wie wir anhand von Philipper 4,8 lernen können, unsere Gedanken an einem besseren Platz zu parken. Rufen Sie sich eine schmerzvolle Erfahrung in Ihrer Vergangenheit ins Gedächtnis und gehen Sie folgende Liste durch. Gibt es einen Aspekt, der sich mit diesen Worten bezeichnen ließe?

- Was wahr ist ...
- Was ehrbar ist ...
- Was gerecht ist ...
- Was rein ist ...
- Was liebenswert ist ...
- Alles, was wohllautend ist, wenn es irgendeine Tugend und wenn es irgendein Lob gibt ...

3. Ein Mosaik ist ein Kunstwerk, das aus Hunderten oder Tausenden winziger Teile besteht. Können Sie sich vorstellen, dass Gott aus den Scherben und Trümmern Ihres Lebens etwas Wunderschönes formen möchte? Wenn Sie es sich aussuchen könnten, was genau sollte dieses Kunstwerk darstellen?

Raus aus der Gefahrenzone!

15.

In den letzten Kapiteln haben wir darüber nachgedacht, wie wir unsere alten Denkmuster durch Gottes Wahrheit ersetzen können.

Vielleicht bin ich ja die einzige Frau, die ständig nach Gründen sucht, weshalb sie sich heute – nur heute! – ausnahmsweise mal nicht an ihren Ernährungsplan zu halten braucht. Oder vielleicht doch nicht? Jedenfalls haben wir uns bisher noch nicht mit einem meiner Lieblingsargumente beschäftigt: „Solange mich niemand essen sieht, kann mir dieses Zeug auch nicht schaden."

Das ist natürlich völliger Unsinn. Tatsache ist jedoch, dass unser Ernährungsplan von kaum einer anderen Sache so sehr sabotiert wird wie von heimlichem Naschen.

Aus diesem Grund lasse ich mich inzwischen gar nicht mehr auf eine Diskussion mit mir selbst ein, sondern fliehe aus der Gefahrenzone, sobald mir dieser Gedanke durch den Kopf schießt. Ich kehre der Versuchung so schnell wie möglich den Rücken.

Wir dürfen nicht vergessen, dass unser Kampf nicht nur auf körperlicher und mentaler Ebene stattfindet, sondern auch im geistlichen Bereich. Und Satan hat großes Interesse daran, dass wir manches im Verborgenen tun. Auf diese Weise bieten wir ihm mehr Angriffsfläche – wir öffnen ihm quasi die Tür, sodass er uns gezielt attackieren kann.

Der Apostel Paulus fordert uns auf: „Werdet stark, weil ihr mit dem Herrn verbunden seid! Lasst euch mit seiner Macht und Stärke erfüllen! Greift zu all den Waffen, die Gott für euch bereithält, zieht seine Rüstung an! Dann könnt ihr alle heimtückischen Anschläge des Teufels abwehren" (Epheser 6,10-11).

Pastor und Autor Chip Ingram beschreibt Satans Anschläge wie folgt:

> Sie zielen darauf ab, uns in die Irre zu führen und von Gott wegzuziehen. Satan möchte unser Herz mit Halbwahrheiten und Lügen füllen und uns dazu verleiten, etwas Gutes zum falschen Zeitpunkt, auf die falsche Weise oder am falschen Ort zu tun. Der Begriff „Strategie" geht auf ein griechisches Wort zurück, das in Epheser 6 vorkommt und hier mit „heimtückische Anschläge" übersetzt wird.
>
> Das heißt, dass unsere Versuchungen nicht willkürlich sind. Es ist kein Zufall, dass wir manchmal förmlich dazu gedrängt werden, die Dinge von einer falschen Warte aus zu betrachten. Die Lügen, die wir hören, die Konflikte, in die wir geraten, das Verlangen, das uns verzehrt, wenn wir ohnehin schon schwach und verwundbar sind – all das ist Teil eines Plans, uns zu Opfern eines unsichtba-

Unser Kampf findet nicht nur auf körperlicher und mentaler Ebene statt, sondern auch im geistlichen Bereich.

ren Krieges zu machen. Mit allen Mitteln will Satan die Menschen außer Gefecht setzen, die Gott mit seiner überwältigenden Kraft erfüllt hat.[7]

Ist Ihnen auch aufgefallen, was mir an diesem Text sofort ins Auge gesprungen ist: das Verlangen, das uns verzehrt, wenn wir ohnehin schon schwach und verwundbar sind? Vor einigen Tagen habe ich am eigenen Leib erlebt, was das bedeutet.

Ich hatte einen anstrengenden Tag hinter mir und beschloss, auf dem Heimweg noch einen Abstecher zu einem meiner Lieblingsrestaurants zu machen und ein Gericht zum Mitnehmen zu bestellen. Nachdem ich mich für gegrillten Fisch mit Brokkoli entschieden hatte, marschierte ich zufrieden zur Kasse. Im Stillen gratulierte ich mir zu meiner Selbstdisziplin.

Da geschah es: Mein Blick fiel auf ein riesiges Plakat über der Kasse. Darauf war das Sonderangebot der Woche abgebildet: knusprige Nachos mit Salsa-Soße. Ich schaute wie gebannt darauf, während sich die junge Frau hinter dem Tresen erkundigte, ob ich eine Plastikgabel benötigte.

Äußerlich blieb ich stumm, doch in meinem Kopf ertönte eine laute Stimme: *Halt, halt – ich habe das Falsche bestellt! Ich will unbedingt diese Nachos haben, die so unglaublich lecker aussehen! Ich habe schon so lange nichts Frittiertes, wunderbar Knuspriges, stark Gesalzenes mehr gegessen! Vergessen Sie den Fisch und das Gemüse und geben Sie mir stattdessen eine Riesenportion Nachos!*

Ich war drauf und dran, die alten Argumente auszupacken: *Heute war ein harter Tag und ich habe doch schon so lange durchgehalten. Niemand wird es je erfahren. Und in diesem Fall spielt es doch keine Rolle, wenn ich schwach werde, oder? Es handelt*

sich ja nur um eine einzige Portion Nachos mit Salsa-Soße. Da ich
mich sonst immer so gesund ernähre, kann diese Ausnahme doch
unmöglich schaden, oder? Wenn ich mir diesen Genuss gegönnt
habe, werde ich mich die nächsten Tage wieder ganz strikt an mei-
nen Plan halten.

Beinahe hätte ich nachgegeben und die Nachos bestellt. Doch
da zupfte mich jemand am Ärmel: die Wahrheit.

Mehrere Bibelstellen, die ich in diesem Buch schon erwähnt
habe, kamen mir in den Sinn. Sie kämpften gegen die Versuchung; sie wollten mich dazu bringen, standhaft zu bleiben.

Ich hatte die Frage der jungen Frau immer noch nicht beantwortet, weil ich innerlich hin- und herge-
rissen war. Dann ging mir plötzlich ein
Licht auf und ich erkannte: Es lag an *mir*
zu entscheiden, welche Seite gewann. Die
Versuchung konnte nur Macht über mich
gewinnen, wenn ich es zuließ.

Ich musste mich
von der Quelle der
Versuchung abwenden,
und zwar sofort.

Der eigentliche Triumph bestand darin, mir einzugestehen,
dass ich noch nicht über die nötige Selbstbeherrschung verfügte,
um mit wenigen Nachos auszukommen. Dieses Stadium der
Freiheit hatte ich noch nicht erreicht.

Also musste ich schnellstmöglich den Rückzug antreten. Ich
musste mich von der Quelle der Versuchung abwenden, und
zwar sofort.

Mein leerer Blick verwandelte sich in einen Ausdruck der Entschlossenheit, als ich erwiderte: „Ja, bitte, geben Sie mir eine Plastikgabel."

Bestimmt verdrehte die junge Frau die Augen, während sie
sich umwandte und nach dem Besteck griff. Wer, um alles in der

Welt, braucht so lange, um sich zu entscheiden, ob er mit den Fingern oder mit einer Gabel essen will?

Doch ich beachtete sie nicht weiter, sondern konzentrierte mich darauf, geradewegs zur Tür hinauszumarschieren. Auf dem Heimweg kam mir ein Vers aus den Psalmen in den Sinn: „Sie gierten voller Begierde in der Wüste, versuchten Gott in der Einöde" (Psalm 106,14). Ich hielt mir das abschreckende Beispiel der Israeliten vor Augen, bis ich zu Hause angekommen war – weit weg von dem verlockenden Poster.

Als ich dann den gegrillten Fisch und das Gemüse verzehrte, merkte ich, dass ich überhaupt kein Verlangen mehr nach Nachos mit Salsa-Soße verspürte. Nicht das geringste. Ich war zufrieden mit meiner Entscheidung – Fisch und Brokkoli schmeckten prima. Wie war das möglich?

In dem Zitat aus den Psalmen ist von der Wüste die Rede und die Wüste ist ein Ort der Entbehrung. Sobald wir angeschlagen und erschöpft sind, werden wir anfälliger für Versuchungen.

Ich war wirklich hungrig, als ich das Restaurant betrat, sodass kalorienreiche Köstlichkeiten noch verlockender wirkten als sonst. Ich war müde und erschöpft und hatte etwas vor Augen, das mir sofort neuen Auftrieb gegeben hätte. Mit diesen Worten lässt sich eine Gefahrenzone beschreiben.

Innerhalb einer Gefahrenzone klingen die Argumente des Feindes plötzlich sehr einleuchtend. Es duftet so verführerisch, und das Essen sieht so lecker aus, dass mir schon das Wasser im Mund zusammenläuft. Jedes einzelne Detail dieser Szene zielt darauf ab, dass ich einknicke. Es gab nur eine Möglichkeit, dies zu verhindern: Ich musste mir Gottes Wahrheit ins Gedächtnis rufen, mir schnell mein gesundes Essen schnappen und fliehen. Buchstäblich fliehen.

Anstatt weiter darüber nachzudenken, was ich *nicht* haben konnte, musste ich mir vor Augen führen, was ich haben durfte: Gott hatte mich mit Essen versorgt, das meinem Körper Kraft geben würde. Gegrillter Fisch und Gemüse waren gesund und schmeckten lecker und ich wollte dankbar dafür sein. Wir sollten die Grenzen schätzen, die uns unser Ernährungsplan setzt, anstatt uns ständig gegen sie aufzulehnen. Diese Eckpunkte definieren unsere Freiheit und ermöglichen es uns, gesundes Essen zu genießen. Es ist keine schreckliche Einschränkung, wenn wir uns eine Zeit lang solche Dinge wie Nachos mit Salsa-Soße versagen. Da es eine gewisse Zeit dauert, bis wir genug Reife und Selbstdisziplin entwickelt haben, um mit einer größeren Freiheit richtig umgehen zu können, brauchen wir manche Grenzen zu unserem Schutz. Gott stellt Regeln auf, weil er um uns besorgt ist – und nicht, weil er uns davon abhalten will, das Leben zu genießen.

Diese Lektion habe ich durch ein Erlebnis mit meinem Hund gelernt. Die süße kleine Chelsea ist nicht gerade die Hellste. In unserem umzäunten Garten hat sie jede Menge Platz, um herumzurennen und zu spielen. Aber sie ist von der Idee besessen, sich auf die Reifen der Autos zu stürzen, die in unsere Einfahrt biegen. Und so kam es zu einem Unfall, als ich gerade begonnen hatte, meine Ernährung umzustellen.

Ich weinte wie ein Kind, als ich sie sah. Doch abgesehen von einer gebrochenen Vorderpfote, einer arg zerschrammten Hinterpfote sowie einer verletzten Nase war sie in Ordnung. Ein Glück!

Der Tierarzt erklärte uns, wir müssten dafür sorgen, dass sie in den folgenden drei Wochen nicht herumrannte. Ich erkundigte mich, ob er uns Beruhigungstabletten für sie geben könne, von denen ich auch gleich ein paar nehmen würde. Denn allein schon der Gedanke, meinen Hund drei Wochen lang am Herumtoben hindern zu müssen, bereitete mir Kopfschmerzen. Das süße Tier konnte ja nur mit Mühe drei Minuten lang still sitzen – wie sollte es das drei Wochen lang schaffen?

Zwei Wochen später hatte Chelsea jedenfalls endgültig die Nase voll und beschloss mitten in der Nacht, dies durch Winseln, Heulen und heftiges Kratzen an der Badezimmertür kundzutun. Sie wollte raus, und zwar sofort. Sie wollte herumrennen und sich auf die Jagd nach irgendwelchen nachtaktiven Kreaturen begeben.

Mir blutete das Herz, weil ich es ihr so sehr gegönnt hätte, sich endlich einmal wieder richtig zu bewegen. Doch aus Liebe zu ihr musste ich sie daran hindern, dass sie sich selbst Schaden zufügte. In ihrem momentanen geschwächten Zustand konnte sie die Freiheit, nach der sie sich sehnte, noch nicht verkraften.

Gott stellt Regeln auf, weil er um uns besorgt ist – und nicht, weil er uns davon abhalten will, das Leben zu genießen.

Während ich mich schlaflos im Bett herumwälzte, wurde mir plötzlich bewusst, dass dasselbe auch für mich galt: Ich war ebenfalls noch nicht imstande, mit absoluter Freiheit in Bezug auf meine Ernährung umzugehen.

Noch nicht.

Irgendwann würde ich mir manche Dinge, auf die ich früher so versessen gewesen war, in kleinen Mengen wieder genehmigen dürfen. Aber bis es so weit war, musste ich noch ein wenig Geduld haben.

Immerhin hatte ich mir selber jahrelang durch meine Essgewohnheiten geschadet. Dass ich nicht aus eigener Kraft gegen sie ankämpfen konnte, hatte ich bewiesen, indem ich Gott mit Tränen in den Augen angefleht hatte, mir eine magische Fettverbrennungspille zu verschaffen. Das waren nicht gerade die glorreichsten Momente meines Lebens, das kann ich Ihnen versichern.

Doch gerade weil meine Probleme rund ums Essen so tief reichten, brauchte es auch eine gewisse Zeit, bis sich mein neuer Lebensstil fest verankert hatte. In diesem Prozess half es mir, mich immer wieder an Folgendes zu erinnern:

- Gott hat mir die Macht gegeben, gute Entscheidungen in Sachen Ernährung zu treffen. Es liegt an *mir*, mich zu entscheiden, deshalb verzichte ich bewusst auf alles, was nicht in meinem Ernährungsplan steht.
- Ich bin zu Höherem bestimmt – nicht dazu, in einem Teufelskreis gefangen zu sein. Sondern ich wurde dazu geschaffen, auf ganzer Linie zu siegen.
- Wenn ich in Versuchung gerate und einen faulen Kompromiss in Erwägung ziehe, will ich mich fragen: „Das fühlt sich jetzt zwar gut an, aber wie wird mir wohl morgen früh zumute sein, wenn ich daran denke?"
- Wenn die Versuchung überwältigend erscheint, lautet die Devise: „So schnell wie möglich raus aus der Gefahrenzone!"
- Es gibt eine Möglichkeit, Feiern und besondere Gelegenheiten zu genießen, ohne meinen gesunden Ernährungsplan über den Haufen zu werfen.

- Mein Kampf rund ums Essen ist keine Strafe Gottes. Meine Gewichtsprobleme sind vielmehr ein Zeichen dafür, dass in meinem Leben Veränderungen nötig sind, damit mein Körper besser funktioniert und ich mich wohlfühle.
- Meine momentanen Grenzen sind keine schlimme Einschränkung, sondern sie definieren meine momentane Freiheit. Eine größere Freiheit kann ich vorläufig noch nicht verkraften. Das habe ich eingesehen und akzeptiert.

Der Kampf, den wir durchzustehen haben, ist hart, das lässt sich nicht leugnen. In unserem Kopf findet eine Schlacht nach der anderen statt, während wir vor einem Gemeindebüfett voller überbackener Köstlichkeiten oder an einer Kasse mit einem verlockenden Poster stehen. Deshalb bete ich, dass Sie ebenfalls zu dem Schluss gelangen, dass manche Grenzen zu unserem eigenen Schutz dienen.

Ich wünsche mir so sehr, dass Sie und ich und alle unsere Leidensgenossinnen uns nicht zu früh geschlagen geben. Lassen Sie uns zusammenstehen, ehrlich zu uns selbst sein und die Waffen ergreifen, die Gott uns durch sein Wort zur Verfügung stellt. In der Kraft Gottes, die unsere eigenen Möglichkeiten bei Weitem übersteigt, können wir siegen.

Konkret auf den Punkt gebracht

1. Herzlichen Glückwunsch! Sie wurden ausgewählt, an einer Realityshow im Fernsehen teilzunehmen. Inwiefern würde sich Ihr Essverhalten ändern, wenn Sie wüssten, dass überall

in Ihrem Haus, in Ihrem Wagen und an Ihrem Arbeitsplatz versteckte Kameras platziert wurden? Hätte die Tatsache, dass Sie ständig unter Beobachtung stehen, starken oder nur geringen Einfluss auf Ihre Entscheidungen?

2. Wir haben gesehen, dass wir vorläufig noch nicht imstande sind, mit einer größeren Freiheit richtig umzugehen. Auf welche Bereiche Ihres Lebens trifft dies zu? Wie reagieren Sie üblicherweise auf Versuchungen in diesen Bereichen?

3. Es ist wichtig, sich auf das zu konzentrieren, was wir essen *dürfen*, und nicht auf das, worauf wir verzichten sollten. Rufen Sie sich ins Gedächtnis, was Sie derzeit essen dürfen, und nennen sie drei bis fünf Lebensmittel, für die Sie dankbar sind. Hilft Ihnen diese Übung, sich nicht dauernd nach dem zu sehnen, was Sie momentan nicht essen sollen?

4. Bringen Sie durch ein Kreuz auf der jeweiligen Linie zum Ausdruck, ob Sie die folgenden Aussagen eher als unzumutbare Einschränkung oder als eine schützende Mauer empfinden:

Gott hat mir die Macht gegeben, gute Entscheidungen in Sachen Ernährung zu treffen. Es liegt an *mir*, mich zu entscheiden, deshalb verzichte ich bewusst auf alles, was nicht in meinem Ernährungsplan steht.

Unzumutbare Einschränkung   Schützende Mauer

Ich bin zu Höherem bestimmt – nicht dazu, in einem Teufelskreis gefangen zu sein. Sondern ich wurde dazu geschaffen, auf ganzer Linie zu siegen.

Unzumutbare Einschränkung   Schützende Mauer

Wenn ich in Versuchung gerate und einen faulen Kompromiss in Erwägung ziehe, will ich mich fragen: „Das fühlt sich jetzt zwar gut an, aber wie wird mir wohl morgen früh zumute sein, wenn ich daran denke?"

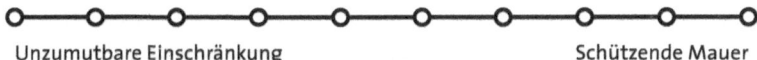

Unzumutbare Einschränkung   Schützende Mauer

Wenn die Versuchung überwältigend erscheint, lautet die Devise: „So schnell wie möglich raus aus der Gefahrenzone!"

Unzumutbare Einschränkung   Schützende Mauer

Es gibt eine Möglichkeit, Partys und besondere Gelegenheiten zu genießen, ohne meinen gesunden Ernährungsplan über den Haufen zu werfen.

Unzumutbare Einschränkung   Schützende Mauer

Mein Kampf rund ums Essen ist keine Strafe Gottes. Meine Gewichtsprobleme sind vielmehr ein Zeichen dafür, dass in meinem Leben Veränderungen nötig sind, damit mein Körper besser funktioniert und ich mich wohlfühle.

Unzumutbare Einschränkung   Schützende Mauer

Meine momentanen Grenzen sind keine schlimme Einschränkung, sondern sie definieren meine momentane Freiheit. Eine größere Freiheit kann ich vorläufig noch nicht verkraften. Das habe ich eingesehen und akzeptiert.

Unzumutbare Einschränkung   Schützende Mauer

Sehen Sie sich die Kreuze an, die Sie gemacht haben: Was verraten sie Ihnen darüber, wie Sie Ihre momentanen Grenzen empfinden? Welche Grenze stört Sie am meisten? Welche ist für Sie am hilfreichsten? Wie könnten Sie Kraft und Mut schöpfen, um mit den Grenzen, die Sie als einengend empfinden, besser klarzukommen?

Warum Diäten nicht funktionieren

16.

Soll ich Ihnen etwas verraten? Ich habe eine Schwäche für diese Werbespots, die als Informationssendung getarnt sind. Ich könnte stundenlang zuhören, wenn mittelmäßige Schauspieler alle möglichen Produkte anpreisen und erfundene Erfolgsgeschichten erzählen. Im Lauf der Jahre habe ich auch tatsächlich manches ausprobiert: den besten Fugenreiniger aller Zeiten, einen erstklassigen Gesichtspuder, ein magisches Wischtuch und sogar einen Grill, von dem es hieß, dass er das Fleisch quasi selbst aus dem Kühlschrank holen und verzehrfertig zubereiten würde, ohne dass ich auch nur einen Finger rühren müsse.

Keine Reklame zieht mich jedoch mehr in ihren Bann als die rund ums Thema Abnehmen. Hier werden unglaubliche Versprechungen gemacht: Mithilfe dieser neuen Wunderdiät könne ich es mühelos schaffen, noch heute Nachmittag so viel abzunehmen, dass mir die nächstkleinere Konfektionsgröße passt!

Selbstverständlich klingeln in meinem Kopf sofort die Alarmglocken, und ich sage mir: „Das ist doch Schwindel!" Aber gleichzeitig meldet sich eine andere, sehnsüchtige Stimme zu Wort, die mir zuraunt: „Vielleicht ist diese Diät ja endlich die richtige!"

Vielleicht kann diese Diät ja bewirken, dass ich von drei Erbsen und einer halben Hähnchenbrust so satt werde, dass ich stundenlang keinen Hunger mehr bekomme. Oder vielleicht kann sie tatsächlich verhindern, dass mein Körper auch nur ein einziges Gramm Fett speichert, sodass ich nach Belieben essen kann, ohne zuzunehmen.

Glücklicherweise siegt am Ende meine Vernunft. Ich lege Telefon und Kreditkarte wieder zur Seite und finde mich mit der Realität ab: Für dieses Problem gibt es einfach keine schnelle Lösung.

Eines muss ich diesen Werbefachleuten jedoch lassen: Sie wissen genau, an welchem Punkt sie ansetzen müssen, um uns zu überzeugen. Wer abnehmen möchte, probiert so vieles aus und nimmt so viel Anstrengung auf sich, dass er irgendwann müde wird. Irgendwann ist er es leid, Opfer zu bringen, und hofft auf ein Wunder.

Ich weiß genau, wie sich das anfühlt.

Ich bin nicht auf Diät

Erst heute war ich im Flughafen von Chicago; in meiner Tasche hatte ich als Zwischenmahlzeit ein paar Apfelschnitze dabei. Ich war rundum zufrieden, wenn ich an diese Apfelschnitze dachte, bis mir plötzlich ein verführerischer Duft in die Nase drang: Ein Süßwarengeschäft hatte gerade frisches Karamellpopcorn hergestellt.

Ich liebe Karamellpopcorn, und dort, wo ich wohne, kann man

keines kaufen. Also könnte ich mir doch diesen kleinen Extragenuss gönnen, wenn ich schon mal in Chicago bin, oder nicht? Andere Leute tun es doch auch.

Ich hätte dieses Popcorn ohne Weiteres kaufen, ein paar Handvoll davon essen und den Rest für meine Kinder aufbewahren können. Schließlich darf man bei jeder Diät mal eine Ausnahme machen. Das Problem ist nur: Ich bin nicht auf Diät.

Mit Diäten komme ich überhaupt nicht zurecht. Zwar schaffe ich es eine Weile, auf manches zu verzichten, doch irgendwann bin ich es leid, ständig Opfer zu bringen. Sobald ich mein Wunschgewicht erreicht habe, falle ich langsam, aber sicher wieder in meine alten Gewohnheiten zurück. Darum helfen Diäten mir nicht weiter.

Statt eine Diät zu beginnen, habe ich mich also gemeinsam mit Jesus auf eine Reise begeben. Auf dieser Reise möchte ich die hohe Kunst der Selbstdisziplin lernen, um Jesus immer ähnlicher zu werden. Und an diesem Tag hatte ich bereits im Voraus beschlossen, dass meine Zwischenmahlzeit aus Apfelschnitzen bestehen würde und nicht aus Karamellpopcorn.

Rechtzeitig vorauszuplanen, was ich essen werde, ist für mich besonders wichtig. Ich versuche beispielsweise, direkt nach dem Frühstück die restlichen Mahlzeiten des Tages zu planen. Zu diesem Zeitpunkt bin ich satt und zufrieden und kann noch klar denken. Wenn ich hingegen erschöpft und ausgehungert bin, klappt es bei mir mit dem rationalen Denken nicht mehr so gut. Dann gebe ich oft der Versuchung nach, etwas zu essen, was sofort verfügbar, aber womöglich nicht gesund ist.

> Statt eine Diät zu beginnen, habe ich mich also gemeinsam mit Jesus auf eine Reise begeben.

Die Bibel sagt Folgendes zum Thema Versuchungen: „Deshalb seid vorsichtig! Gerade wer meint, er stehe besonders sicher, muss aufpassen, dass er nicht fällt. Was eurem Glauben bisher an Prüfungen zugemutet wurde, überstieg nicht eure Kraft. Gott steht zu euch. Er wird auch weiterhin nicht zulassen, dass die Versuchung größer ist, als ihr es ertragen könnt. Wenn euer Glaube auf die Probe gestellt wird, schafft Gott auch die Möglichkeit, sie zu bestehen" (1. Korinther 10,12-13).

Für mich ist die Möglichkeit, die Probe zu bestehen, mit der vorab getroffenen Entscheidung, was ich heute essen werde, verbunden.

Interessanterweise heißt es gleich im folgenden Vers: „Darum, liebe Freunde, hütet euch vor jedem Götzendienst!" Dieser Vers erklärt, weshalb ich keine Diät machen kann, sondern mich auf eine geistliche Reise begeben muss.

Götzendienst bedeutet, dass ich von irgendetwas anderem außer Gott erwarte, dass es meine tiefste Sehnsucht stillen wird. Essen ist dazu gedacht, unserem Körper die notwendigen Nährstoffe zuzuführen, damit er richtig funktioniert. Es kann jedoch rasch zum Götzen werden, wenn wir große Mengen ungesunder Nahrungsmittel konsumieren, weil wir meinen, wir verdienten das oder bräuchten es, um uns besser zu fühlen.

Rechtzeitig vorauszuplanen, was ich essen werde, ist für mich besonders wichtig.

Um Missverständnisse von vornherein auszuschließen, will ich es gerne noch einmal ausdrücklich sagen: Natürlich ist Essen nichts Schlechtes. Jeder von uns braucht Nahrung. Schwierig wird es nur, wenn unsere Essgewohnheiten die Kontrolle über uns gewinnen.

Um dies zu vermeiden, müssen wir lernen, wie wir mit Gottes Hilfe den Versuchungen widerstehen können.

Zwei Elefanten im Raum

Manche Argumente sind so übermächtig, dass man sie mit Elefanten vergleichen könnte:

Elefant Nr. 1: „Auf meiner eigenen Geburtstagsfeier werde ich ja wohl Kuchen essen dürfen, wenn mir danach ist. Erzählen Sie mir nicht, ich dürfte mir nie wieder etwas Leckeres gönnen!"
Das will ich keineswegs behaupten. Am Anfang meiner Reise zu einem gesünderen Lebensstil habe ich eine Zeit lang auf Zucker und die meisten kohlenhydrathaltigen Lebensmittel verzichtet. Als ich dann mein Zielgewicht erreicht hatte, fügte ich meinem Speiseplan Stück für Stück wieder manche Kohlenhydrate hinzu. Allerdings nicht alle auf einmal und selbstverständlich auch nicht in den Mengen, die ich früher konsumiert habe.

Jeder von uns braucht Nahrung. Schwierig wird es nur, wenn unsere Essgewohnheiten die Kontrolle über uns gewinnen.

Natürlich ist es nicht falsch, sich ab und zu etwas Leckeres zu gönnen. Zum Beispiel kann ich jetzt, wenn ein Kinobesuch ansteht, im Voraus eine kleine Portion Popcorn einplanen. Diese werde ich dann ganz bewusst genießen und in den folgenden Tagen auf zusätzliche Leckereien verzichten.

Es wäre jedoch fatal, wenn ich der Lüge glauben würde, ich müsse mir jeden Tag etwas Besonderes gönnen. Dann würde ich schnell wieder in meine alten Gewohnheiten zurückfallen, und die Statistiken beweisen, dass ich dann im Nu wieder zunehmen würde.

Eine Studie, über die das *Journal of the American Medical Association* berichtete, hielt fest, wie viel 65 Männer und 358 Frauen mithilfe von zwei verschiedenen Diätprogrammen abgenommen hatten. Nach zwei Jahren gab das Forschungsteam folgenden Kommentar ab:

„Obwohl wir zu der Schlussfolgerung gelangt sind, dass das erste Programm ‚effizienter' war als das zweite, braucht man kein Statistikexperte zu sein, um zu realisieren, dass Diätprogramme nicht zu einer bedeutsamen und nachhaltigen Gewichtsabnahme führte. Dies ist der ... Beweis für das, was wir schon lange sagen: Diäten sind nicht effizient als Langzeitstrategie für Gewichtsreduzierung, und zwar insbesondere deshalb, weil die Leute den größten Teil der Pfunde, die sie verloren haben, wieder zunehmen. Wenn die Wissenschaftler die betreffenden Personen noch weitere drei Jahre beobachtet hätten, hätten sie vermutlich eine noch dramatischere Gewichtszunahme festgestellt."[8]

Auch wenn es auf unserem Weg zu einem gesünderen Lebensstil nicht nur ums Abnehmen geht, so ist unser Gewicht doch ein Hinweis darauf, ob wir gute Entscheidungen treffen. Das bringt mich zum zweiten Elefanten im Raum:

Elefant Nr. 2: „Ich finde, dass dies alles zu weit geht und zu Gesetzlichkeit in Bezug auf unsere Ernährung führt."

Es ist mir sehr wichtig, dass Sie mich an diesem Punkt richtig verstehen: Ich schreibe dieses Buch nicht, um Ihnen irgendwelche Zwänge aufzuerlegen. Sondern ich möchte Ihnen zeigen, zu welcher Freiheit Gott uns berufen hat. Es ist ein Vorrecht, dass wir eines unserer grundlegendsten Bedürfnisse – das Bedürfnis nach Nahrung – vor Gott bringen und ihn um Erfüllung, Führung und Schutz bitten dürfen.

Ja, wir brauchen einen gesunden Ernährungsplan, den manche als Diät bezeichnen würden. Doch um uns an ihn zu halten, dürfen wir uns nicht auf unsere eigene Kraft verlassen. Die Einstellung, wir müssten nur genug Willenskraft aufbringen, um mithilfe eines bestimmten Programms erfolgreich zu sein, führt häufig zu übermäßigem Stolz auf unsere eigene Leistung, zur stiefmütterlichen Behandlung unseres Körpers und letztendlich zum Scheitern.

Der Apostel Paulus befasste sich mit diesem Thema, als er den Brief an die Kolosser schrieb:

Wenn ihr nun mit Christus gestorben seid, dann seid ihr auch von den Mächten und Zwängen dieser Welt befreit. Weshalb unterwerft ihr euch dann von neuem ihren Forderungen und lebt so, als wäre diese Welt für euch maßgebend? Weshalb lasst ihr euch vorschreiben: „Du darfst dieses nicht anfassen, jenes nicht essen und musst dich von ganz bestimmten Dingen fernhalten"? Sie alle sind doch dazu da, dass man sie für sich nutzt und verzehrt.

Warum also lasst ihr euch noch Vorschriften von Menschen machen? Möglich, dass manche, die danach leben, den Anschein von Weisheit erwecken. Schließlich glänzen sie mit ihrer selbst erdachten Frömmigkeit, geben sich dabei auch noch bescheiden und schonen bei asketischen Übungen ihren Körper nicht.

Doch das alles bringt uns Gott nicht näher, sondern es dient ausschließlich menschlichem Ehrgeiz und menschlicher Eitelkeit.
Kolosser 2,20-23

Pastor Ray Stedman legt diese Verse wie folgt aus:

Gesetzlichkeit führt zu der Auffassung: „Alles ist falsch, es sei denn, man kann anhand der Bibel beweisen, dass es richtig ist. Darum müssen wir uns von allem fernhalten, das die Bibel nicht ausdrücklich als richtig bezeichnet." Eine solche Sicht reduziert das Leben auf ein sehr enges Spektrum von Aktivitäten.

Der biblisch orientierte Christ sagt hingegen: „Alles ist richtig! Gott hat uns eine Welt gegeben, in der wir leben und die wir genießen dürfen. Alles ist richtig, es sei denn, die Bibel sagt, dass es falsch ist."

Natürlich gibt es Dinge, die die Bibel grundsätzlich als falsch bezeichnet, weil sie schädlich und gefährlich sind. Dazu gehören Ehebruch, Lügen, Stehlen ... Diese Dinge sind nie richtig.

Aber es gibt so vieles, das uns offensteht! Wenn wir bereit sind, Gott in Bezug auf diejenigen Bereiche zu gehorchen, die er als schädlich und gefährlich bezeichnet, können wir mit einem Erlöser Gemeinschaft haben, der uns liebt, führt und bewahrt.[9]

Dieser letzte Satz gefällt mir besonders gut. Denn die Gemeinschaft mit Jesus ist genau der Faktor, der mir bei meinen früheren Diäten gefehlt hat. Sogar viele Fachleute erkennen inzwischen, wie wichtig die geistliche Komponente auf dem Weg zu einem gesünderen Lebensstil sein kann.

Dr. Floyd Chilton, ein Physiologe, der an der *Wake Forest University School for Medicine* lehrt, drückt es so aus:

„Ihre Willenskraft befindet sich in einem ständigen Konflikt mit Ihren Genen und Ihrer von Kalorien überladenen Umgebung. Die

meisten Menschen sind diesen beiden Gegnern nicht gewachsen, sosehr sie sich auch anstrengen mögen, und aus diesem Grund ist ihre Diät zum Scheitern verurteilt ... Willenskraft allein ist nicht ausreichend, um eine Veränderung herbeizuführen. Der erste Schritt besteht also darin, dass Sie erkennen, dass Sie es allein nicht schaffen können. Wenn Sie ein gläubiger Mensch sind, dann wenden Sie sich an Gott, damit er Ihnen hilft, sich zu verändern."[10]

Damit sprechen Sie mir aus dem Herzen, Dr. Chilton! Der allmächtige Gott hat uns erschaffen und uns aufgetragen, uns sorgfältig um unserem Körper zu kümmern. Der Heilige Geist schenkt uns die Kraft, nachhaltige Veränderung herbeizuführen. Und Jesus Christus möchte uns auf unserem Weg Schritt für Schritt begleiten, führen und bewahren.

Dies übertrifft alles, was eine Reklamesendung uns je versprechen könnte!

Konkret auf den Punkt gebracht

1. Haben Sie schon einmal eine Diät ausprobiert, die im Fernsehen angepriesen wurde? Was klang so verlockend daran? Dass Sie innerhalb kurzer Zeit sichtbare Ergebnisse erzielen könnten? Oder dass Sie essen könnten, was Sie wollen, und trotzdem abnehmen würden? Wieso haben Sie geglaubt, es könne diesmal funktionieren? Wie haben Sie sich gefühlt, als diese Diät – zumindest auf lange Sicht – nicht den gewünschten Erfolg hatte?

2. „Zwar schaffe ich es eine Weile, auf manches zu verzichten, doch irgendwann bin ich es leid, ständig Opfer zu bringen. Statt eine Diät zu beginnen, habe ich mich also gemeinsam mit Jesus auf eine Reise begeben. Auf dieser Reise möchte ich die hohe Kunst der Selbstdisziplin lernen, um Jesus immer ähnlicher zu werden." Was halten Sie von dieser Entscheidung? Denken Sie, Ihre Essgewohnheiten könnten sich nachhaltiger verändern, wenn Sie diesen Prozess ebenfalls als eine geistliche Reise betrachten könnten anstatt als eine Diät? Ist dies in Ihren Augen realistisch oder unrealistisch? Warum?

3. „Gott steht zu euch. Er wird auch weiterhin nicht zulassen, dass die Versuchung größer ist, als ihr es ertragen könnt. Wenn euer Glaube auf die Probe gestellt wird, schafft Gott auch die Möglichkeit, sie zu bestehen" (1. Korinther 10,13). Das ist eine Verheißung, die manche von uns, die in einem christlichen Umfeld aufgewachsen sind, schon von klein auf kennen. Glauben Sie, dass diese Verheißung auch für Ihren Kampf rund ums Essen gilt? Die Möglichkeit, die Probe zu bestehen, sieht bei mir so aus, dass ich bereits im Voraus plane, was ich an diesem Tag essen werde. Wie könnte Ihre Strategie aussehen?

4. „Essen ist dazu gedacht, unserem Körper die notwendigen Nährstoffe zuzuführen, damit er richtig funktioniert. Es kann jedoch rasch zum Götzen werden, wenn wir große Mengen ungesunder Nahrungsmittel konsumieren, weil wir meinen, wir verdienten das oder bräuchten es, um uns besser zu fühlen." Stimmen Sie dieser Definition von Götzendienst zu? Wenn ja, wann sind Sie das letzte Mal an diesem Punkt

gestrauchelt? Wie kam es dazu? Wenn nicht, wie würden Sie Götzendienst definieren?

5. Welches dieser beiden „übermächtigen Argumente" entspricht am ehesten Ihrer Denkweise?

- Elefant Nr. 1: „Auf meiner eigenen Geburtstagsfeier werde ich ja wohl Kuchen essen dürfen, wenn mir danach ist. Erzählen Sie mir nicht, ich dürfte mir nie wieder etwas Leckeres gönnen!"
- Elefant Nr. 2: „Ich finde, dass dies alles zu weit geht und zu Gesetzlichkeit in Bezug auf unsere Ernährung führt."

Wie reagieren Sie auf den Gedanken, dass der Kampf mit Ihren Essgewohnheiten zu einer befreienden geistlichen Reise werden könnte? Inwiefern beeinflussen vergangene Erfahrungen Ihre Sicht?

Die nächste Entscheidung

Sobald jemand erfährt, wie viel ich abgenommen habe, werden mir zwei Fragen gestellt:

„Wie haben Sie das geschafft?"

„Können Sie es auf lange Sicht durchhalten?"

Vielleicht ist es Ihnen ja auch schon so ergangen. Hinter diesen Fragen verbirgt sich meiner Ansicht nach folgende Überlegung: Welche Opfer müsste ich bringen, wenn ich ebenfalls meine Ernährung umstellen würde? Und wenn ich mich eine Zeit lang eingeschränkt hätte, könnte ich dann wieder zu meinen alten Essgewohnheiten zurückkehren, ohne erneut zuzunehmen?

Das sind berechtigte Fragen, die ich mir ebenfalls zu Beginn jeder neuen Diät, die ich je ausprobierte, stellte. Eine Zeit lang Opfer zu bringen, macht nicht gerade Spaß, aber es ist möglich. Wir ernten die Früchte unserer Selbstdisziplin und freuen uns über diesen Erfolg.

So lange Opfer zu bringen, bis wir uns nicht länger nach den Dingen sehnen, die wir aufgegeben haben, ist hingegen etwas ganz anderes. Dafür ist ein Maß an Disziplin erforderlich, das sich die wenigsten von uns schon zu eigen gemacht haben.

Erst neulich habe ich über dieses Thema mit drei Pastoren geredet. In einer Besprechung warf ich die Frage auf, ob man als Christ auf Dauer Selbstdisziplin beweisen könne.

Einer der Pastoren schmunzelte, während er nach einem weiteren Gebäckstück griff. „Nun, *ich* kann es offensichtlich nicht."

Der zweite lehnte sich in seinem Stuhl zurück und brachte ebenfalls Zweifel zum Ausdruck.

Der dritte antwortete mit einem resoluten Ja und begründete seine Meinung mit einigen Bibelzitaten.

Ich selbst konnte mich an jenem Tag nicht mehr zu dieser Frage äußern. Wir hatten ein straffes Programm, sodass sich unser Gespräch rasch anderen Themen zuwandte. Doch wenn ich mich hätte entscheiden müssen, hätte meine Antwort gelautet: ja und nein.

Nein, ich glaube nicht, dass wir aus eigener Kraft genug Selbstdisziplin aufbringen können, um über längere Zeit echte Opfer zu bringen.

Ganz anders sieht es dagegen aus, wenn wir einen zusätzlichen Faktor in diese Rechnung miteinbeziehen. Entscheidend ist meiner Ansicht nach, ob wir eine Verbindung herstellen zwischen unseren Essgewohnheiten und unserem Wunsch, Jesus immer ähnlicher zu werden. Der Prozess, den die Bibel „Heiligung" nennt, betrifft nämlich nicht nur unser geistliches Leben, sondern auch in hohem Maße unseren Körper.

Darum kann es für uns Christen durchaus von Vorteil sein, wenn wir uns so sehr nach etwas sehnen, dass wir eine gewisse Verzweiflung spüren: Oft sind wir erst an diesem Punkt wirklich offen dafür, uns von Gott zeigen zu lassen, wozu wir bestimmt sind. Solange wir hingegen noch damit beschäftigt sind, alle unsere Bedürfnisse zu erfüllen, bleiben wir blind für den geistlichen Kampf, der um uns tobt.

Satan versucht, uns abzulenken, indem er uns einen flüchtigen Genuss nach dem anderen anbietet. Gott möchte jedoch, dass wir einen Gang zurückschalten, um innerlich zur Ruhe zu kommen. Unsere Seele soll sich ihrer Leere bewusst werden, damit sie sich nach Gottes Heiligkeit sehnt.

Zu dieser Heiligkeit können wir mithilfe unserer eigenen Disziplin nicht gelangen. Denn zwischen dem, wozu wir aus eigener Kraft imstande sind, und Gottes unermesslicher Stärke besteht eine riesige Kluft. Um diese Kluft zu überbrücken, ist aber tatsächlich nur ein Gebet nötig: Wir können uns jeden Augenblick neu entscheiden, ob wir aus eigener Kraft handeln oder unsere Hand ausstrecken und Gottes Kraft in Anspruch nehmen wollen.

> Wir müssen erst den Punkt erreichen, an dem wir wirklich offen dafür sind, uns von Gott zeigen zu lassen, wozu wir bestimmt sind.

Das Schöne daran ist: Je mehr wir uns von Gottes Kraft abhängig machen, desto weniger fühlen wir uns zu Dingen hingezogen, die in seinen Augen zweitrangig sind.

Die Antwort des dritten Pastors hat mir sehr zu denken gegeben. Er sagte: „Wenn Gott uns auffordert, heilig zu sein, sollen wir ihm gehorchen. Er hätte das nicht gesagt, wenn es nicht möglich wäre."

Wie schon zuvor erwähnt, kommt es darauf an, ob wir begreifen, dass unser Kampf rund ums Essen auch unser geistliches Wachstum beeinflusst. Denn der Prozess der Heiligung beschränkt sich nicht auf die geistliche Ebene, sondern bezieht jeden Lebensbereich mit ein.

Der Apostel Paulus empfahl den Christen in Korinth: „Meine lieben Freunde! All dies hat uns Gott versprochen. Darum wollen wir uns von allem trennen, was uns verunreinigt – sei es in unseren Gedanken oder in unserem Verhalten. In Ehrfurcht vor Gott wollen wir immer mehr so leben, wie es ihm gefällt" (2. Korinther 7,1).

Heiligkeit bedeutet, für einen edlen Zweck ausgesondert zu sein. Deshalb dreht sich die nächste Entscheidung, die wir treffen müssen, nicht wirklich darum, ob wir Chips, Kekse oder Pommes frites essen sollen oder nicht. Sondern darum, ob wir bereit sind, uns von den Dingen fernzuhalten, die unserer eigentlichen Bestimmung nicht förderlich sind: „Ihr sollt euer altes Leben wie alte Kleider ablegen. Folgt nicht mehr euren Leidenschaften, die euch in die Irre führen und euch zerstören. Lasst euch in eurem Denken verändern und euch innerlich ganz neu ausrichten. Zieht das neue Leben an, wie ihr neue Kleider anzieht. Ihr seid nun zu neuen Menschen geworden, die Gott selbst nach seinem Bild geschaffen hat. Jeder soll erkennen, dass ihr jetzt zu Gott gehört und so lebt, wie es ihm gefällt" (Epheser 4,22-24).

Wir sind dazu bestimmt, Gottes Botschafter zu sein, deren Leben widerspiegelt, was Gott zu den Menschen in unserer Umgebung sagen möchte. Doch ich muss ehrlich zugeben: Wenn ich im Kampf mit meinen Essgewohnheiten wieder mal eine Niederlage einstecken musste, nehme ich mir nicht gleich als Nächstes vor, anderen Menschen von Jesus zu erzählen. Ich habe dann wenig Lust, „mich innerlich ganz neu ausrichten zu lassen" oder „das neue Leben anzuziehen, wie man neue Kleider anzieht".

Stattdessen will ich mich lieber zurückziehen, ein paar Tränen des Selbstmitleids vergießen und mich darüber ärgern, dass ausgerechnet ich so einen schlechten Stoffwechsel habe. Wieso müssen sich andere Leute nicht mit solchen Problemen herumschlagen? Wieso trifft es immer mich?

Ich möchte jetzt unbedingt etwas essen, das in heißem Fett ausgebacken wurde und viele Kalorien hat!

Natürlich möchte ich standhaft bleiben, aber ich fühle mich so schwach.

Das klingt kaum nach jemandem, der seine Probleme rund ums Essen in den Griff bekommen hat, nicht wahr? Tatsache ist jedoch, dass wir – sogar wenn wir unser Idealgewicht bereits erreicht haben – stets nur einen Schritt davon entfernt sind, unseren bisherigen Erfolg wieder zunichtezumachen.

Damit will ich nicht sagen, dass es nicht möglich sei, auf Dauer siegreich zu sein. Aber wir dürfen uns nicht auf unseren Lorbeeren ausruhen, sondern müssen weiterhin auf der Hut sein. Es ist jedes Mal ein kleiner Sieg, wenn wir uns für etwas Gesundes entscheiden anstatt für ein Nahrungsmittel, das uns nicht guttun würde. Und den gleichen Sieg werden wir auch mit unserem nächsten Schritt erringen.

Der Apostel Paulus drückt es so aus: „Weil ihr das so schwer verstehen könnt, will ich es euch an einem bekannten Beispiel deutlich machen, dem Sklavendienst: Früher habt ihr der Unmoral und dem Unrecht wie Sklaven gedient. So war euer Leben ein einziger Widerspruch zu Gottes Willen. Jetzt aber sollt ihr uneingeschränkt Gott dienen; lebt so, wie es ihm gefällt, und zeigt auf diese Weise, dass ihr zu ihm gehört!" (Römer 6,19).

In unseren täglichen Entscheidungen geht es also nicht in

erster Linie darum, unser Gewicht zu halten und die negativen Gefühle zu vermeiden, die sich nach einer schlechten Wahl einstellen. Sondern darum, dass wir ein Leben zu Gottes Ehre führen.

Und wie können wir nun mit Gottes Kraft erfüllt werden? Gebet und Bibellesen sind selbstverständlich sehr wichtig, darauf sind wir an anderer Stelle schon eingegangen. Aber es gibt noch einen dritten Aspekt: Wir müssen an den Punkt gelangen, an dem uns unsere eigene Kraftlosigkeit geradezu anwidert.

Diesen Punkt erreichen wir, wenn alle Ausreden und Ausflüchte nichts mehr nützen. Wenn wir trotz all unserer Bemühungen wieder und wieder gescheitert sind. Wenn uns klar wird, dass wir vor Gott überhaupt nichts vorweisen können.

Mir ist es am Neujahrstag 2009 so ergangen, als ich über meine guten Vorsätze nachdachte. Wie die meisten Leute hatte auch ich während der Feiertage einiges an Gewicht zugelegt, sodass meine Kleider spannten. Wieder einmal. Und dabei trug ich schon meine weitesten Sachen. So oft hatte ich mir geschworen, es besser zu machen, und es auch diesmal nicht geschafft.

Anstatt nun eine neue Liste mit guten Vorsätzen zu verfassen, die ich monatelang in meinem Portemonnaie herumtragen und schließlich als Einwickelpapier für gebrauchten Kaugummi verwenden würde, postete ich folgenden Text auf meinem Blog:

Herr, rüttle mich auf.
Diese Worte gehen mir heute ständig durch den Kopf. Ich wünschte, ich könnte ein glanzvolleres Gebet formulieren. Sicher gibt es bessere Worte, um das auszudrücken, was ich im neuen Jahr anstrebe.

Doch diese schlichten Worte sind mein Gebet für 2009.

Eigentlich habe ich ja mein ganzes Leben lang versucht, an einen Punkt zu gelangen, an dem mich nichts mehr aus der Ruhe bringen kann. Ich war auf der Suche nach Beständigkeit – in meinen Beziehungen, in Bezug auf meine Lebensumstände und auch im Hinblick auf meine innere Haltung.

Natürlich ist es gut, ein zufriedenes Herz zu haben und für vieles dankbar zu sein.

Aber es gibt manches in meinem Leben, das sich so sehr eingespielt hat, dass mein geistliches Wachstum dadurch sabotiert wird. Man könnte auch von Kompromissen sprechen.

Ich rede mir selber ein: „Nun, so bin ich eben. Wenn man mich mit anderen vergleicht, stehe ich doch gar nicht so schlecht da."

Aber ich frage dich, liebe Seele: Siehst du nicht diese deutlichen Anzeichen für einen verunreinigten Geist? Begreifst du nicht, dass mein Herz unter das Mikroskop des Wortes Gottes gelegt werden muss?

Ja, Herr, ich bitte dich: Rüttle mich innerlich auf.

Bring die Punkte ans Licht, wo ich nicht bereit bin zu vergeben.

Entkräfte die Argumente, mit denen ich meine Kompromisse rechtfertige.

Decke alle Überreste meines Stolzes auf.

Enthülle meine Neigung zum Misstrauen.

Rüttle mich auf eine Weise auf, die mir guttut. Denn wenn ich dir erlaube, mich in meinen tiefsten Tiefen zu berühren – in den dunklen, verborgenen Winkeln meines Herzens –, dann weht plötzlich ein frischer, lebendiger Wind durch meine Seele.

Dann kann ich bereitwillig vergeben und andere von Herzen lieben.

Dann kann ich eine Disziplin entdecken, die jenseits meiner eigenen Fähigkeiten liegt, und mich nach deiner Kraft ausstrecken.

Ich kann die Schönheit der Demut begreifen und mich nach der Vertrautheit mit dir sehnen, die durch sie freigesetzt wird.

Ich weiß, dass du mich auch mitten im Sturm bewahren wirst.

All dem, was durch diesen Prozess des Aufrüttelns zu Bruch geht, weine ich keine Träne nach. Diese Dinge entsprechen nicht meiner wahren Identität; ich wurde für etwas anderes geschaffen.

Ich verabschiede mich von oberflächlicher Liebe, scharfen Worten, Selbstmitleid und Angst. Ich möchte mich nicht länger ablenken und in zerstörerisches Verhalten verwickeln lassen.

Stattdessen öffne ich mich für tiefere Liebe, neue Möglichkeiten, tiefere Vertrautheit und die Gewissheit, dass ich getragen bin.

Willkommen 2009.

Ich musste mich entscheiden, ob ich nachhaltige Disziplin anstreben wollte, ohne sie als Strafe zu betrachten. Vielmehr wollte ich sie als etwas Gutes sehen, das Gott mir schenken wollte. Nachdem ich eine leise Ahnung davon bekommen hatte, wie viel sich mit Gottes Hilfe erreichen lässt, konnte ich mutig vorangehen.

Zu diesem Thema erhielt ich eine E-Mail, die mich sehr berührt hat:

Als ich vor ein paar Tagen den Artikel auf deinem Blog las, fühlte ich mich ermutigt, mir nun doch wieder vorzunehmen, auf Süßigkeiten zu verzichten. Drei Monate lang hatte ich das schon durchgehalten, in der Hoffnung, diese Zeit würde ausreichen, um mich vollständig von meiner Sucht zu befreien. Aber da ich schon mein ganzes Leben diesen Weg gegangen bin, kann ich Gott ja wohl kaum ein zeitliches Limit setzen, oder?

Deine Worte passten zu dem, was mein fünfzehnjähriger Sohn mir vor ein paar Wochen gesagt hat: Er meinte, wenn man eine Krankheit wie Diabetes habe, würde man auch nicht aufhören, seine Medikamente zu nehmen, sobald man sich besser fühlt. Warum sollte ich also in meine alten Gewohnheiten zurückfallen, nur weil es mir besser geht? Vor mir liegt noch ein langer Weg, aber ich weiß, dass Gott schließlich mein Leben verändern und mich von der Gewohnheit des Frustessens befreien wird.

Ich muss mich mit meinen Problemen auseinandersetzen, anstatt sie mithilfe von Süßigkeiten zu verdrängen. Robin

Dieser letzte Satz – die Erkenntnis, dass wir uns mit unseren Problemen auseinandersetzen müssen, statt sie durch Essen zu verdrängen – freut mich besonders.

Zu Beginn des Buches haben wir uns mit Hungerattacken beschäftigt. Auch wenn wir auf unserem Weg zu einem gesünderen Lebensstil schon ein ganzes Stück vorangekommen sind, können uns trotzdem immer wieder Hungerattacken überfallen.

Hinter diesen Hungerattacken verbirgt sich häufig eine tiefe innere Sehnsucht. Und diese Sehnsucht sollten wir von Gott selbst stillen lassen. Er ist der Einzige, den wir zutiefst begehren sollten. Ihm sollten wir den höchsten Stellenwert einräumen.

In letzter Zeit habe ich oft im biblischen Buch der Psalmen gelesen. Dort wird auf wunderbare Weise illustriert, dass wir dazu geschaffen wurden, Gott anzubeten. Mittlerweile finden sich in meiner Bibel lauter Anmerkungen, Unterstreichungen und Ausrufezeichen, weil ich beim Lesen immer wieder etwas Neues entdeckt habe.

Ein besonderes Aha-Erlebnis hatte ich beim Lesen von Psalm 78:

- Vers 12: Gott vollbrachte Wunder.
- Vers 13: Er teilte das Meer und führte das Volk hindurch.
- Vers 14: Er ging ihnen voran.
- Verse 15 und 16: Er ließ in der Wüste Wasser hervorquellen.

Gott versorgte die Israeliten mit allem, was sie brauchten, doch sie vergaßen schnell wieder, was er für sie getan hatte: „Aber unsere Vorfahren sündigten weiter gegen Gott, den Höchsten, dort in der Wüste lehnten sie sich gegen ihn auf. Sie forderten Gott heraus und verlangten von ihm die Speise, auf die sie gerade Lust hatten. ... Als der Herr das hörte, wurde er zornig auf Israel; sein Zorn über sie entflammte wie ein zerstörendes Feuer" (Psalm 78,17-18.21).

Es machte mich betroffen, dass hier ausdrücklich von fehlgeleiteten Sehnsüchten die Rede ist und Gottes Reaktion darauf beschrieben wird. Das hat mir wieder einmal bestätigt, dass mein Kampf rund ums Essen durchaus als eine geistliche Reise bezeichnet werden kann.

Am Neujahrstag 2009 habe ich Gott gebeten, mich innerlich aufzurütteln. Ich bat ihn, mich aus dem Konzept zu bringen und meine Selbstgefälligkeit zu offenbaren. An welchen Punkten verschließe ich immer noch die Augen und will nicht erkennen, was mich von Gott wegzieht? Auch kleine Ursachen können eine große Wirkung entfalten.

Die Frage lautet also: Gibt es etwas, das mir wichtiger ist als Gott?

Manche werden nun sicherlich den Kopf schütteln und meinen, dass ich es ein wenig übertreibe. So eng muss man das doch nicht sehen, oder?

Und ich würde ihnen sogar beipflichten, wenn mich nicht eine ganz bestimmte Sache daran hindern würde: Ich habe bereits einen schwachen Schimmer von der Erfüllung, die nur Gott uns schenken kann, erhascht und weiß, dass alles andere bloß eine billige Imitation darstellt.

Aus diesem Grund möchte ich mich von den Dingen, die mir nur einen flüchtigen Genuss bieten können, nicht länger gefangen nehmen lassen.

Ich habe bereits einen schwachen Schimmer von der Erfüllung, die nur Gott uns schenken kann, erhascht und weiß, dass alles andere bloß eine billige Imitation darstellt.

Ich habe schon zu viel erlebt, um mich von manchen Zerstreuungen ablenken zu lassen:

Gott hat in meinem Leben Wunder getan.

Er hat mir geholfen, scheinbar unüberwindliche Hindernisse zu bewältigen.

Er ist mir vorangegangen.

Er hat mir lebendiges Wasser gegeben, um den Durst meiner Seele zu stillen.

Er hat mich mit allem versorgt, was ich brauche, und diese Tatsache möchte ich nie wieder vergessen. Darum habe ich mich entschieden, nachhaltige Disziplin anzustreben. Ich bin mir meiner eigenen Unfähigkeit durchaus bewusst, doch ich sage mit dem Psalmbeter: „Selbst wenn meine Kräfte schwinden und ich umkomme, so bist du, Gott, doch allezeit meine Stärke – ja, du bist alles, was ich brauche!" (Psalm 73,26).

Während ich mich innerlich auf Gott ausrichte und mich nach seiner Heiligkeit verzehre, erlebe ich am eigenen Leib, was der folgende Vers beschreibt:

„Er legte euch Entbehrungen auf und ließ euch hungern. Dann gab er euch das Manna zu essen, das weder ihr noch eure Vorfahren kanntet. Er wollte euch damit zeigen, dass der Mensch nicht allein von Brot lebt, sondern vor allem von den Worten des Herrn" (5. Mose 8,3).

Ich möchte auf keinen Fall, dass der Weg, den ich gehe, irgendwann im Sande verläuft. Deshalb ist die nächste Entscheidung, die ich treffe, von großer Bedeutung. Sie wird mich buchstäblich entweder in die falsche oder in die richtige Richtung lenken. Eine gute Entscheidung kann weitere gute Entscheidungen nach sich ziehen, sodass wir schließlich an den Punkt kommen, an dem wir völlig von Gott abhängig sind. Und dies ist der Ort, an dem wir nicht nur gelegentlich Urlaub machen, sondern auf Dauer bleiben sollten, weil unsere Seele dort zu Hause ist.

Eine gute Entscheidung kann weitere gute Entscheidungen nach sich ziehen, sodass wir schließlich an den Punkt kommen, an dem wir völlig von Gott abhängig sind.

Dort erkennen wir, was es bedeutet, unsere tiefste Erfüllung in Gott zu finden, weil er das Verlangen unseres Herzens umgewandelt hat. Jedes Opfer, das wir gebracht haben, verblasst angesichts des überwältigenden Segens, mit dem Gott unsere guten Entscheidungen belohnt.

Wir werden diese Erfahrung nicht mehr missen wollen – erst recht nicht im Tausch gegen einen flüchtigen Genuss.

Kommen wir zurück zu der Frage, die wir uns zu Beginn dieses Kapitels gestellt haben: Ist es möglich, über längere Zeit hinweg Opfer zu bringen?

Es liegt an Ihnen, dies zu entscheiden. Die Antwort findet sich in der nächsten Entscheidung, die Sie treffen.

Konkret auf den Punkt gebracht

1. Wenn Sie ebenfalls an jener Besprechung mit den drei Pastoren teilgenommen hätten, was hätten Sie auf die Frage geantwortet, ob man als Christ auf Dauer Selbstdisziplin beweisen kann?

2. „Heiligkeit bedeutet, für einen edlen Zweck ausgesondert zu sein. Deshalb dreht sich die nächste Entscheidung, die wir treffen müssen, nicht wirklich darum, ob wir Chips, Kekse oder Pommes frites essen sollen oder nicht. Sondern darum, ob wir bereit sind, uns von den Dingen fernzuhalten, die unserer eigentlichen Bestimmung nicht förderlich sind." Leuchtet Ihnen diese Argumentation ein? Sehen Sie ebenfalls einen Zusammenhang zwischen Ihren Essgewohnheiten und Ihrem Bestreben, Jesus immer ähnlicher zu werden? Wie könnte sich dies in Ihrem Alltag ganz praktisch zeigen?

3. „In unseren täglichen Entscheidungen geht es nicht in erster Linie darum, unser Gewicht zu halten und die negativen Gefühle zu vermeiden, die sich nach einer schlechten Wahl einstellen. Sondern darum, dass wir ein Leben zu Gottes Ehre

führen." Finden Sie diesen Gedanken ermutigend oder eher abschreckend? Warum?

4. Was halten Sie von der Idee, Gott aufzufordern, uns innerlich wachzurütteln? Wären Sie dazu bereit? Oder schrecken Sie davor zurück, weil Sie befürchten, es könne manche Folgen nach sich ziehen, die Ihnen nicht gefallen?

5. „Eine gute Entscheidung kann weitere gute Entscheidungen nach sich ziehen, sodass wir schließlich an den Punkt kommen, an dem wir völlig von Gott abhängig sind." Welchen Stellenwert geben Sie Ihren täglichen Entscheidungen in Bezug auf Ihre Ernährung? Neigen Sie dazu, sie für nebensächlich zu halten? Inwiefern könnte sich Ihr Leben verändern, wenn Sie völlig von Gott abhängig und zu langfristigem Verzicht bereit wären? Was wäre Ihnen dabei am wichtigsten?

Auf manches verzichten, um dafür etwas Besseres zu erhalten

18.

Am Ende des vorigen Kapitels sind wir zu dem Schluss gelangt, dass unsere nächste Entscheidung von großer Bedeutung ist. Das sollten wir auf keinen Fall vergessen.

Doch es gibt noch etwas anderes, das wir einsehen sollten: Von manchen Dingen sollten wir uns für immer verabschieden. Dazu sind einerseits der Mut zum Verzicht und andererseits eine radikale innere Umkehr nötig. Diese beiden Begriffe – Verzicht und Umkehr – haben mich früher abgeschreckt, doch inzwischen verkörpern sie etwas, das ich zu lieben gelernt habe: Sieg!

Echten, anhaltenden Sieg können wir nur erleben, wenn wir diese beiden Voraussetzungen erfüllen.

Ich befinde mich zurzeit in einer höchst gefährlichen Phase, weil ich erst kürzlich mein Wunschgewicht erreicht habe. Selbstverständlich freue ich mich sehr darüber, aber die Sache hat auch einen Haken: Es liegt nahe, mir selbst zu sagen, ich könne nun endlich wieder all das essen, worauf ich in den letzten Monaten verzichtet habe. Wie schön, endlich wieder eine große Portion Pommes frites bestellen zu können, anstatt mich an den Salat zu halten!

Jetzt kann ich mich doch wirklich mal ein bisschen gehen lassen und mir manche Genüsse gönnen, oder nicht?

Das Problem ist nur, dass mit diesen Genüssen auch die Kalorien und diejenigen Bestandteile meiner Ernährung zurückkehren, die mir gar nicht guttun. Manche lang vermissten Gäste, die ich lediglich zu einer kleinen Party einladen will, sind nämlich dreist genug, sich sofort als künftige Mitbewohner zu betrachten.

Dies trifft insbesondere auf Junkfood zu, was inzwischen wissenschaftlich erwiesen ist:

Junkfood kann genauso süchtig machen wie Rauchen oder andere Drogen. Darauf deuten Ergebnisse amerikanischer Forscher hin, die jetzt in Nature Neuroscience erschienen sind. Bei Laborratten führte ein Überangebot an hochkalorischer Nahrung zu suchtähnlichen Reaktionen im Gehirn und ließ sie geradezu zwanghaft Junkfood fressen.[11]

Wer süchtig ist, muss mit der Zeit immer größere Mengen der Droge konsumieren, um denselben Genuss zu finden. Und auf diese Weise wird meine Ernährungsumstellung blitzschnell sabotiert.

Zudem sagen einige Studien, dass manche zuckerhaltigen Lebensmittel den Körper seiner Fähigkeit berauben, sich satt zu fühlen. Als ich diese Forschungsberichte las, verstand ich nur einen Bruchteil davon, weil sie mit lauter mathematischen Gleichungen und Begriffen aus der Chemie gespickt waren. Mathematik und Chemie liegen mir nicht so sehr, daher will ich nicht allzu tief in diese wissenschaftlichen Details eintauchen. Doch ich fand es faszinierend, dass Wissenschaftler erklären können, worin unser Problem besteht.

Jemandem wie mir, der früher geradezu süchtig nach Chips und Schokolade war, fällt es sehr schwer, diese beiden Gäste künftig nicht mehr zu seinen Partys einzuladen. Und es ist noch schwieriger, mir einzugestehen, dass sie gar nicht meine Freunde sind. Manche meiner ehemaligen Dauergäste werde ich in Zukunft wie flüchtige Bekannte behandeln, während ich mich von anderen für immer verabschieden sollte.

Natürlich muss jeder selbst entscheiden, welche Lebensmittel bei ihm unter die jeweilige Kategorie fallen!

In diesem Zusammenhang möchte ich auf einen Bibelvers zurückkommen, den ich schon an anderer Stelle zitiert habe (ich finde ihn sehr hilfreich und rufe ihn mir deshalb oft ins Gedächtnis): „Mir ist alles erlaubt, aber ich will mich nicht von irgendetwas beherrschen lassen" (1. Korinther 6,12).

Interessanterweise bringen viele Menschen diesen Vers ausschließlich mit sexuellen Sünden in Verbindung. Dabei geht es gleich im darauffolgenden Vers um Essen: „Ihr schreibt: ‚Das Essen ist für den Bauch, und der Bauch für das Essen. Beides hat Gott zur Vergänglichkeit bestimmt.' … Vielmehr wurde auch unser Körper zum Dienst für den Herrn geschaffen. Deshalb ist es Gott nicht gleichgültig, wie wir damit umgehen."

In meiner Bibel findet sich folgender Kommentar zu diesem Vers: „Manches ist zwar an sich keine Sünde, doch es ist nicht angebracht, weil es unser Leben kontrollieren und uns dadurch von Gott wegziehen könnte."[12]

Nicht das Essen ist unser Feind, sondern Satan. Er hat es sich zum Ziel gesetzt, uns in unserem Dienst für Gott möglichst träge und ineffektiv zu machen. Es ist schwer, Jesus leidenschaftlich nachzufolgen, solange wir von unseren selbstsüchtigen Wünschen beherrscht werden.

Statt uns also ständig selbst zu bemitleiden, weil wir so viel aufgeben müssen, sollten wir uns über das freuen, was wir gewinnen. Wir sollten den Prozess, in dem wir stecken, aus einer anderen Perspektive betrachten:

Sogar mitten im Verzicht auf Chips und Schokolade können wir erleben, dass Gott unsere Niederlage in einen Sieg verwandelt, unsere gedrückte Stimmung hebt und uns neue Zuversicht schenkt. Die Zuversicht, dass wir es tatsächlich schaffen können.

Beflügelt von dieser Hoffnung, können wir die nächsten Herausforderungen bewältigen: Wir können zu einer Party gehen und dort feststellen, dass wir die Gespräche mit den anderen Gästen viel faszinierender finden als das Büfett. Wir können im Supermarkt in der Abteilung bleiben, in der die frischen, gesunden Lebensmittel angeboten werden, und uns darüber freuen, dass wir uns dort schon richtig gut auskennen. Wir können nach unserer Wasserflasche greifen statt nach einer Cola und diese Erfrischung wirklich genießen.

In einem Fast-Food-Restaurant können wir den Obstsalat wählen, anstatt ein ganzes Menü zu verzehren, wie wir es früher immer getan haben. Und wir kommen auf die Idee, uns vor einem Restaurantbesuch im Internet darüber zu informieren, was für gesunde Gerichte dort auf der Speisekarte stehen.

Ich habe heute beim Mittagessen den größten Teil des Brötchens weggeworfen, das mit meinem Salat serviert wurde. Manche Leute werden jetzt entsetzt nach Luft schnappen und mich fragen: „Wie können Sie nur gutes Essen wegwerfen?"

Glauben Sie mir, wenn ich die Möglichkeit gehabt hätte, dieses Brötchen einer notleidenden Person zu geben, hätte ich das umgehend getan. Doch in diesem Moment war es für mich die beste Option, es in den Abfalleimer zu werfen.

Ich hatte ein paarmal davon abgebissen und dann beschlossen, es nicht zu übertreiben. Obwohl mir diese Bissen geschmeckt haben, konnte ich lächelnd auf den Rest des Brötchens verzichten und mir sagen: „Damit komme ich gut klar – ich jammre nicht darüber, dass ich so vieles nicht essen darf. Dieses Opfer bringe ich gerne, weil ich auf lange Sicht etwas viel Besseres gewinne. In diesem Moment besteht der Triumph nicht im Essen, sondern im Verzicht."

Ich war zuversichtlich, dass ich es schaffen konnte. Also schaffte ich es auch.

Eine Leidensgenossin namens Anne Jackson hat in ihrem Blog einen aufschlussreichen Text veröffentlicht. Sie ist schon verhältnismäßig früh zu der Erkenntnis gelangt, dass wir auf dem Weg zu einem gesünderen Lebensstil viel mehr erreichen können als nur unser Wunschgewicht.

Nachdem sie einen Monat lang Sport getrieben und sich gesund ernährt hatte, rechnete sie mit beeindruckenden Ergebnissen. Doch als sie sah, welche Zahl ihre Waage anzeigte, hätte sie beinahe laut geflucht. Die Schlussfolgerungen, die sie für ihren weiteren Weg gezogen hat, haben mich sehr inspiriert:

Miss der Zahl auf deiner Waage nicht so viel Bedeutung bei!

Brandon (mein Trainer) hat zu mir gesagt, dass die meisten Leute aufgeben, wenn sie nach dem ersten Monat nicht so viel abgenommen haben, wie sie es sich gewünscht haben.

Aber es ist gar nicht so tragisch, wenn die Waage nach einem Monat noch keinen großen Unterschied anzeigt. Natürlich denken wir nun: „Wozu habe ich mir so viel Mühe gegeben, wenn ich jetzt bloß ein halbes Kilo leichter bin?"

Würde ich meinen Erfolg nur nach der Zahl auf meiner Waage beurteilen, dann hätte ich jetzt das Handtuch geworfen.

Aber wir dürfen unserem augenblicklichen Gewicht gar nicht so viel Bedeutung beimessen, sondern sollten einfach weitermachen.

Lass dich nicht beirren: In deinem Körper gehen Veränderungen vor, die du nicht sehen kannst, und dasselbe gilt für deinen Geist – durch deine Disziplin, deinen Mut und deine Willenskraft. Bleib also dran![13]

Ob wir uns am Anfang unserer Reise befinden, in der Mitte oder in der gefährlichen Zone, in der wir gerade unser Wunschgewicht erreicht haben – wir dürfen uns nicht in den Kopf setzen, dass wir unzumutbare Opfer bringen müssten.

Wenn wir uns auf die Dinge konzentrieren, auf die wir verzichten, werden wir kontinuierlich das Gefühl haben, etwas zu entbehren. Und das Gefühl der Entbehrung führt zu Frustration und Scheitern. Stattdessen sollten wir im Auge behalten, was wir in diesem Prozess gewinnen, und diesen Gewinn höher bewerten als jeden Verlust.

Stellen Sie sich eine altmodische Waage vor: In die eine Waagschale lege ich meine heiß geliebten Chips und die leckere Schokolade, und in die andere Waagschale lege ich die neue Zuversicht, in der ich sagen kann: „Ich werde es schaffen!" Kein Zweifel, diese Zuversicht wiegt viel schwerer, denn sie schenkt mir Zufriedenheit, Freude und Mut.

Chips und Schokolade können meinen Mund nur für ein paar Sekunden mit einem angenehmen Geschmack füllen. Diese neue Hoffnung hingegen erfüllt mein Herz, sie belebt mich und gibt mir neue Kraft.

In dieser Zuversicht kann ich sogar eine der schwierigsten Strecken meiner Reise zurücklegen. Bisher habe ich es geschafft, meine früheren Gewohnheiten zumindest teilweise aufzugeben. Doch jetzt ist es an der Zeit, sie vollständig aufzugeben, und zwar indem ich eine radikale Umkehr vollziehe.

Und dieser Mut zur Umkehr ist mit das Schönste, was ich auf dieser Reise gewinnen kann.

Der Mut zur Umkehr ist mit das Schönste, was ich auf dieser Reise gewinnen kann.

Bis vor Kurzem wäre ich gar nicht auf den Gedanken gekommen, dass ich es nötig haben könnte, eine Umkehr zu vollziehen. Doch dann habe ich mich aus gegebenem Anlass mit der Weihnachtsgeschichte beschäftigt – ich schreibe diese Zeilen im Dezember, also lassen Sie sich bitte nicht irritieren, falls Sie dieses Buch im Hochsommer lesen und sich von den funkelnden Lichtern der Weihnachtszeit weit entfernt fühlen.

Ich habe mich also hingesetzt und beschlossen, im Markusevangelium nach der Weihnachtsgeschichte zu suchen. Das hatte ich, glaube ich, vorher noch nie getan, deshalb konnte es nicht schaden.

Gleich darauf habe ich gestutzt, denn Markus hält sich nicht lange mit Einzelheiten auf:

Es wird gar keine Krippe erwähnt. Auch nicht Maria und Josef oder das Christkind. Der Evangelist Markus erzählt weder von einem leuchtenden Stern noch von himmlischen Heerscharen oder der Botschaft des Engels. Es gibt keine stille, heilige Nacht.

Wenn er der Einzige wäre, der uns berichtet, wie Jesus in diese Welt gekommen ist, würde unser Weihnachten heute ganz anders aussehen: Vermutlich gäbe es weder Geschenke noch funkelnde Lichter.

Stattdessen würden wir im Weihnachtsgottesdienst von einem wild aussehenden Mann namens Johannes der Täufer hören. Er war etwas merkwürdig gekleidet, ernährte sich ganz speziell und hatte den Auftrag, die Menschen auf das Kommen von Jesus vorzubereiten.

Zu diesem Zweck verkündete er eine Botschaft, die wir an Weihnachten eher selten hören. Sie ist – genau wie die rohen Karotten, auf die ich immer noch keinen echten Appetit verspüre – schwer zu schlucken, denn sie ist ein Aufruf zur Umkehr:

„Dieser Bote war Johannes der Täufer. Er lebte in der Wüste, taufte und verkündete den Menschen, die zu ihm kamen: „Kehrt um zu Gott, und lasst euch von mir taufen! Dann wird er euch eure Sünden vergeben" (Markus 1,4-5).

Wenn unser Pastor über diesen Text predigt, beginne ich zu hoffen, dass einige Leute, die ich kenne, gut achtgeben werden. Ich steige auf mein hohes Ross und denke: „Danke, Herr, für diese Botschaft, die all diese Leute unbedingt hören müssen. Du weißt ja, wie sie handeln! Du weißt, wie egoistisch sie sind! Und du weißt, dass dieser und jener wirklich eine Umkehr nötig hat." Das ist der Moment, in dem Jesus mir zuflüstert: „Diese Botschaft gilt dir, Lysa, dir ganz allein! Du selbst hast diese Umkehr dringend nötig! Bereite dich in diesem Jahr genau so auf Weihnachten vor!"

„Ich sende dir meinen Boten voraus, der dein Kommen ankündigt und dir den Weg bereitet. Jemand ruft in der Wüste: ‚Macht den Weg frei für den Herrn! Räumt alle Hindernisse weg!'" (Markus 1,2-3).

Diesen Ruf vernimmt eine Frau, in deren Leben noch sehr viel Chaos herrscht. Sie begreift, dass es an Weihnachten nicht in erster Linie um Lichterglanz und Geschenke, sondern um ihr Herz geht.

Darum flüstert sie: „Es tut mir leid, Herr. Vergib mir bitte. Heile mich. Hilf mir, keine Ausflüchte mehr zu machen und nicht dauernd über dieselben Dinge zu stolpern. Befreie mich von meinem Stolz und meiner Neigung, die Schuld immer bei anderen zu suchen. Hilf mir, in all meiner Geschäftigkeit ab und zu innezuhalten und Bilanz zu ziehen. Herr, du bist der Einzige, der mich von dem Chaos erlösen kann, in dem ich stecke."

Ich bezweifle, dass dies je die beliebteste Version der Weihnachtsgeschichte sein wird, aber für mich ist sie in diesem Jahr perfekt. Sie ist genau der richtige Schlusspunkt für diesen Abschnitt meiner Reise. Zwar bin ich noch nicht am Ziel, aber ich bin gut ausgerüstet, um von hier aus weiterzugehen.

Auf dem Weg zu einem gesünderen Lebensstil habe ich bisher enorm viel gelernt. Eine der wichtigsten Lektionen bestand in der

Erkenntnis, wie viel mentale und geistliche Energie ich jahrelang verschwendet habe, indem ich mir lediglich wünschte, die Dinge würden sich ändern. Zugleich habe ich mich selbst angeklagt, weil ich nicht die nötige Disziplin für diese Veränderungen aufbringen konnte.

Falls Sie ebenfalls ein Problem mit Ihrem Gewicht und Ihrem Essverhalten haben, dann wissen Sie genau, was ich meine. Doch unabhängig davon, vor welchen Herausforderungen Sie gerade stehen, möchte ich Ihnen eine Ermutigung anbieten: Jesus möchte Ihnen bei Ihren Problemen helfen. Wirklich! Aber Sie müssen aufhören, sich dauernd Vorwürfe zu machen. Folgen Sie stattdessen seiner Führung und wagen Sie eine radikale Umkehr.

Wir neigen dazu, uns selbst zu quälen, indem wir uns unsere eigenen Schwächen dauernd vor Augen halten. Wir bezeichnen uns selbst als Versager und treten unsere wahre Identität mit Füßen. Wir vergleichen uns unaufhörlich mit anderen und kommen stets zu dem Schluss, dass wir unmöglich mit ihnen mithalten können.

Dabei ist es eigentlich lächerlich, dass wir unsere eigene Person, deren Schwächen wir in- und auswendig kennen, an jemandem messen, über den wir kaum Bescheid wissen. In meinem fast vierzigjährigen Leben habe ich eines gelernt, und zwar, dass jeder von uns Probleme hat. Jeder Einzelne. Wir schleppen alle etwas mit uns herum – sicherlich nicht alle das Gleiche, aber jeder hat etwas zu tragen.

Trotzdem sind wir dazu bestimmt, auf ganzer Linie zu siegen. Und das geschieht, indem wir Jesus unsere Schwächen auslie-

> Es ist lächerlich, dass wir unsere eigene Person, deren Schwächen wir in- und auswendig kennen, an jemandem messen, über den wir kaum Bescheid wissen.

fern. Wir verwenden sie nicht länger dazu, uns selbst zu geißeln, sondern händigen sie dem aus, der es gut mit uns meint.

Seine Hände, mit denen er unser angeschlagenes Herz berührt, sind zart und liebevoll. Was für ein Unterschied! Jesus geht ganz anders mit mir um, als ich es selbst tue:

Er vergleicht mich nicht mit anderen und verurteilt mich nicht.

Sondern er sagt zu mir: „Ich liebe dich. So, wie du bist. Aber ich liebe dich zu sehr, um dich in diesem Chaos stecken zu lassen. Lass uns den Dingen, die dir nicht guttun, vollständig den Rücken kehren."

Das liebe ich so sehr an ihm.

Es ist viel besser als Chips und Schokolade.

Lieber Herr Jesus,

ich habe endlich den Mut gefunden einzugestehen, dass ich mich mehr nach anderen Dingen als nach dir gesehnt habe. Ich habe geweint, weil ich auf manche Lebensmittel verzichten sollte, ohne daran zu denken, dass du dein Leben gegeben hast, um mich zu befreien. Ich habe mich hilflos gefühlt und war wütend darüber, mich mit meinen Gewichtsproblemen herumschlagen zu müssen. Ich war dir böse, weil du dieses Problem in meinem Leben zugelassen hast.

Ich habe Ausflüchte vorgebracht und anderen die Schuld gegeben. Ich habe versucht, mir durch Essen eine Befriedigung zu verschaffen, die es mir nicht geben kann. Ich habe mich selbst belogen und wollte nicht wahrhaben, weshalb ich ständig zugenommen habe. Ich habe mich vor mir selbst entschuldigt und gerechtfertigt. Und anstatt dein Wort als meine geistliche Speise zu betrachten, habe ich mich aufs Essen konzentriert.

All das tut mir so leid, Herr. Diese Dinge sind keine Kleinigkeit, sondern tatsächlich Sünde. Denn sie haben dazu geführt, dass ich das verpasst habe, wozu du mich ursprünglich bestimmt hast. Ich bereue von ganzem Herzen, dass ich so gehandelt habe.

In diesem Moment kehre ich um, Herr. Ich wende mich von dem Gedanken ab, dass ich lediglich eine Diät brauche. Ich will die Dinge aufgeben, die ich aufgeben sollte, ohne ihnen noch länger nachzuweinen. Ich schließe das Hintertürchen, das ich mir offen ließ, um irgendwann wieder zu meinen alten Gewohnheiten und Denkmustern, meiner alten inneren Haltung zurückkehren zu können.

Herr, ich entscheide mich für die Freiheit. Für den Sieg. Für den Mut. Und vor allem anderen entscheide ich mich für dich.

Amen.

Konkret auf den Punkt gebracht

1. „„Es ist alles erlaubt', sagt ihr. Das mag stimmen, aber es ist nicht alles gut. Mir ist alles erlaubt, aber ich will mich nicht von irgendetwas beherrschen lassen" (1. Korinther 6,12). Wenn es um gesunde Ernährung geht, welche Dinge sind dann zwar erlaubt, aber nicht gut für Sie? Gibt es Dinge, von denen Sie womöglich beherrscht werden könnten? Wie fühlen Sie sich bei dem Gedanken, dass Sie manche Lebensmittel vielleicht für immer aufgeben sollten?

2. „Mitten im Verzicht können wir erleben, dass Gott unsere Niederlage in einen Sieg verwandelt, unsere gedrückte Stimmung hebt und uns neue Zuversicht schenkt: die Zuversicht, dass wir

es tatsächlich schaffen können." Halten Sie dies für möglich? Inwiefern könnte diese Hoffnung Ihre augenblickliche Situation verändern?

3. Stellen Sie sich eine altmodische Waage mit zwei Waagschalen vor. Packen Sie auf eine Waagschale alles, was Sie aufgeben müssten, und auf die andere Waagschale alles, was Sie gewonnen haben und weiterhin gewinnen werden. Welche Seite wiegt schwerer? Wieso haben diese Dinge eine größere Bedeutung für Sie?

4. „Wir neigen dazu, uns selbst zu quälen, indem wir uns unsere eigenen Schwächen dauernd vor Augen halten." Können Sie diese Aussage bestätigen? Wie wäre es, wenn Sie Ihre Schwächen stattdessen Jesus ausliefern und sich seiner liebevollen Behandlung anvertrauen würden? Möchten Sie das jetzt in einem schlichten Gebet tun?

Durchhalten und den Sieg erringen

19

L etzte Woche stand ich im Supermarkt in der Schlange vor der Kasse. Als mein Blick auf die Zeitschriftenregale fiel, wurde ich förmlich bombardiert mit Schlagzeilen, die die besten Diätprogramme aller Zeiten anpriesen. Im Grunde ist es ja zum Lachen, dass man in den Läden dazu verleitet wird, alle möglichen kalorienreichen Lebensmittel zu kaufen. Und dann steht man an der Kasse und sieht die Bilder von Models, die solche Dinge wohl nur sehr selten, wenn überhaupt einmal essen.

Nachdenklich betrachtete ich die Titelseiten der Zeitschriften: All diese Models hatten eine Figur, die ich nie haben werde. Ihre Beine waren schlank und straff und nicht von Cellulitis befallen. Ihr Bauch war völlig flach. Und sie sahen fantastisch aus in Outfits, die man nur tragen kann, wenn man absolut nichts zu verbergen hat.

Oder waren die Fachleute, die die Titelfotos retuschiert hatten, nur besonders großzügig vorgegangen?

Wie dem auch sei – ich stand dort und merkte plötzlich, dass ich mich nicht mit Selbstvorwürfen quälte. Stattdessen lächelte ich. Denn mir wurde bewusst, dass ich mich zwar darüber freute, dass sich mein Körper verändert hatte. Aber noch viel wichtiger war mir der Sieg, den ich auf mentaler und geistlicher Ebene errungen hatte.

Natürlich habe ich einige Pfunde verloren. Doch der eigentliche Triumph besteht darin, nicht ständig von dem Gefühl heruntergezogen zu werden, dass ich versagt habe. Diese Freiheit und diese Perspektive haben nichts mit der Figur zu tun: Sowohl extrem dünne Frauen als auch solche, die mehrere Konfektionsgrößen darüber liegen, können dauernd vom Gefühl des Scheiterns heimgesucht werden.

Ich glaube, dass die meisten Frauen in Bezug auf ihre Ernährung zu kämpfen haben. Immerhin wird schon ganz am Anfang der Bibel eine Situation beschrieben, in der eine Frau in Versuchung geraten ist, etwas zu essen, was sie nicht essen sollte. Darum nimmt Gott dieses Thema meiner Ansicht nach sehr ernst.

Im Laufe dieses Buches haben wir festgestellt, dass Gott uns nicht nur dazu auffordert, einen gesünderen Lebensstil anzustreben, sondern uns auch dabei hilft, dieses Ziel zu erreichen. Sein Wort ist der Schlüssel für alle, die ihre Probleme rund ums Essen bewältigen wollen, ganz gleich, wie schwer diese Probleme wiegen. Gott möchte uns in die richtige Richtung führen, und er hat bewiesen, dass er seine Versprechen hält: „Die Toren litten wegen ihres gottlosen Weges und wegen ihrer Sünden. Ihre Seele ekelte vor jeder Speise, sie rührten an die Pforten des Todes. Dann aber schrien sie zum Herrn um Hilfe in ihrer Not: aus ihren Bedrängnissen rettete er sie" (Psalm 107,17-19; Elberfelder).

Dieser Text berührt mich sehr. In Bezug auf meine Essgewohnheiten bin ich wirklich eine „Törin" gewesen, denn ich habe mich völlig unvernünftig verhalten. Ich weigerte mich, gesündere Optionen in Erwägung zu ziehen, mich mit angemessenen Portionen zu begnügen und mir selbst einzugestehen, dass ich ein Problem hatte. Stattdessen habe ich mich förmlich am Essen ergötzt.

Nur wenige Minuten nachdem ich es in mich hineingestopft hatte, habe ich mich jedoch schon davor geekelt. Ich litt in körperlicher, seelischer und geistlicher Hinsicht, weil ich nicht begriff, dass Essen dazu da ist, mir gutzutun. Es ist nicht dazu gedacht, mir zu schaden.

Ich will zwar nicht behaupten, dass ich „an die Pforten des Todes rührte", doch ich war emotional ganz unten. Meine Selbstvorwürfe, meine Schuldgefühle und mein heimlicher Zorn auf Gott waren ein klarer Hinweis darauf, dass meine Probleme viel größer waren, als ich zugeben wollte.

Sobald eine meiner Freundinnen anfing, sich gesünder zu ernähren, gab es mir innerlich einen Stich. Es ist hart, wenn jemand, der vorher ebenso viel Kilo auf die Waage gebracht hat wie man selbst, plötzlich abnimmt.

Natürlich ließ ich mir nach außen hin nichts anmerken. Ich tat so, als sei ich mit mir selbst völlig zufrieden und hätte keinerlei Veränderung nötig. Schließlich gibt es ja viel schlimmere Probleme im Leben, oder nicht?

Doch im tiefsten Grunde meines Herzens fühlte ich mich elend. Und ich fragte mich, ob es auch nur die geringste Chance gab, dass sich dieser Zustand jemals ändern würde.

Es war furchtbar.

Wie gut, dass Gott uns kennt und uns genau an dem Punkt helfen möchte, wo wir seine Hilfe am dringendsten brauchen! Lassen Sie uns diese Psalmverse noch einmal lesen: „Die Toren litten wegen ihres gottlosen Weges und wegen ihrer Sünden. Ihre Seele ekelte vor jeder Speise, sie rührten an die Pforten des Todes. Dann aber schrien sie zum Herrn um Hilfe in ihrer Not: aus ihren Bedrängnissen rettete er sie."

Wie hat er sie gerettet?

Wie rettet Gott jemanden, der solche Probleme hat wie ich?

Wie rettet er das magersüchtige Mädchen, das sich buchstäblich vor jeder Speise ekelt?

Wie rettet er die Menschen, deren Übergewicht sie tatsächlich an die Pforten des Todes bringt?

Wie rettet er all diejenigen, die unter ihrer Sünde und ihrer Unvernunft leiden?

Die Antwort darauf findet sich im folgenden Vers: „Er sandte sein Wort und heilte sie, er rettete sie aus ihren Gruben."

Er sandte sein Wort. Und sein Wort – die Bibel – heilte sie! Ist das nicht fantastisch?

Das heißt, wir sind nicht dazu verurteilt, in den Abgründen unserer Niederlagen stecken zu bleiben.

Wirklich nicht!

Gott hat uns dazu bestimmt, einen Weg einzuschlagen, der uns zum Sieg führt. Das bedeutet natürlich nicht, dass wir auf diesem Weg keine Kämpfe zu bestehen hätten. Denn in unseren Kämpfen lernen wir am meisten. Kaum etwas anderes ist auf lange Sicht so wertvoll, wie eine Herausforderung mit Gottes Hilfe bewältigt zu haben.

Deshalb ist es auch keine Strafe, wenn wir Probleme mit unserem Gewicht haben. Sondern es ist der äußere Ausdruck eines inneren Kampfes.

Manche Dinge sind deutliche Anzeichen dafür, dass wir uns von ungesunden Gewohnheiten lösen müssen: Bei jemandem, der süchtig nach materiellen Dingen ist, können es die Schulden sein oder der Umstand, dass die Wohnung förmlich überquillt.

Jeder von uns braucht Heilung durch Gottes Wort. Aus diesem Grund wollte ich herausfinden, wie Gott uns helfen möchte, einen gesünderen Lebensstil anzustreben. Nicht nur mit dem Ziel, dass sich unsere physische Gesundheit verbessert, sondern vor allem, damit wir in geistlicher Hinsicht wachsen und nicht länger Opfer unserer Lebensumstände und unserer selbstsüchtigen Wünsche bleiben.

> Es ist keine Strafe, wenn wir Probleme mit unserem Gewicht haben. Es ist der äußere Ausdruck eines inneren Kampfes.

Vor Kurzem habe ich im biblischen Buch der Offenbarung zu diesem Thema einige faszinierende Verse entdeckt. Eigentlich habe ich einen gewissen Respekt vor diesem Buch und denke oft, man müsse vielleicht Theologie studiert haben, um es zu verstehen.

Doch letzte Woche hat unser Pastor im Gottesdienst einen Vers vorgelesen, der mein Interesse geweckt hat. Also schlug ich diese Stelle zu Hause nach und las anschließend weiter. Dabei bin ich auf eine Reihe von Versen gestoßen, die mich sehr angesprochen haben.

Es war, als würde ich ein Kleidergeschäft betreten, in dem alle hübschen Outfits erschwinglich und in meiner Größe vorrätig waren. Alles passte genau und schien wie für mich gemacht – beziehungsweise geschrieben – zu sein!

Wie gesagt, ich möchte das gründliche Studium dieser Texte den Fachleuten überlassen und mir nicht anmaßen, diese Verse von jedem Blickwinkel aus beleuchten zu wollen. Doch folgende Worte haben mich in Bezug auf meine persönliche Situation sehr ermutigt: „Wer durchhält und den Sieg erringt, dem will ich die Früchte vom Baum des Lebens zu essen geben, der in Gottes Paradies steht" (Offenbarung 2,7).

Erinnern Sie sich noch, an welchen Stellen der Bibel wir im Laufe unserer Reise haltgemacht haben? Wir haben uns mit jener Szene im Paradies beschäftigt, in der Eva der Versuchung nachgegeben hat. Später sind wir den Israeliten in der Wüste begegnet, wo sie sich über ihren Mangel an Nahrung beklagt haben. Gott wollte ihnen beibringen, völlig von ihm abhängig zu sein, indem sie täglich darauf vertrauen mussten, dass er ihnen genug zu essen geben würde.

Auch in den Psalmen ist immer wieder von unserem Bedürfnis nach Nahrung und von unserer tiefen Sehnsucht nach Gott die Rede. Im Philipperbrief werden wir davor gewarnt, Essen so wichtig zu nehmen, dass es zum Götzendienst wird. Und nun sind wir am Ende der Bibel angelangt und finden dort erneut einen Vers zum Thema Ernährung.

Dieses Bibelzitat begeistert mich.

Es beinhaltet nämlich, dass Gott möchte, dass wir durchhalten und den Sieg erringen. Er will nicht, dass wir nur gerade so über die Runden kommen, sondern wir sollen am Ende als Sieger dastehen.

Ist das nicht fantastisch?

Und dann erwartet uns eine Belohnung.

Jeder, der auf irgendeinem Gebiet einen Sieg errungen hat, wird bezeugen, dass dieser Erfolg nur dadurch möglich geworden ist, dass er sich täglich immer wieder neu dazu durchgerungen hat, kluge Entscheidung zu treffen.

Meistens brauchen wir einen großen Anreiz, um auf Dauer so handeln zu können. Deshalb ist es so wichtig zu wissen, dass eine Belohnung auf uns wartet. Und ich persönlich freue mich ganz besonders, dass die Belohnung, die uns die Bibel verspricht, in etwas zu essen besteht!

Gott will nicht, dass wir nur gerade so über die Runden kommen, sondern wir sollen am Ende als Sieger dastehen.

Die Früchte vom Baum des Lebens werden unvergleichlich gut schmecken – sie werden alles übertreffen, was wir je von ganzem Herzen genossen haben, da bin ich mir sicher! Schließlich steht dieser Baum im Paradies ...

Oder was denken Sie?

Genau diese Gedanken schossen mir durch den Kopf und brachten mich zum Lächeln, als ich im Supermarkt an der Kasse stand. Früher hätten mich die Zeitschriften irritiert und ins Grübeln gebracht. Ich hätte mich über die gute Figur der Models geärgert und Schuldgefühle gehegt, weil sich in meinem Wagen zu viele kalorienhaltige Lebensmittel befunden hätten.

Doch inzwischen habe ich zu meinem persönlichen „Ich will" gefunden. Die Entscheidungen, die ich täglich treffe, verhelfen mir zu mehr Kraft und Zuversicht, anstatt mich mit Frustration zu erfüllen. Ich unterwerfe mich nicht ängstlich einem bestimmten Zwang oder gewissen Regeln, sondern habe meine Einstellung zum Essen so gründlich geändert, dass manche positiven

Reaktionen bereits wie von selbst geschehen. Und das begeistert mich. Ich bin sehr glücklich über diesen gesünderen Lebensstil und fühle mich wohl damit.

Ich hoffe, dass Sie eine ganz ähnliche Entwicklung erleben werden. Eigentlich ist es schade, dass wir bereits am Ende dieses Buches angelangt sind. Denn es hat mir Spaß gemacht, mich gemeinsam mit Ihnen auf diese Reise zu begeben. Auch wenn sich dieses Buch seinem Ende zuneigt – das Abenteuer, diese Erkenntnisse in unserem Alltag umzusetzen, hat jedoch gerade erst begonnen!

Wagen Sie es, den Weg des Sieges einzuschlagen, der vor Ihnen liegt. In welche Richtung wir uns bewegen, hängt immer von unserer nächsten Entscheidung ab. Nicht von der übernächsten oder den Entscheidungen der Vergangenheit.

Deshalb fassen Sie Mut und treffen Sie die richtige Wahl! Sie können durchhalten und den Sieg erringen, wenn Sie Ihre tiefsten Sehnsüchte auf Gott ausrichten und darauf vertrauen, dass er sie stillen wird.

Konkret auf den Punkt gebracht

1. Beim Anstehen in der Supermarktkasse habe ich gemerkt, dass sich meine Denkweise in letzter Zeit zum Positiven verändert hat. Ist es Ihnen auch schon so ergangen? Welche Faktoren haben dazu beigetragen, dass Sie in Bezug auf Ihre Essgewohnheiten und Ihre Denkmuster einen Sieg erringen konnten? Haben Sie einen Ernährungsplan befolgt? Welche Rolle haben Bibellesen und Gebet gespielt? Wie haben Sie sich angewöhnt,

anders auf Versuchungen zu reagieren? Welche Faktoren sind Ihrer Meinung nach am wichtigsten für langfristigen Erfolg?

2. In Psalm 107 heißt es, dass Gott unsere Hilferufe hört und uns durch sein Wort heilen wird. Denken Sie, dass Gott, als Sie im Kampf mit Ihren Essgewohnheiten so verzweifelt waren, Ihre Hilferufe gehört hat? Wenn ja, welche Rolle hat das Wort Gottes in Ihrem Heilungsprozess gespielt? Wenn nicht, möchten Sie dann vielleicht mit einer vertrauenswürdigen Person über dieses Problem reden und sie um Gebetsunterstützung bitten?

3. „Wer durchhält und den Sieg erringt, dem will ich die Früchte vom Baum des Lebens zu essen geben, der in Gottes Paradies steht" (Offenbarung 2,7). Ermutigt Sie diese Aussicht auf Ihrer Reise zu einem gesünderen Lebensstil?

Zitierte Bibelverse

Die folgenden Bibelzitate kommen entweder in dem jeweiligen Kapitel vor oder haben einen Bezug zum dort behandelten Thema:

Einleitung: Zu meinem persönlichen „Ich will" finden

Matthäus 19,20-22
„An all das habe ich mich gehalten. Was fehlt mir noch?", wollte der junge Mann wissen.

Jesus antwortete: „Wenn du vollkommen sein willst, dann geh, verkaufe alles, was du hast, und gib das Geld den Armen. Damit wirst du im Himmel einen Reichtum gewinnen, der niemals verloren geht. Und dann komm und folge mir nach!" Als der junge Mann das hörte, ging er traurig weg, denn er besaß ein großes Vermögen.

Markus 8,34-35
Wer mein Jünger sein will, darf nicht mehr sich selbst in den Mittelpunkt stellen, sondern muss sein Kreuz auf sich nehmen und mir nachfolgen. Denn wer sich an sein Leben klammert, der wird es verlieren. Wer aber sein Leben für mich und für Gottes rettende Botschaft aufgibt, der wird es für immer gewinnen.

1. Wo liegt das Problem?

Psalm 84,2-3
Herr, du allmächtiger Gott, wie sehr liebe ich den Ort, wo du wohnst! Ich kann es kaum noch erwarten, ja, ich sehne mich danach, in die Vorhöfe deines Tempels zu kommen! Mit Leib und Seele jubel ich dir zu, du lebendiger Gott!

1. Johannes 2,15-16
Liebt nicht diese Welt und hängt euer Herz nicht an irgendetwas, das zu dieser Welt gehört. Denn wer die Welt liebt, kann nicht zugleich Gott, den Vater, lieben. Was gehört nun zum Wesen dieser Welt? Selbstsüchtige Wünsche, die Gier nach allem, was einem ins Auge fällt, das Prahlen mit Wohlstand und Macht. All dies kommt nicht von Gott, unserem Vater, sondern gehört zur Welt.

1. Mose 3,6
Die Frau schaute den Baum an. Er sah schön aus! Es wäre bestimmt gut, von ihm zu essen, dachte sie. Seine Früchte wirkten verlockend, und klug würde sie davon werden! Sie pflückte eine Frucht und biss hinein. Dann reichte sie die Frucht ihrem Mann, der bei ihr stand, und auch er aß davon.

Matthäus 4,1-11
Danach wurde Jesus vom Geist Gottes in die Wüste geführt, wo er den Versuchungen des Teufels ausgesetzt sein sollte. Nachdem er vierzig Tage und Nächte lang gefastet hatte, war er sehr hungrig.

Da trat der Versucher an ihn heran und sagte: „Wenn du Gottes Sohn bist, dann befiehl doch, dass diese Steine zu Brot werden!"

Aber Jesus wehrte ab: „Es steht in der Heiligen Schrift: ‚Der Mensch lebt nicht allein von Brot, sondern von allem, was Gott ihm zusagt!'"

Da nahm ihn der Teufel mit in die heilige Stadt Jerusalem und stellte ihn auf die höchste Stelle des Tempels. „Wenn du Gottes Sohn bist, dann spring hinunter", forderte er Jesus auf. „In der Schrift steht doch: ‚Gott wird dir seine Engel schicken. Sie werden dich auf Händen tragen, sodass du dich nicht einmal an einem Stein stoßen wirst!'"

Jesus entgegnete ihm: „In der Schrift steht aber auch: ‚Du sollst den Herrn, deinen Gott, nicht herausfordern!'"

Schließlich führte ihn der Teufel auf einen sehr hohen Berg und zeigte ihm alle Reiche der Welt mit ihrer ganzen Pracht. „Das alles gebe ich dir, wenn du vor mir niederfällst und mich anbetest", sagte er.

Aber Jesus wies ihn ab: „Weg mit dir, Satan, denn es heißt in der Schrift: ‚Bete allein den Herrn, deinen Gott, an und diene nur ihm!'"

Da ließ der Teufel von Jesus ab, und die Engel Gottes kamen und sorgten für ihn.

Johannes 14,6
Jesus antwortete: „Ich bin der Weg, ich bin die Wahrheit, und ich bin das Leben!"

1. Korinther 10,23
Ihr lebt nach dem Grundsatz: „Alles ist erlaubt!"

Ich antworte darauf: Aber nicht alles, was erlaubt ist, ist auch gut. Alles ist erlaubt, aber nicht alles baut die Gemeinde auf.

Johannes 8,32
Ihr werdet die Wahrheit erkennen, und die Wahrheit wird euch befreien!

2. Wonach sehne ich mich?

Psalm 78,18
Sie forderten Gott heraus und verlangten von ihm die Speise, auf die sie gerade Lust hatten.

Psalm 5,2-4
Höre doch, Herr, was ich dir sagen will, verschließ deine Ohren nicht vor meinem Seufzen!

Du bist mein König und mein Gott, zu dir schreie ich, dich flehe ich an!

Herr, schon früh am Morgen hörst du mein Rufen. In aller Frühe bringe ich meine Bitten vor dich und warte sehnsüchtig auf deine Antwort.

3. Ein konkreter Plan

Lukas 8,15
Aber dann gibt es auch Menschen, die sind wie der fruchtbare Boden, auf den die Saat fällt: Sie hören Gottes Botschaft und neh-

men sie mit aufrichtigem und bereitwilligem Herzen an. Sie halten treu daran fest, lassen sich durch nichts beirren und bringen schließlich reiche Frucht.

Jesaja 43,18-19
Doch ich sage euch: Hängt nicht wehmütig diesen Wundern nach! Bleibt nicht bei der Vergangenheit stehen! Schaut nach vorne, denn ich will etwas Neues tun! Es hat schon begonnen, habt ihr es noch nicht gemerkt? Durch die Wüste will ich eine Straße bauen, Flüsse sollen in der öden Gegend fließen.

Psalm 34,5-9
Als ich beim Herrn Hilfe suchte, erhörte er mich und befreite mich aus aller Angst. Wer zu ihm aufschaut, der strahlt vor Freude, und sein Vertrauen wird nie enttäuscht. Ich habe es selbst erlebt: Ich war am Ende, da schrie ich zum Herrn, und er hörte mein Flehen; aus aller Bedrängnis hat er mich befreit.

Der Engel des Herrn umgibt alle mit seinem Schutz, die Gott achten und ehren, und rettet sie aus der Gefahr. Probiert es aus und erlebt selbst, wie gut der Herr ist! Glücklich ist, wer bei ihm Zuflucht sucht!

4. Wozu hat man Freunde?

Prediger 4,9-10.12
Zwei haben es besser als einer allein, denn zusammen können sie mehr erreichen. Stürzt einer von ihnen, dann hilft der andere ihm wieder auf die Beine. Doch wie schlecht steht es um den,

der alleine ist, wenn er hinfällt! Niemand ist da, der ihm wieder aufhilft! …

Einer kann leicht überwältigt werden, doch zwei sind dem Angriff gewachsen. Man sagt ja auch: „Ein Seil aus drei Schnüren reißt nicht so schnell!"

1. Mose 25,29-34
Eines Tages – Jakob hatte gerade ein Linsengericht gekocht – kam Esau erschöpft von der Jagd nach Hause. „Lass mich schnell etwas von der roten Mahlzeit da essen, ich bin ganz erschöpft!", rief er. Darum bekam er auch den Beinamen Edom („Roter").

„Nur wenn du mir dafür das Vorrecht überlässt, das dir als dem ältesten Sohn zusteht!", forderte Jakob.

„Was nützt mir mein Vorrecht als ältester Sohn, wenn ich am Verhungern bin!", rief Esau.

Jakob ließ nicht locker. „Schwöre erst!", sagte er.

Esau schwor es ihm und verkaufte damit sein Recht, den größten Teil des Erbes zu bekommen, an seinen jüngeren Bruder.

Jakob gab ihm das Brot und die Linsensuppe.

Esau schlang es hinunter, trank noch etwas und ging wieder weg. So gleichgültig war ihm sein Erstgeburtsrecht.

5. Zu Höherem bestimmt

Epheser 1,17-20
Ihn, den Gott unseres Herrn Jesus Christus, den Vater, dem alle Herrlichkeit gehört, bitte ich darum, euch durch seinen Geist

Weisheit und Einblick zu geben, sodass ihr ihn und seinen Plan immer besser erkennt.

Er öffne euch die Augen, damit ihr seht, wozu ihr berufen seid, worauf ihr hoffen könnt und welches unvorstellbar reiche Erbe auf alle wartet, die zu Gott gehören. Ihr sollt erfahren, mit welcher unermesslich großen Kraft Gott in uns, den Glaubenden, wirkt.

Ist es doch dieselbe gewaltige Kraft, mit der er am Werk war, als er Christus von den Toten auferweckte und ihm in der himmlischen Welt den Ehrenplatz an seiner rechten Seite gab!

Epheser 1,4-5

Schon vor Beginn der Welt, von allem Anfang an, hat Gott uns, die wir mit Christus verbunden sind, auserwählt. Er wollte, dass wir zu ihm gehören und in seiner Gegenwart leben, und zwar befreit von aller Sünde und Schuld. Aus Liebe zu uns hat er schon damals beschlossen, dass wir durch Jesus Christus seine eigenen Kinder werden sollten. Dies war sein Plan, und so gefiel es ihm.

1. Korinther 1,2

… an die Gemeinde Gottes in Korinth, an alle, die durch Jesus Christus zu Gott gehören. Ja, ihr seid Gottes eigenes Volk; er hat euch berufen, so zu leben, wie es ihm gefällt. Zu diesem Volk gehören auch alle anderen, die Jesus Christus auf der ganzen Welt als unseren gemeinsamen Herrn anbeten.

Römer 3,24-25

Aber was sich keiner verdienen kann, schenkt Gott in seiner Güte: Er nimmt uns an, weil Jesus Christus uns erlöst hat. Um unsere

Schuld zu sühnen, hat Gott seinen Sohn am Kreuz vor aller Welt sterben lassen. Jesus hat sein Blut für uns vergossen und mit diesem Opfer die Vergebung für alle erwirkt, die daran glauben.

Römer 8,1-2
Wer nun mit Jesus Christus verbunden ist, wird von Gott nicht mehr verurteilt. Denn für ihn gilt nicht länger das Gesetz der Sünde und des Todes. Es ist durch ein neues Gesetz aufgehoben, nämlich durch das Gesetz des Geistes Gottes, der durch Jesus Christus das Leben bringt.

1. Korinther 1,30 (Elberfelder)
Aus ihm aber kommt es, dass ihr in Christus Jesus seid, der uns geworden ist Weisheit von Gott und Gerechtigkeit und Heiligkeit und Erlösung.

2. Korinther 5,17
Gehört also jemand zu Christus, dann ist er ein neuer Mensch. Was vorher war, ist vergangen, etwas völlig Neues hat begonnen.

Epheser 2,13
Jetzt gehört ihr zu Jesus Christus, der am Kreuz sein Blut für euch vergossen hat. Ihr seid Gott jetzt nahe, obwohl ihr vorher so weit von ihm entfernt lebtet.

Epheser 3,12
Jetzt können wir zu jeder Zeit furchtlos und voller Zuversicht zu Gott kommen, weil wir an ihn glauben.

Römer 8,37
Mitten im Leid triumphieren wir über all dies durch Christus, der
uns so geliebt hat.

Lukas 1,37
Was Gott sagt, das geschieht (oder: Für Gott ist nichts unmöglich)!

6. Gott näherkommen

Lukas 9,23
Wer mein Jünger sein will, darf nicht mehr sich selbst in den Mittelpunkt stellen, sondern muss sein Kreuz täglich auf sich nehmen und mir nachfolgen.

Galater 5,22-23
Dagegen bringt der Geist Gottes in unserem Leben nur Gutes
hervor: Liebe, Freude und Frieden; Geduld, Freundlichkeit und
Güte; Treue, Nachsicht und Selbstbeherrschung.

Galater 5,16
Darum sage ich euch: Lasst euer Leben von Gottes Geist bestimmen. Wenn er euch führt, werdet ihr allen selbstsüchtigen Wünschen widerstehen können.

Römer 8,11
Ist der Geist Gottes in euch, so wird Gott, der Jesus Christus
von den Toten auferweckt hat, auch euren vergänglichen Körper
lebendig machen; sein Geist wohnt ja in euch.

Galater 5,25
Durch Gottes Geist haben wir neues Leben, darum wollen wir uns jetzt ganz von ihm bestimmen lassen!

Johannes 4,34-35 (Elberfelder)
Jesus spricht zu ihnen: Meine Speise ist, dass ich den Willen dessen tue, der mich gesandt hat, und sein Werk vollbringe. ... Hebt eure Augen auf und schaut die Felder an! Denn sie sind schon weiß zur Ernte.

Philipper 3,13-16
Wie gesagt, meine lieben Brüder und Schwestern, ich weiß genau: Noch bin ich nicht am Ziel angekommen.

Aber eins steht fest: Ich will vergessen, was hinter mir liegt, und schaue nur noch auf das Ziel vor mir. Mit aller Kraft laufe ich darauf zu, um den Siegespreis zu gewinnen, das Leben in Gottes Herrlichkeit. Denn dazu hat uns Gott durch Jesus Christus berufen.

Wir alle, die wir auf dem Weg zum Ziel sind, wollen uns so verhalten. Wenn ihr in dem einen oder anderen Punkt nicht meiner Meinung seid, wird Gott euch noch Klarheit und Einsicht schenken.

Doch an dem, was ihr schon erreicht habt, wollen wir auf jeden Fall festhalten. Bleibt nicht auf halbem Wege stehen!

Philipper 3,18-19 (Elberfelder)
Denn viele wandeln, von denen ich euch oft gesagt habe, nun aber auch mit Weinen sage, dass sie die Feinde des Kreuzes Christi sind; deren Ende Verderben, deren Gott der Bauch und deren Ehre in ihrer Schande ist, die auf das Irdische sinnen.

Philipper 3,20-21
Wir dagegen haben unsere Heimat im Himmel. Von dort erwarten wir auch Jesus Christus, unseren Herrn und Retter. Dann wird er unseren hinfälligen, sterblichen Leib verwandeln und ihn dem herrlichen, unvergänglichen Leib gleich werden lassen, den er selbst nach seiner Auferstehung empfangen hat. Denn Christus hat die Macht, alles seiner Herrschaft zu unterwerfen.

7. Ich definiere mich nicht über Zahlen

Jesaja 45,2-3
Ich gehe vor dir her und räume dir alle Hindernisse aus dem Weg. Ich zertrümmere die bronzenen Stadttore und zerbreche ihre eisernen Riegel. Die verborgenen Schätze und die versteckten Reichtümer gebe ich dir. Daran sollst du erkennen, dass ich der Herr bin, der Gott Israels, der dich, Kyrus, in seinen Dienst ruft.

2. Petrus 1,3-11
Jesus Christus hat uns in seiner göttlichen Macht alles geschenkt, was wir brauchen, um so zu leben, wie es ihm gefällt. Denn wir haben ihn kennengelernt; er hat uns durch seine Kraft und Herrlichkeit zu einem neuen Leben berufen.

Durch sie hat er uns das Größte und Wertvollste überhaupt geschenkt: Er hat euch zugesagt, dass ihr an seinem ewigen Wesen und Leben Anteil habt. Denn ihr seid dem Verderben entronnen, das durch die menschlichen Leidenschaften und Begierden in die Welt gekommen ist.

Deshalb setzt alles daran, dass euer Glaube sich in einem vorbildlichen Leben auswirkt. Ein solches Leben wird dazu führen, dass ihr Gott immer besser kennenlernt. Daraus entsteht immer größere Selbstbeherrschung, die zu wachsender Ausdauer führt, und aus der wiederum erwächst wahre Liebe zu Gott.

Wer Gott liebt, wird auch seine Brüder und Schwestern lieben, und schließlich werden alle Menschen diese Liebe zu spüren bekommen.

Wenn all das euer Leben zunehmend bestimmt, wird euer Glaube nicht leer und wirkungslos bleiben, sondern ihr werdet unseren Herrn Jesus Christus immer besser kennenlernen. Wer aber sein Leben nicht davon prägen lässt, der tappt wie ein Blinder im Dunkeln, denn er hat vergessen, dass er von seiner Schuld befreit wurde.

Deshalb, meine lieben Brüder und Schwestern, sollt ihr euch mit aller Kraft in dem bewähren, wozu Gott euch berufen und auserwählt hat. Dann werdet ihr nicht vom richtigen Weg abkommen, und die Tür zum ewigen Reich unseres Herrn und Retters Jesus Christus wird euch weit offen stehen.

2. Korinther 10,3-5

Natürlich bin auch ich nur ein Mensch, aber ich kämpfe nicht mit menschlichen Mitteln. Ich setze nicht die Waffen dieser Welt ein, sondern die Waffen Gottes. Sie sind mächtig genug, jede Festung zu zerstören, jedes menschliche Gedankengebäude niederzureißen, einfach alles zu vernichten, was sich stolz gegen Gott und seine Wahrheit erhebt. Alles menschliche Denken nehmen wir gefangen und unterstellen es Christus, dem es gehorchen muss.

1. Thessalonicher 2,11-12
Ihr wisst, wie ich mich um euch gekümmert habe. Wie ein Vater seine Kinder habe ich jeden Einzelnen von euch ermahnt und ermutigt, ja, beschworen, ein Leben zu führen, das Gott ehrt. Denn er beruft euch dazu, in seinem Reich zu leben und seine Herrlichkeit mit ihm zu teilen.

2. Korinther 7,1
Meine lieben Freunde! All dies hat uns Gott versprochen. Darum wollen wir uns von allem trennen, was uns verunreinigt – sei es in unseren Gedanken oder in unserem Verhalten. In Ehrfurcht vor Gott wollen wir immer mehr so leben, wie es ihm gefällt.

Epheser 5,25-26
… wie Christus seine Gemeinde liebt: Er hat sein Leben für sie gegeben, damit sie ihm ganz gehört. Durch sein Wort hat er alle Schuld von ihr abgewaschen wie in einem reinigenden Bad.

8. Mit meinem Körper Frieden schließen

Psalm 103,1-5
Ich will den Herrn loben von ganzem Herzen, alles in mir soll seinen heiligen Namen preisen! Ich will den Herrn loben und nie vergessen, wie viel Gutes er mir getan hat. Ja, er vergibt mir meine ganze Schuld und heilt mich von allen Krankheiten!

Er bewahrt mich vor dem sicheren Tod und beschenkt mich mit seiner Liebe und Barmherzigkeit. Mein Leben lang gibt er mir Gutes im Überfluss, er macht mich wieder jung und stark wie ein Adler.

Epheser 2,10
Was wir jetzt sind, ist allein Gottes Werk. Er hat uns durch Jesus Christus neu geschaffen, um Gutes zu tun. Damit erfüllen wir nun, was Gott schon im Voraus für uns vorbereitet hat.

2. Korinther 4,16
Darum verlieren wir nicht den Mut. Wenn auch unsere körperlichen Kräfte aufgezehrt werden, wird doch das Leben, das Gott uns schenkt, von Tag zu Tag erneuert.

Römer 12,1-8
Weil ihr Gottes reiche Barmherzigkeit erfahren habt, fordere ich euch auf, liebe Brüder und Schwestern, euch mit eurem ganzen Leben Gott zur Verfügung zu stellen. Seid ein lebendiges Opfer, das Gott dargebracht wird und ihm gefällt. Ihm auf diese Weise zu dienen ist der wahre Gottesdienst und die angemessene Antwort auf seine Liebe.

Passt euch nicht den Maßstäben dieser Welt an, sondern lasst euch von Gott verändern, damit euer ganzes Denken neu ausgerichtet wird. Nur dann könnt ihr beurteilen, was Gottes Wille ist, was gut und vollkommen ist und was ihm gefällt.

In der Vollmacht, die mir Gott als Apostel gegeben hat, ermahne ich euch: Überschätzt euch nicht, sondern bleibt ehrlich und bescheiden im Urteil über euch selbst. Keiner von euch soll sich etwas anmaßen, was über die Kraft des Glaubens hinausgeht, die Gott ihm geschenkt hat.

Unser Körper besteht aus vielen Teilen, die ganz unterschiedliche Aufgaben haben. Ebenso ist es mit uns Christen. Gemeinsam bilden wir alle den Leib von Christus, und jeder Einzelne ist auf die anderen angewiesen.

Gott hat jedem von uns unterschiedliche Gaben geschenkt. Hat jemand die Gabe bekommen, in Gottes Auftrag prophetisch zu reden, dann muss dies mit der Lehre unseres Glaubens übereinstimmen. Wem Gott einen praktischen Dienst übertragen hat, der soll ihn gewissenhaft ausführen.

Wer die Gemeinde im Glauben unterweist, soll diesem Auftrag gerecht werden. Wer andere ermahnen und ermutigen kann, der nutze diese Gabe. Wer Bedürftige unterstützt, soll das gerecht und unparteiisch tun. Wer eine Gemeinde zu leiten hat, der setze sich ganz für sie ein. Wer sich um Menschen in Not kümmert, der soll es gerne tun.

9. Sport zu treiben fällt mir so schwer!

Psalm 73,26
Selbst wenn meine Kräfte schwinden und ich umkomme, so bist du, Gott, doch allezeit meine Stärke – ja, du bist alles, was ich brauche!

Psalm 86,11-12
Herr, zeige mir deinen Weg, ich will dir treu sein und tun, was du sagst. Gib mir nur dies eine Verlangen: dir mit Ehrfurcht zu begegnen! Von ganzem Herzen will ich dir danken, Herr, mein Gott; für alle Zeiten will ich deinen Namen preisen.

1. Korinther 6,19-20
Oder habt ihr etwa vergessen, dass euer Körper ein Tempel des
Heiligen Geistes ist, der in euch wohnt und den euch Gott gegeben hat? Ihr gehört also nicht mehr euch selbst. Gott hat euch
freigekauft, damit ihr ihm gehört; lebt deshalb so, dass ihr mit
eurem Körper Gott Ehre bereitet.

Haggai 1,2-8
So spricht der Herr, der allmächtige Gott: Dieses Volk behauptet,
die Zeit sei noch nicht gekommen, den Tempel des Herrn wieder aufzubauen. Aber warum ist es für euch selbst an der Zeit, in
Häusern mit getäfelten Wänden zu wohnen, während mein Haus
noch in Trümmern liegt?

Ich, der Herr, der allmächtige Gott, fordere euch auf: Denkt
doch einmal darüber nach, wie es euch geht! Ihr habt viel Saat
ausgesät, aber wenig geerntet. Ihr esst und werdet nicht satt, ihr
trinkt und bleibt durstig. Was ihr anzieht, wärmt euch nicht,
und das sauer verdiente Geld rinnt euch nur so durch die
Finger.

Darum sage ich, der Herr, der allmächtige Gott: Begreift doch
endlich, warum es euch so ergeht! Steigt hinauf ins Gebirge,
schafft Holz herbei und baut den Tempel wieder auf! Daran habe
ich Freude, so ehrt ihr mich, den Herrn.

Haggai 1,9-10
Jeder von euch kümmert sich nur um sein eigenes Haus. Darum
bleibt der Himmel verschlossen, kein Tau fällt mehr auf eure
Äcker, und die Erde bringt nichts hervor.

Hesekiel 6,9-10

Wenn dies alles eintrifft, werdet ihr wieder an mich denken. Ihr werdet begreifen, dass ich euch bestrafen musste, weil ihr mir untreu geworden und anderen Göttern nachgelaufen seid. Dann werdet ihr euch selbst und euren grässlichen Götzendienst verabscheuen. Ihr werdet erkennen, dass ich der Herr bin und euch dieses Unheil nicht umsonst angedroht habe.

Psalm 90,12

Mach uns bewusst, wie kurz das Leben ist, damit wir unsere Tage weise nutzen!

Psalm 39,5

Herr, lass mich erkennen, wie kurz mein Leben ist und dass meine Tage gezählt sind; wie vergänglich bin ich doch!

Psalm 40,9

Ich will gerne deinen Willen tun, mein Gott, dein Gesetz ist mir ins Herz geschrieben.

Hebräer 12,1

Da wir nun so viele Zeugen des Glaubens um uns haben, lasst uns alles ablegen, was uns in dem Wettkampf behindert, den wir begonnen haben – auch die Sünde, die uns immer wieder fesseln will. Mit Ausdauer wollen wir auch noch das letzte Stück bis zum Ziel durchhalten.

10. Das ist unfair!

2. Korinther 12,9-10
Aber er hat zu mir gesagt: „Meine Gnade ist alles, was du brauchst! Denn gerade wenn du schwach bist, wirkt meine Kraft ganz besonders an dir." Darum will ich vor allem auf meine Schwachheit stolz sein. Dann nämlich erweist sich die Kraft von Christus an mir.

Und so trage ich für Christus alles mit Freude – die Schwachheiten, Misshandlungen und Entbehrungen, die Verfolgungen und Ängste. Denn ich weiß: Gerade wenn ich schwach bin, bin ich stark.

Jakobus 1,2-4
Liebe Brüder und Schwestern! Betrachtet es als besonderen Grund zur Freude, wenn euer Glaube immer wieder hart auf die Probe gestellt wird. Ihr wisst doch, dass er durch solche Bewährungsproben fest und unerschütterlich wird. Diese Standhaftigkeit soll in eurem ganzen Leben ihre Wirkung entfalten, damit ihr in jeder Beziehung zu reifen und tadellosen Christen werdet, denen es an nichts mehr fehlt.

1. Petrus 5,6-10
Deshalb beugt euch unter Gottes mächtige Hand. Dann wird Gott euch aufrichten, wenn seine Zeit da ist. Ladet alle eure Sorgen bei Gott ab, denn er sorgt für euch. Seid besonnen und wachsam! Denn der Teufel, euer Todfeind, läuft wie ein brüllender Löwe um euch herum. Er wartet nur darauf, dass er einen von euch verschlingen kann. Stark und fest im Glauben sollt ihr seine Angriffe abwehren.

Und denkt daran, dass alle Brüder und Schwestern auf der Welt diese Leiden ertragen müssen. Gott aber, von dem ihr so viel unverdiente Güte erfahrt, hat euch durch Christus dazu berufen, nach dieser kurzen Leidenszeit in seine ewige Herrlichkeit aufgenommen zu werden. Er wird euch ans Ziel bringen, euch Kraft und Stärke geben und dafür sorgen, dass ihr fest und sicher steht.

11. Ein absolut schrecklicher Tag

5. Mose 2,3 (Elberfelder)
Lange genug habt ihr dieses Gebirge umzogen. Wendet euch nach Norden!

Römer 8,26
Dabei hilft uns der Geist Gottes in all unseren Schwächen und Nöten. Wissen wir doch nicht einmal, wie wir beten sollen, damit es Gott gefällt! Deshalb tritt Gottes Geist für uns ein, er bittet für uns mit einem Seufzen, wie es sich nicht in Worte fassen lässt.

Epheser 3,16-19
Ich bitte Gott, euch aus seinem unerschöpflichen Reichtum Kraft zu schenken, damit ihr durch seinen Geist innerlich stark werdet. Mein Gebet ist, dass Christus durch den Glauben in euch lebt. In seiner Liebe sollt ihr fest verwurzelt sein; auf sie sollt ihr bauen. Denn nur so könnt ihr mit allen anderen Christen das ganze Ausmaß seiner Liebe erfahren. Ja, ich bete, dass ihr diese Liebe immer tiefer versteht, die wir doch mit unserem Verstand niemals ganz fassen können. Dann werdet ihr auch immer mehr

mit dem ganzen Reichtum des Lebens erfüllt sein, der bei Gott zu finden ist.

1. Johannes 3,1

Seht doch, wie sehr uns der Vater geliebt hat! Seine Liebe ist so groß, dass er uns seine Kinder nennt – und wir sind es wirklich!

Psalm 103,17

Die Güte des Herrn aber bleibt für immer und ewig; sie gilt allen, die ihm mit Ehrfurcht begegnen.

Römer 8,38-39

Denn ich bin ganz sicher: Weder Tod noch Leben, weder Engel noch Dämonen, weder Gegenwärtiges noch Zukünftiges noch irgendwelche Gewalten, weder Hohes noch Tiefes oder sonst irgendetwas auf der Welt können uns von der Liebe Gottes trennen, die er uns in Jesus Christus, unserem Herrn, schenkt.

Psalm 89,3

Ich weiß: Deine Gnade gilt für alle Zeiten und deine Treue, solange der Himmel besteht.

1. Johannes 4,9

Gottes Liebe zu uns ist für alle sichtbar geworden, als er seinen einzigen Sohn in die Welt sandte, damit wir durch ihn leben können.

Römer 5,5

Diese Hoffnung aber geht nicht ins Leere. Denn uns ist der Heilige Geist geschenkt, und durch ihn hat Gott unsere Herzen mit seiner Liebe erfüllt.

Psalm 103,8
Barmherzig und gnädig ist der Herr, groß ist seine Geduld und grenzenlos seine Liebe!

1. Johannes 2,5
Wer sich nach dem richtet, was Gott gesagt hat, bei dem ist Gottes Liebe zum Ziel gekommen. Daran erkennen wir, ob wir wirklich mit ihm verbunden sind.

Offenbarung 3,8
Sieh, ich habe dir eine Tür geöffnet, die niemand verschließen kann.

1. Thessalonicher 2,13
Immer wieder danken wir Gott dafür, dass ihr seine Botschaft, die ihr von uns gehört habt, nicht als Menschenwort betrachtet habt; ihr habt sie als das aufgenommen, was sie ja tatsächlich ist, als Gottes Wort. Und nun entfaltet dieses Wort seine Kraft in eurem Leben, weil ihr ihm Glauben geschenkt habt.

Hebräer 2,14.18
Die Kinder aber sind wir, Menschen aus Fleisch und Blut. Christus ist nun auch ein Mensch geworden wie wir, um durch seinen Tod dem Teufel – als dem Herrscher über den Tod – die Macht zu entreißen.
Denn weil er selbst gelitten hat und denselben Versuchungen

ausgesetzt war wie wir Menschen, kann er uns in allen Versuchungen helfen.

12. Der Fluch der Röhrenjeans

Jesaja 55,8-12 (Elberfelder)
Denn meine Gedanken sind nicht eure Gedanken, und eure Wege sind nicht meine Wege, spricht der Herr. Denn so viel der Himmel höher ist als die Erde, so sind meine Wege höher als eure Wege und meine Gedanken als eure Gedanken.

Denn wie der Regen fällt und vom Himmel der Schnee und nicht dahin zurückkehrt, sondern die Erde tränkt, sie befruchtet und sie sprießen lässt, dass sie dem Sämann Samen gibt und Brot dem Essenden, so wird mein Wort sein, das aus meinem Mund hervorgeht.

Es wird nicht leer zu mir zurückkehren, sondern es wird bewirken, was mir gefällt, und ausführen, wozu ich es gesandt habe. Denn in Freuden werdet ihr ausziehen und in Frieden geleitet werden.

Johannes 15,9-12

Wie mich der Vater liebt, so liebe ich euch. Bleibt in meiner Liebe! Wenn ihr nach meinen Geboten lebt, wird meine Liebe euch umschließen. Auch ich richte mich nach den Geboten meines Vaters und lebe in seiner Liebe.

Das alles sage ich euch, damit meine Freude euch ganz erfüllt und eure Freude dadurch vollkommen wird. Und so lautet mein Gebot: Liebt einander, wie ich euch geliebt habe.

Jakobus 1,2-4

Liebe Brüder und Schwestern! Betrachtet es als besonderen Grund zur Freude, wenn euer Glaube immer wieder hart auf die Probe gestellt wird. Ihr wisst doch, dass er durch solche Bewährungsproben fest und unerschütterlich wird. Diese Standhaftigkeit soll in eurem ganzen Leben ihre Wirkung entfalten, damit ihr in jeder Beziehung zu reifen und tadellosen Christen werdet, denen es an nichts mehr fehlt.

13. Für jeden Tag genau die richtige Menge

Sprüche 23,20-21
Halte dich fern von den Weinsäufern und maßlosen Schlemmern! Auf sie wartet die Armut; denn wer bloß isst, trinkt und schläft, hat bald nichts als Lumpen am Leib.

Sprüche 28,7 (Elberfelder)
Wer das Gesetz befolgt, ist ein verständiger Sohn; wer sich aber mit Schlemmern einlässt, macht seinem Vater Schande.

Psalm 42,2-3
Wie ein Hirsch nach frischem Wasser lechzt, so sehne ich mich nach dir, o Gott! Ja, ich dürste nach Gott, nach dem lebendigen Gott. Wann darf ich in seinen Tempel kommen? Wann darf ich wieder vor ihn treten?

Psalm 143,6 (Elberfelder)
Zu dir breite ich meine Hände aus. Gleich einem lechzenden Land schmachtet meine Seele nach dir!

2. Mose 16,2-4
Bald fingen die Leute wieder an, sich über Mose und Aaron zu beschweren. Sie stöhnten: „Ach, hätte der Herr uns doch in Ägypten sterben lassen! Dort hatten wir wenigstens Fleisch zu essen und genug Brot, um satt zu werden. Ihr habt uns doch nur in diese Wüste gebracht, damit wir alle verhungern!"

Da sprach der Herr zu Mose: „Du wirst sehen: Ich lasse Brot vom Himmel für euch regnen! Die Israeliten sollen morgens losgehen und so viel einsammeln, wie sie für den Tag brauchen, mehr nicht. Denn ich will sie auf die Probe stellen und herausfinden, ob sie mir gehorchen."

Klagelieder 3,22-24
Die Güte des Herrn hat kein Ende, sein Erbarmen hört niemals auf, es ist jeden Morgen neu! Groß ist deine Treue, o Herr! Darum setze ich meine Hoffnung auf ihn, der Herr ist alles, was ich brauche.

Psalm 81,10-11
Du sollst keine anderen Götter neben mir haben, wie sie bei fremden Völkern verehrt werden – bete solche Götzen nicht an! Denn ich bin der Herr, dein Gott, ich habe dich aus Ägypten herausgebracht. Von mir sollst du alles erwarten, und ich werde dir geben, was du brauchst!

Denn er hat die durstende Seele gesättigt, die hungernde Seele mit Gutem erfüllt.

14. Emotionale Leere

Philipper 4,8 (Elberfelder)
Übrigens, Brüder, alles, was wahr, alles, was ehrbar, alles, was gerecht, alles, was rein, alles, was liebenswert, alles, was wohllautend ist, wenn es irgendeine Tugend und wenn es irgendein Lob gibt, das erwägt!"

Prediger 3,11
Für alles auf der Welt hat Gott schon vorher die rechte Zeit bestimmt. In das Herz des Menschen hat er den Wunsch gelegt, nach dem zu fragen, was ewig ist. Aber der Mensch kann Gottes Werke nie voll und ganz begreifen.

15. Raus aus der Gefahrenzone!

Epheser 6,10-11
Werdet stark, weil ihr mit dem Herrn verbunden seid! Lasst euch mit seiner Macht und Stärke erfüllen! Greift zu all den Waffen, die Gott für euch bereithält, zieht seine Rüstung an! Dann könnt ihr alle heimtückischen Anschläge des Teufels abwehren.

Psalm 106,14 (Elberfelder)
Sie gierten voller Begierde in der Wüste, versuchten Gott in der
Einöde.

16. Warum Diäten nicht funktionieren

1. Korinther 10,12-14
Deshalb seid vorsichtig! Gerade wer meint, er stehe besonders
sicher, muss aufpassen, dass er nicht fällt. Was eurem Glauben
bisher an Prüfungen zugemutet wurde, überstieg nicht eure Kraft.
Gott steht zu euch. Er wird auch weiterhin nicht zulassen, dass
die Versuchung größer ist, als ihr es ertragen könnt. Wenn euer
Glaube auf die Probe gestellt wird, schafft Gott auch die Möglichkeit, sie zu bestehen.
Darum, liebe Freunde, hütet euch vor jedem Götzendienst!

Kolosser 2,20-23
Wenn ihr nun mit Christus gestorben seid, dann seid ihr auch
von den Mächten und Zwängen dieser Welt befreit. Weshalb
unterwerft ihr euch dann von neuem ihren Forderungen und
lebt so, als wäre diese Welt für euch maßgebend? Weshalb lasst
ihr euch vorschreiben: „Du darfst dieses nicht anfassen, jenes
nicht essen und musst dich von ganz bestimmten Dingen fernhalten"? Sie alle sind doch dazu da, dass man sie für sich nutzt
und verzehrt.
Warum also lasst ihr euch noch Vorschriften von Menschen
machen? Möglich, dass manche, die danach leben, den Anschein
von Weisheit erwecken. Schließlich glänzen sie mit ihrer selbst

erdachten Frömmigkeit, geben sich dabei auch noch bescheiden und schonen bei asketischen Übungen ihren Körper nicht.

Doch das alles bringt uns Gott nicht näher, sondern es dient ausschließlich menschlichem Ehrgeiz und menschlicher Eitelkeit.

2. Korinther 6,16
Was haben Götzenfiguren im Tempel Gottes zu suchen? Vergesst nicht: Wir selbst sind der Tempel des lebendigen Gottes. So hat Gott gesagt: „Ich will mitten unter ihnen leben. Ich will ihr Gott sein, und sie sollen mein Volk sein!"

17. Die nächste Entscheidung

2. Korinther 7,1
Meine lieben Freunde! All dies hat uns Gott versprochen. Darum wollen wir uns von allem trennen, was uns verunreinigt – sei es in unseren Gedanken oder in unserem Verhalten. In Ehrfurcht vor Gott wollen wir immer mehr so leben, wie es ihm gefällt.

Epheser 4,22-24
Ihr sollt euer altes Leben wie alte Kleider ablegen. Folgt nicht mehr euren Leidenschaften, die euch in die Irre führen und euch zerstören. Lasst euch in eurem Denken verändern und euch innerlich ganz neu ausrichten. Zieht das neue Leben an, wie ihr neue Kleider anzieht. Ihr seid nun zu neuen Menschen geworden, die Gott selbst nach seinem Bild geschaffen hat. Jeder soll erkennen, dass ihr jetzt zu Gott gehört und so lebt, wie es ihm gefällt.

Römer 6,19

Weil ihr das so schwer verstehen könnt, will ich es euch an einem bekannten Beispiel deutlich machen, dem Sklavendienst: Früher habt ihr der Unmoral und dem Unrecht wie Sklaven gedient. So war euer Leben ein einziger Widerspruch zu Gottes Willen. Jetzt aber sollt ihr uneingeschränkt Gott dienen; lebt so, wie es ihm gefällt, und zeigt auf diese Weise, dass ihr zu ihm gehört!

Psalm 78,12-18

Ja, schon ihre Vorfahren hatten seine Wunder erlebt, damals in Ägypten im Gebiet von Zoan. Er teilte das Meer und ließ sie hindurchziehen, das Wasser türmte er auf wie einen Wall. Am Tag führte er sie mit einer Wolke und in der Nacht mit hellem Feuerschein.

In der Wüste spaltete er Felsen und gab ihnen Wasser aus der Tiefe in Hülle und Fülle. Ganze Bäche brachen aus den Felsspalten hervor und stürzten herab wie ein Wasserfall.

Aber unsere Vorfahren sündigten weiter gegen Gott, den Höchsten, dort in der Wüste lehnten sie sich gegen ihn auf. Sie forderten Gott heraus und verlangten von ihm die Speise, auf die sie gerade Lust hatten.

Psalm 78,21

Als der Herr das hörte, wurde er zornig auf Israel; sein Zorn über sie entflammte wie ein zerstörendes Feuer.

Psalm 73,26

Selbst wenn meine Kräfte schwinden und ich umkomme, so bist

du, Gott, doch allezeit meine Stärke – ja, du bist alles, was ich brauche!

5. Mose 8,3
Er legte euch Entbehrungen auf und ließ euch hungern. Dann gab er euch das Manna zu essen, das weder ihr noch eure Vorfahren kanntet. Er wollte euch damit zeigen, dass der Mensch nicht allein von Brot lebt, sondern vor allem von den Worten des Herrn.

Jakobus 1,12-25
Glücklich ist, wer die Bewährungsproben besteht und im Glauben festbleibt. Gott wird ihn mit dem Siegeskranz, dem ewigen Leben, krönen. Das hat er allen versprochen, die ihn lieben.

Niemand, der in Versuchung gerät, kann behaupten: „Diese Versuchung kommt von Gott." Denn Gott kann nicht vom Bösen verführt werden, und er verführt auch niemanden zum Bösen. Es sind vielmehr unsere eigenen selbstsüchtigen Wünsche, die uns immer wieder zum Bösen verlocken.

Geben wir ihnen nach, dann haben wir das Böse empfangen und bringen die Sünde zur Welt. Sie aber führt unweigerlich zum Tod.

Lasst euch also nichts vormachen, liebe Brüder und Schwestern! Alles, was Gott uns gibt, ist gut und vollkommen. Er, der Vater des Lichts, ändert sich nicht; niemals wechseln bei ihm Licht und Finsternis.

Es war sein Wille, dass er uns durch das Wort der Wahrheit, durch die rettende Botschaft, neues Leben geschenkt hat. So sind wir der Anfang einer neuen Schöpfung geworden.

Denkt daran, liebe Brüder und Schwestern: Seid sofort bereit, jemandem zuzuhören; aber überlegt genau, bevor ihr selbst redet. Und hütet euch vor unbeherrschtem Zorn! Denn im Zorn tun wir niemals, was Gott gefällt. Deshalb trennt euch von aller Schuld und allem Bösen.

Nehmt vielmehr bereitwillig Gottes Botschaft an, die er wie ein Samenkorn in euch gelegt hat. Sie hat die Kraft, euch zu retten. Allerdings genügt es nicht, seine Botschaft nur anzuhören; ihr müsst auch danach handeln. Alles andere ist Selbstbetrug! Wer Gottes Botschaft nur hört, sie aber nicht in die Tat umsetzt, dem geht es wie einem Mann, der in den Spiegel schaut. Er betrachtet sich, geht wieder weg und hat auch schon vergessen, wie er aussieht.

Ganz anders ist es dagegen mit dem, der nicht nur hört und es dann wieder vergisst, sondern auch danach handelt. Er beschäftigt sich gründlich mit Gottes vollkommenem Gesetz, das uns durch Christus gegeben ist und uns frei macht. Er kann sich glücklich schätzen, denn Gott wird alles segnen, was er tut.

1. Thessalonicher 5,23
Möge Gott, von dem aller Friede kommt, euch helfen, ein Leben zu führen, das ihm in jeder Hinsicht gefällt. Er bewahre euch ganz und gar, damit ihr fehlerlos seid an Geist, Seele und Leib, wenn unser Herr Jesus Christus kommt.

18. Auf manches verzichten, um dafür etwas Besseres zu erhalten

1. Korinther 6,12-13

„Es ist alles erlaubt", sagt ihr. Das mag stimmen, aber es ist nicht alles gut. Mir ist alles erlaubt, aber ich will mich nicht von irgendetwas beherrschen lassen.

Ihr schreibt: „Das Essen ist für den Bauch, und der Bauch für das Essen. Beides hat Gott zur Vergänglichkeit bestimmt." Das ist schon richtig. Aber es bedeutet nicht, dass Gott uns den Körper gab, damit wir sexuell unmoralisch leben!

Vielmehr wurde auch unser Körper zum Dienst für den Herrn geschaffen. Deshalb ist es Gott nicht gleichgültig, wie wir damit umgehen.

Markus 1,2-5

Gott spricht: „Ich sende dir meinen Boten voraus, der dein Kommen ankündigt und dir den Weg bereitet."

Jemand ruft in der Wüste: „Macht den Weg frei für den Herrn! Räumt alle Hindernisse weg!"

Dieser Bote war Johannes der Täufer. Er lebte in der Wüste und verkündete den Menschen, die zu ihm kamen: „Kehrt um zu Gott und lasst euch von mir taufen! Dann wird er euch eure Sünden vergeben."

Viele Menschen aus der ganzen Provinz Judäa und aus Jerusalem kamen zu ihm. Sie bekannten ihre Sünden und ließen sich von ihm im Jordan taufen.

19. Durchhalten und den Sieg erringen

Psalm 107,17-20 (Elberfelder)
Die Toren litten wegen ihres gottlosen Weges und wegen ihrer Sünden. Ihre Seele ekelte vor jeder Speise, sie rührten an die Pforten des Todes. Dann aber schrien sie zum Herrn um Hilfe in ihrer Not: aus ihren Bedrängnissen rettete er sie. Er sandte sein Wort und heilte sie, er rettete sie aus ihren Gruben.

Offenbarung 2,4-5
Aber eines habe ich an dir auszusetzen: Von deiner anfänglichen Liebe ist nicht mehr viel übrig. Weißt du noch, mit welcher Hingabe du einmal begonnen hast? Was ist davon geblieben? Kehr um und handle wieder so wie zu Beginn.

Offenbarung 2,7
Wer Ohren hat, soll hören, was Gottes Geist den Gemeinden sagt. Wer durchhält und den Sieg erringt, dem will ich die Früchte vom Baum des Lebens zu essen geben, der in Gottes Paradies steht.

Jesaja 58,8-9.11 (Elberfelder)
Dann wird dein Licht hervorbrechen wie die Morgenröte, und deine Heilung wird schnell sprossen. Deine Gerechtigkeit wird vor dir herziehen, die Herrlichkeit des Herrn wird deine Nachhut sein. Dann wirst du rufen, und der Herr wird antworten. Du wirst um Hilfe schreien, und er wird sagen: Hier bin ich! ...

Und beständig wird der Herr dich leiten, und er wird deine Seele sättigen an Orten der Dürre und deine Gebeine stärken. Dann wirst du sein wie ein bewässerter Garten und wie ein Wasserquell, dessen Wasser nicht versiegt.

Danksagungen

Art: Danke, dass du nicht zulässt, dass ich meine Gesundheit vernachlässige. Und danke, dass du mich liebst, obwohl ich dich schon tausendmal gefragt habe, ob mein Hintern dick ist. Es gefällt mir so sehr, wie du jedes Mal Nein sagst! Und ich könnte mich immer noch schlapplachen über dieses Lied auf deinem iPod: *Fat Bottomed Girls, You Make the Rocking' World Go Round.* Ich liebe dich für immer!

Meine großartigen Kinder – Jackson, Mark, Hope, Ashley, Brooke: Ich wünsche mir, dass Gott eure tiefsten Sehnsüchte stillt. Ich liebe euch so sehr!

Holly: Ohne dich hätte ich dieses Projekt nie geschafft. Ich kann keine passenden Worte finden, um dir meine Wertschätzung auszudrücken! Danke, dass du während unseres morgendlichen Joggings jedes Wort meines Buches mit mir durchgegangen bist.

Marybeth: Danke, dass du Stunden am Telefon damit zugebracht hast, mich darin zu bestärken, dass ich deinem Beispiel folgen kann.

LeAnn: Danke, dass du mich nicht aus deinem Büro geworfen hast, als ich dich bat, mich auf dieser Reise zu begleiten. Du inspirierst mich! Ich danke Gott täglich für deine Liebe zu mir und zu dieser Arbeit.

Karen: Ich bin froh darüber, dass wir gemeinsam unterwegs sind. Du wirst es schaffen!

Das Team von Proverbs 31 Ministries: Ihr seid ganz außergewöhnliche Menschen, und ich freue mich darüber, mit euch zusammenarbeiten zu dürfen!

Rob und Ashley Eagar: Ich stehe für immer in eurer Schuld – ihr helft mir, nach Vorzüglichkeit zu streben. Danke, dass ihr mich dazu drängt, tiefer zu graben und mich nicht zu früh zufriedenzugeben.

Esther Fedorkevich: Du bist nicht nur meine Agentin, sondern eine meiner besten Freundinnen. Danke, dass du diesem Buch schon eine Chance gegeben hast, als ich noch dachte, dass sich höchstens drei Leute dafür interessieren würden.

Moe, Sandy, Dudley, Don, Alicia, Robin, Greg, T. J., Karen, und das restliche Team von Zondervan: Ohne eure Fachkenntnis und euer Engagement wäre dieses Buch nicht das, was es ist. Danke, dass ihr die Vision meines Buches so klar erfasst habt.

Und schließlich meine Gruppe Eingeweihter und meine besonderen Blog-Freunde, die die ersten Entwürfe des Buches durchgegangen sind: Danke für euer Feedback, eure Ermutigungen und die erstaunlichen persönlichen Zeugnisse, die mir bestätigt haben, dass ich mich auf einem guten Weg befinde.

Anmerkungen

1 https://www.ncbi.nlm.nih.gov/pmc/articles/PMC1856611/

2 https://de.wikipedia.org/wiki/Sehnsucht

3 Dieser Blogbeitrag vom 28.10.2009 wurde mit Einverständnis von Karen Ehman veröffentlicht. Sie finden ihn unter: http://www.karen ehman.com/2009/10/defined-by-obedience-not-by-a-number-and-a-giveaway/

4 http://forum.thefreedictionary.com/postst34280_Though-we-travel-the-world-over-to-find-the-beautiful-we-must-carry-it-with-us-or-we-find-it-not-.aspx

5 Ruth Graham, *Fear Not Tomorrow, God Is Already There* (New York: Howard Books, 2009), S. 104-105

6 Bob Greene, *The Best Life Diet* (New York: Simon and Schuster, 2006). Vorwort von Oprah Winfrey, S. 15-16

7 Chip Ingram, *The Invisible War* (Grand Rapids: Baker, 2006), S. 27.

8 http://www.cswd.org/docs/ltdietstudy.html

9 http://www.raystedman.org/new-testament/colossians/the-things-that-can-ruin-your-faith

10 Dieses Zitat stammt aus dem Artikel „Help, I Can't Stop Eating" im Magazin US Airways In Flight, Juni/Juli 2009

11 http://www.scinexx.de/wissen-aktuell-11442-2010-03-30.html

12 Fußnote zu 1. Korinther 6,12 in der *Life Application Study Bible* (NIV) (Grand Rapids: Zondervan, 2004), S. 2070

13 http://www.annemariemiller.com/2009/12/17/what-the-scale-didnt-say/

Originally published in the U. S. A. under the title: Made to Crave.
Published by arrangement with The Zondervan Corporation L.L.C., a subsidiary
of HarperCollins Christian Publishing, Inc.
Copyright © 2010 by Lysa TerKeurst
© der deutschen Ausgabe 2017 by Gerth Medien GmbH, Dillerberg 1, 35614 Asslar
Sofern nicht anders angegeben, wurden die Bibelzitate
folgender Übersetzung entnommen:
Hoffnung für alle®, Copyright © 1983, 1996, 2002, 2015 by Biblica, Inc.®.
Verwendet mit freundlicher Genehmigung
des Herausgebers Fontis – Brunnen Basel.

1. Auflage 2017
Bestell-Nr. 817203
ISBN 978-3-95734-203-4

Lektorat: Damaris Müller
Umschlaggestaltung: Hanni Plato
Umschlagfoto: Shutterstock
Satz: Vornehm Mediengestaltung, München
Druck und Verarbeitung: GGP Media GmbH, Pößneck
Printed in Germany

www.gerth.de